www.tredition.de

Abraham Ehrlich

Religion, Wissenschaft und die Erkenntnis der Wirklichkeit

www.tredition.de

© 2020 Abraham Ehrlich

Verlag und Druck: tredition GmbH, Halenreie 40-44, 22359 Hamburg

ISBN
Paperback: 978-3-347-09692-9
Hardcover: 978-3-347-09693-6
e-Book: 978-3-347-09694-3

Das Werk, einschließlich seiner Teile, ist urheberrechtlich geschützt. Jede Verwertung ist ohne Zustimmung des Verlages und des Autors unzulässig. Dies gilt insbesondere für die elektronische oder sonstige Vervielfältigung, Übersetzung, Verbreitung und öffentliche Zugänglichmachung.

„Die Tyrannei der Vernunft, vielleicht die eifrigste von allen, steht der Welt noch bevor. Feuer und Wasser sind nichts gegen das **Übel**, welches die **Vernunft ohne Gefühle** stiften wird"

Georg Forster (von mir betont)

לעדנה, יונתן, רחלי וחגי
ולדור העתיד: לביא ויעלי

INHALTSVERZEICHNIS

VORWORT — 9

EINLEITENDES — 15

I. RELIGION, DER RELIGIÖSE GLAUBE UND DER MONOTHEISMUS — 39

II. ZUM WESEN DES GOTTESGLAUBENS — 55

III. DIE ERKENNTNIS DER NATUR — 81
   I.   Die apriorische Grundlage der Erkenntnis der Natur — 81
   II. Bemerkungen zur Erkenntnis der organischen Natur — 162
   III. Schlussbemerkung: Wissenschaft und Spekulation — 179

IV. ZUM VERHÄLTNIS ZWISCHEN RELIGION UND WISSENSCHAFT — 185

V. DER MENSCH UND SEINE WELT — 199
   I.   Einführendes — 199
   II. Die Frage des Menschen nach sich selbst und die Bestimmung seines Wesens — 205

VI. SCHLUSSWORT: ZWISCHEN „INDIZIEN", „PLAUSIBILITÄT", „RICHTIGKEIT" UND „WAHRHEIT" — 247

VORWORT

Liebe interessierte Leserin, lieber interessierter Leser, die vorliegende Schrift will, bezogen auf eine philosophische systematische Grundlage, zeigen, mit welcher Verantwortung Mensch und Welt gegenüber die Erkenntnis der Wirklichkeit in ihrem Wesen bestimmt ist. Es ist die Offenlegung dessen, was der Aufklärungsgedanke in sich birgt, der in Kants Worten am treffendsten zum Ausdruck kommt:

„Aufklärung ist der Ausgang des Menschen aus seiner selbst verschuldeten Unmündigkeit. Unmündigkeit ist das Unvermögen, sich seines Verstandes ohne Leitung eines anderen zu bedienen. *Selbstverschuldet* ist diese Unmündigkeit, wenn die Ursache derselben nicht am Mangel des Verstandes, sondern der Entschließung und des Mutes liegt, sich seiner ohne Leitung eines anderen zu bedienen. Sapere aude! Habe Mut, dich deines *eigenen* Verstandes zu bedienen! Ist also der Wahlspruch der Aufklärung"*.[1]

Seit 1784, dem Jahr der Veröffentlichung dieses Gedankens, haben Menschen inmitten des europäischen Abendlands – aber nicht nur dort – viel Mut entwickelt, um die Kraft zu entfalten, ihren eigenen Verstand „ohne Leitung eines anderen zu bedienen" – mit den uns bekannten gesellschaftlichen und geschichtlichen Erscheinungen bis zum heutigen Tag. Man denke an das 20. Wahnsinns-Jahrhundert und an die leise, schleichende Fortsetzung des Bedienens des eigenen Verstands „ohne Leitung eines anderen", dafür aber

---

[1] Beantwortung der Frage: Was ist Aufklärung? In: Was ist Aufklärung? Hrsg. Von Ehrhard Bahr, Stuttgart 1974, S. 9

mit hemmungsloser Ausnutzung der Grundregel der freiheitlichen Gesellschaftsordnung in unserem 21. Jahrhundert!

Diese fortwährende Situation ist nichts anderes als eine tiefreichende Not-Situation. Die Klärung dessen, was der Aufklärungsaufruf in seinem Wesen bedeutet, ist meiner Ansicht nach eng mit der Klärung des Verhältnisses zwischen der Erkenntnis der Wirklichkeit, der Religion und der Wissenschaft verbunden.

Da die Klärung dieses komplizierten Verhältnisses nicht bloß in Meinungsäußerung erstarren darf, verlangt sie eine breite systematische Grundlage, die die Bestandteile dieses Verhältnisses in ihrem Wesen bestimmt und damit zeigt, dass sie einander nicht nur nicht fremdartig sind, sondern sie alle Ausdruck einer einzigen fundamentalen Bestimmung sind.

Die systematische Grundlage der Philosophie, die selbst ein System darstellt, strebt danach, die Kluft zwischen Mensch und Wirklichkeit (="Welt") nicht bloß zu überbrücken, sondern zu schließen. Die Tatsache, dass der Mensch in die Welt gewissermaßen hineingeworfen ist, erzeugt die fundamentale Fremdheit, die jedoch in Wahrheit unbegründet ist.

Es ist der Unterschied zwischen der Situation des „In-der-Welt-sein" und zwischen der des „Eine-Welt-haben", was der Wahrheit des menschlichen Bestehens in der Welt eigentümlich ist.

Das philosophische systematische Mittel diese Kluft zu schließen ist die Erkenntnis der Wirklichkeit, die den Menschen zur Integration in die Wirklichkeit führt. Fixiert aber die Erkenntnis der Wirklichkeit diese Kluft zwischen dem Menschen und der Wirklichkeit, zwischen Subjekt und Objekt, nicht endgültig zu einer nicht relativierbare Tatsache?

Die Entsprechung zwischen der Wirklichkeit und deren Erkenntnis zu zeigen, aber auch darauf hinzuweisen, was diese Entsprechung für das konkret geführte individuelle Leben bedeutet, das ist die Aufgabe und die Leistung des Systems der Philosophie.

Das philosophische System als Ganzes ist im allgemeinen in vier Teile gegliedert, die die vier Gruppen der Grunderscheinungen darstellen, die in der Welt auftreten (1. Naturerscheinungen, 2. der Mensch und sein Handeln, 3. Erscheinungen der Kunst und 4. Erscheinungen der Religion) und die die vier Grunddisziplinen der Philosophie bestimmen (1. Naturerkenntnis, 2. philosophische Anthropologie, Ethik, politische Philosophie, Geschichtsphilosophie, 3. Philosophie der Kunst und 4. Philosophie der Religion).

Das Problem des Systems der Philosophie besteht nicht einfach darin, die Eigentümlichkeit dieser Gruppen von Erscheinungen zu begründen, sondern *hauptsächlich in der Vereinigung derselben*. Das System muss also den Zusammenhang aller Erscheinungen der Welt in ihrer gesetzlichen Grundlage aufdecken. Die Einteilung der Philosophie in Disziplinen (Glieder des Systems) wird durch die Gesetzmäßigkeit des Zusammenhanges bestimmt, die wir im real Gegebenen aufdecken. Die Einordnung dieser Disziplinen in das System der Philosophie soll ihre Eigenart begründen und gleichzeitig zeigen, dass die Einteilung der Philosophie in die verschiedenen Disziplinen nicht subjektiv, sondern objektiv ist.

Das hier besprochene System vertritt *zwei Thesen*: Die eine betrifft die *Natur der Wirklichkeit* und die andere die *Natur der Philosophie*. Die These, die die Natur der Wirklichkeit betrifft, lautet: *Die Welt ist rational* (intelligibel) *und daher erkennbar*. Diese Erkennbarkeit der Welt als die ausgezeichnete Eigentümlichkeit des Wirklichen bedeutet, dass die Wirklichkeit dem Denken zugänglich und fasslich ist: *ist das, was begrifflich erfasst werden kann oder erfassbar ist*. Das Logische oder das Rationale als das Erkennbare in der Wirklichkeit ist das Geordnete. Die Erkenntnis der Wirklichkeit kann nur deshalb als „allgemeingültig" und „notwendig" bezeichnet werden, weil die Wirklichkeit selbst logisch ist, d.h. sie stellt eine notwendige Ordnung als Ganzes (Kosmos) dar.

Das bedeutet, dass das Denken allein imstande ist, die Wahrheit über die Wirklichkeit herauszufinden: Alles, was über die Wirklichkeit, und zwar über alle Bereiche der Wirklichkeit gesagt werden kann, wird durch das Denken gänzlich erfasst. Der Umstand, dass die verschiedenen *Bereiche* der Wirklichkeit a priori bestimmt werden können, folgt aus der Tatsache, dass alles, was als „wirklich" bestimmt wird beziehungsweise bestimmt werden kann, *durch Maßstäbe bestimmt werden muss, die von außerhalb des Bereiches der Erfahrung stammen*. Die Tatsache, dass die Erfahrung in ihrer Gesamtheit so konstruiert ist, dass sie begrifflich erfasst werden kann, benötigt keine metaphysische oder sonstige besondere Annahme, die die Übereinstimmung zwischen Denken und Wirklichkeit betrifft: Es kann, so möchte ich behaupten, *gar nicht anders sein*.

Die zweite These betrifft die Natur der Philosophie und lautet: *Die Philosophie ist ein System der Erkenntnis der Wirklichkeit*. Philosophie ist die Untersuchung der gesetzlichen Grundlage der Wirklichkeit. Sie will die Gesetzlichkeit aufdecken, die *die Ordnung in der Welt* bestimmt. Die Philosophie untersucht also denjenigen Faktor, der die Ordnung der gesamten Welt bestimmt und ausdrückt. Wie die Welt selbst nicht ein Aggregat, sondern ein einheitliches Ganzes ist, so bildet auch die Erkenntnis der Welt ein einheitliches

System. Der Begriff der systematischen Einheit der Erkenntnis ist nicht eine willkürliche Erfindung, sondern er stellt einen *notwendigen* Gedanken dar: *Der Einheit der Welt entspricht die Einheit eines allumfassenden Erkenntnissystems.*[2]

Die Gedankengänge in diesem Buch basieren auf einer systematischen Grundlage, die ich bereits in dem umfassenden Werk „Das System der Philosophie" dargelegt habe. Die drei Teile dieses Werkes, aus denen ich einige Abschnitte in dieser Arbeit zitiert habe, sind die folgenden:

– DAS SYSTEM DER PHILOSOPHIE: DIE SYSTEMATISCHE GRUNDLAGE ZUR ERKENNTNIS DER WIRKLICHKEIT UND ZUR BESTIMMUNG DER STELLUNG DES MENSCHEN IN IHR, FRANKFURT AM MAIN 2012 (ZITIERT: SYSTEM I)

– DER MENSCH UND SEINE WELT: ZUR ERKENNTNISTHEORETISCHEN KLÄRUNG DER STELLUNG DES MENSCHEN IN DER WELT UND DER BEDINGUNGEN DER VERWIRKLICHUNG SEINER FREIHEIT – DAS SYSTEM DER PHILOSOPHIE II, FRANKFURT AM MAIN 2013 (ZITIERT: SYSTEM II)

– DIE GRENZEN DER ERKENNTNIS UND DAHINTER: ZUR KLÄRUNG DER ERKENNTNISTHEORETISCHEN GRUNDLAGE DES RELIGIÖSEN GLAUBENS – DAS SYSTEM DER PHILOSOPHIE III, FRANKFURT AM MAIN 2014 (ZITIERT: SYSTEM III).

Die Philosophie als System, das die Grundlagen der Erkenntnis der Wirklichkeit thematisiert, hat ihre Wurzeln schon in der frühen griechischen Philosophie und wurde zum Philosophie-Verständnis des christlichen Abendlandes und

---

[2] Vgl. dazu System I S. 16f.

der europäischen Kultur. Die Philosophie wie das monotheistische Religions-Verständnis, konkurrieren seit ihren Anfängen mit einander um die Bestimmung der gültigen Orientierung des Menschen in der Welt.

Die kulturelle Entwicklung, die zur Entstehung des Aufklärungsgedanke wie auch der modernen Naturwissenschaft führte, verlangte – und verlangt weiterhin – die Klärung des Beziehungsgeflächt zwischen Religion, Wissenschaft, Aufklärung und der Erkenntnis der Wirklichkeit, um eben die Möglichkeit zu erlangen, eine gültige Orientierung in unserer Welt zu bestimmen.

Da diese Entwicklung die europäische Geschichte umfassend prägt, werde ich in meinen Überlegungen die Begrifflichkeit der Kultur, der Philosophie und der Religion, wie sie im Rahmen der abendländischen Geschichte vorkommen, verwenden, was die Allgemeingültigkeit dieser Überlegungen nicht beeinträchtigt. So verstehe ich unter „Philosophie" ein geschlossenes System der Philosophie, gleich in welcher Prägung. Unter „Religion" verstehe ich eine monotheistische Religion, gleich in welcher Prägung, wobei ich mich in dieser Arbeit ausdrücklich auf das Judentum und das Christentum beschränke, da mir diese beiden Religionen besser vertraut sind.

Zu besonderem Dank bin ich meinem Sohn Jonathan verpflichtet, der mir bei der sprachlichen Gestaltung des Manuskripts eng zur Seite stand. Für die Betreuung der Publikation meines Buches möchte ich mich bei Herrn Mirko Esquivel und beim Produktionsteam des „tradition"-Verlags herzlich bedanken.

EINLEITENDES

1. Die Auseinandersetzung mit der Frage nach der Rationalität des religiösen Glaubens und der Religion überhaupt ist genau so alt wie das methodisch-systematische Denken. Die Schriften unterschiedlicher Religionen spielen dabei eine entscheidende Rolle: Sie geben dem religiösen Gefühl die Möglichkeit, sich konkret zum Ausdruck zu bringen und verschaffen so dem Glaubenden die lebendige Verbindung mit dem Göttlichen. Diese Schriften ermöglichen auch die Bildung einer klaren religiösen Weltanschauung.

Eine Frage, die im Laufe der Geschichte immer deutlicher und ausdrücklicher formuliert wurde, ist die Frage nach der Gültigkeit der religiösen Inhalte der Religion - im Allgemeinen und jeweils einer bestimmten Religion im Besonderen. Die Radikalität dieser Frage ist keiner theoretischen Art, sondern sie hat ihre Wurzeln in der Tatsache, dass die Religion, sprich das Göttliche, eine bestimmte Lebensführung anweist, die alle Lebensbereiche umfasst.

Diese Tatsache schafft eine Abhängigkeit des Glaubenden von den religiösen Institutionen und von den Gelehrten, die diese Schriften auslegen und so die Realisierung der religiösen Inhalte ermöglichen. Erst mit der Aufklärung kam die ausdrückliche Forderung, die eigene Fähigkeit des Menschen, sich selbst, das eigene Leben wie auch alles, was in diesem Leben wichtig ist, der verstandesmäßigen Prüfung zu unterziehen.

Die Entwicklung der modernen Wissenschaft hat die Möglichkeit der objektiven Erkenntnis der Natur mit sich gebracht, was den Eindruck weckte, dass die religiösen Inhalte bloß Glaubensinhalte und so subjektiv in ihrer Gültigkeit seien, also ohne jeglichen tatsächlichen Wirklichkeitsbezug sind. Der Anspruch der Religion, dass ihre Inhalte die Wahrheit der Wirklichkeit widerspiegeln, stand so einer andere Sichtweise gegenüber, die das Individuum und seine Erkenntnisfähigkeit, wie die allgemeine Gültigkeit der von ihm erlangten Erkenntnisse betonte.

In diesem Zusammenhang spielt es gar keine Rolle, wie sich eine konkrete Religion versteht: Ob als eine mythisch bestimmte Religion, als Naturreligion oder als eine monotheistische Religion. Die zwei oben genannten Wahrheitsansprüche verankern die Gültigkeit dieser Ansprüche in zwei vollkommen andersartigen letzten Instanzen: Zum einen im Göttlichen und in seinem Wort, und zum zweiten im Denken des Menschen, der so ins Zentrum der Welt gerückt wird.

Die Betonung der Bedeutung des Individuums und seiner verstandesmäßig bestimmten Weltanschauung führt dazu, dass die Religion als etwas gesehen wird, was in der Gültigkeit seines Inhalts nicht direkt nachvollziehbar und daher fragwürdig ist.

Das bedeutet, dass sich die Gültigkeit religiöser Inhalte eventuell als fiktiv erweisen kann. Das zeigt uns schon eine der ersten registrierten Stellungnahmen diesbezüglich: Der Pre-Sokratiker Xenophanes von Kolophon hat sich vehement gegen das anthropomorphe Verständnis der Götter gestellt, die nicht nur zweifelhafte menschliche Eigenschaften trugen, sondern darüberhinaus in ihrem Leben auch von eigentümlichen menschlichen Bedürfnissen und Empfindungen getrieben wurden. Hinzu kommt noch die Tatsache, dass es dem Menschen nicht möglich ist, zu wissen, wie die Götter wirklich aussehen und welche Gestalt sie tragen. Daraus folgert er, dass die Götter bloß Produkte persönlicher menschlicher Einbildungskraft sind.

Die Überzeugung, dass Gott selbst bzw. die Götter nur ein Produkt menschlicher Einbildungskraft sind, führte zu einem rational motivierten Zweifel an der Gültigkeit der Inhalte des religiösen Glaubens. Hier geht es nicht um Ausdruck von willkürlich persönlichem Zweifeln. Das Bedürfnis sich Gott einzubilden, scheint eine fundamentale Veranlagung der menschlichen Natur zu sein, was auf die immanente Motivation hinweist, Gottes Bestehen anzuzweifeln.

Als Vertreter einer solchen Auffassung können wir den Philosophen Ludwig Feuerbach nehmen. Als Vertreter einer philosophischen materialistischen Haltung müsste er sich mit dem Phänomen der Religion und des religiösen Glaubens auseinandersetzen. Wenn alles Wirkliche entweder Materie oder Verhältnisse zwischen materiellen Sachen ist, dann ist es notwendig, einen ausdrücklich nicht materiellen Faktor wie Gott, besonderer kritischer Betrachtung zu unterziehen. Seine Überlegungen galten zwar dem Christentum, sind aber von allgemeiner Bedeutung. Er gelang zu der Überzeugung, dass Gott nur als Projektion des menschlichen Wesens verstanden werden kann. Das zu verstehen, würde als die größte Wende der Menschheitsgeschichte gelten. Dabei macht er klar, was das konkret bedeutet: Der Mensch selbst, der seiner Meinung nach das Erste und das Echte ist, gilt als Grundlage eines ursprünglichen Humanismus.

„Unser Verhältnis zur Religion ist [...] kein nur verneinendes, sondern kritisches. Wir scheiden nur das Wahre vom Falschen – obgleich allerdings die von der Falschheit ausgeschiedenen Wahrheit immer eine neue, von der alten wesentlich unterschiedliche Wahrheit ist". [3]

---

[3] Das Wesen der Religion, herausgegeben von Albert Esser, Köln 1967, S.213

Eine ganz andere Art der Betrachtung der Religion findet man in Aussagen und Stellungnahmen einiger Pioniere der klassischen und der modernen Physik, von Galileo Galilei, Isaak Newton, James Clerk Maxwell bis hin zu Max Plank, Albert Einstein oder Werner Heisenberg, stellvertretend für viele Physiker bis zum heutigen Tag. Diejenigen, die die Naturbetrachtung revolutioniert haben, aber auch diejenigen Physiker, die diese weiter entwickelten, sahen und sehen es nicht als notwendige Folge ihrer revolutionären Erkenntnisse, die Religion und den religiösen Glauben als etwas „ungültiges" abzulehnen. Im Gegenteil: Sie alle wussten und wissen genau, dass wissenschaftliche Erkenntnisse, mögen sie so umfangreich und so tief sein, wie es nur möglich ist, **nur einen engen Bereich der Wirklichkeit** erfassen *können*. Bedenke man nur den Menschen und seine Welt![4]

Dem Gegenüber gibt es die Stellungnahmen „philosophierender" Wissenschaftler, die davon überzeugt sind, dass aus „wissenschaftlichen Gründen" oder als Folge „nüchterner Betrachtung" die Religion und der Gott, der in ihrem Zentrum steht, fiktive Gebilde seien. Stellvertretend möchte ich zwei Stimmen kurz zu Wort kommen lassen.

Der Evolutionsbiologe Richard Dawkins macht große Anstrengungen, um die Frage zu klären, „warum es mit ziemlicher Sicherheit keinen Gott gibt".[5] In einem Stern-Interview kann er sogar feststellen, dass "Gott [..] mit großer Wahrscheinlichkeit nicht existiert ".[6] Hier zeigt sich eine beson-

---

[4] Vgl. dazu System I

[5] Der Gotteswahn, Berlin 2007, S. 155

[6] Stern 40/2007

ders interessante „sachliche" Anwendung der Wahrscheinlichkeits-„Rechnung" seitens eines modernen Naturwissenschaftlers mit unzähligen Anhängern, besonders einigen mit berufswissenschaftlichem Hintergrund.

Stephen Hawking und Leonard Moldinow gehen sogar einen Schritt weiter, bis hin zur Verabsolutierung der naturwissenschaftlichen Denkweise. Sie schreiben:

„Wir existieren nur kurze Zeit und erforschen in dieser Zeit nur einen kleinen Teil des Universums. Doch der Mensch ist eine neugierige Spezies. Wir staunen und suchen nach Antworten. Da die Menschen nun einmal in dieser riesigen, mal gütigen, mal grausamen Welt leben und in den unermesslichen Himmel über ihnen blicken, stellen sie sich von jeher eine Fülle von Fragen. Wie können wir die Welt verstehen, in der wir leben? Wie verhält sich das Universum? Was ist das Wesen der Wirklichkeit? Woher kommt das alles? Braucht das Universum einen Schöpfer? Die meisten von uns verbringen nicht übermäßig viel Zeit mit diesen Fragen, doch fast alle machen wir uns hin und wieder darüber Gedanken. *Traditionell sind das Fragen für die Philosophie, doch die Philosophie ist tot. Sie hat mit den neueren Entwicklungen in der Naturwissenschaft, vor allem in der Physik, nicht Schritt gehalten. Jetzt sind es die Naturwissenschaftler, die mit ihren Entdeckungen die Suche nach Erkenntnis voranbringen*".[7]

---

[7] Der grosse Entwurf, Eine neue Erklärung des Universums, Reinbek bei Hamburg 2011, S. 11; von mir betont

„Obwohl wir nach kosmischen Maßstäben nur winzig und unbedeutend sind, werden wir dadurch in gewissem Sinne zu den Herren der Schöpfung:

Um das Universum auf fundamentalster Ebene zu verstehen, müssen wir nicht nur wissen, *wie* sich das Universum verhält, sondern auch *warum*.

* Warum gibt es etwas und nicht einfach nichts?
* Warum existieren wir?
* Warum dieses besondere System von Gesetzen und nicht irgendein anderes?"

„Das ist", so behaupten Hawking und Moldinow, „die letztgültige Frage nach dem Leben, dem Universum und dem ganzen Rest. Wir werden versuchen, sie in diesem Buch zu beantworten".[8]

2. Angesichts der oben kurz erwähnten Haltungen ist es geboten, die Frage zu klären, *was* man eigentlich klären muss, wenn vom Verhältnis zwischen Religion und rationalem Denken, besonders aber wenn von dem Verhältnis zwischen Religion und Wissenschaft die Rede ist. Bei einer näheren Betrachtung wird klar, dass der Zusammenhang zur Klärung der oben erwähnten Frage sehr breit ist, ja es ist der breiteste Erkenntniszusammenhang überhaupt: des *Ganzen der Wirklichkeit*.

Da die **Verstandes-** bzw. die **Denkmäßigkeit** der Betrachtung der Religion und des religiösen Glaubens der

---

[8] Ebd. S. 15; Betonung im Original

letzte Maßstab zur Bestimmung der Gültigkeit des **Wahrheitsgehalts** einer solchen Betrachtung ist, ist es geboten, den Verstand bzw. das Denken als Ansatzpunkt einer derartigen Betrachtung näher zu prüfen. Da hallt Kants Aufruf: "Sapere aude! Habe Mut, dich deines eigenen Verstandes zu bedienen!", was nichts anderes als „der Ausgang des Menschen aus seiner selbstverschuldeten Unmündigkeit" bedeutet.[9]

Diese Bestimmung und der ihr entsprechende Aufruf zeigen klar in Richtung der Kantischen Frage hin: „Was ist der Mensch?", eine Frage, die er als „Schmelzpunkt" dreier Grundfragen sah: „Alles Interesse meiner Vernunft (das spekulative sowohl, als das praktische) vereinigt sich in folgenden Fragen: 1. Was kann ich wissen? 2. Was soll ich tun? 3. Was darf ich hoffen?"[10]

Der Ausgang des Menschen aus seiner Unmündigkeit bedeutet also die Entfernung eines Schleiers, der *uns vor uns selbst* verbirgt und so die Selbsterkenntnis wie auch die Erkenntnis der Wirklichkeit verzerrt.

Der Hinweis darauf, dass man für einen solchen Schritt des Ausganges aus der eigenen selbstverschuldeten Unmündigkeit Mut benötigt, bedeutet zweierlei: *Mut, sich einzugestehen, dass man selbst nicht mündig ist*, aber auch den *Mut, den Schritt des Ausganges aus diesem Zustand zu wagen*.

Worin besteht nun diese Mündigkeit, für deren Erreichen man offenbar Mut benötigt, aber warum soll das Bedienen

---

[9] Beantwortung der Frage: Was ist Aufklärung? In: Was ist Aufklärung? Hrsg. Von Ehrhard Bahr, Stuttgart 1974, S. 9

[10] Kritik der reinen Vernunft, A 804/B 832–A 805/B 833

des eigenen Verstandes so gehemmt sein, dass dafür Mut verlangt wird?

„Aufklärung ist der Ausgang des Menschen aus seiner selbst verschuldeten Unmündigkeit. Unmündigkeit ist das Unvermögen, sich seines Verstandes ohne Leitung eines anderen zu bedienen. *Selbstverschuldet* ist diese Unmündigkeit, wenn die Ursache derselben nicht am Mangel des Verstandes, sondern der Entschließung und des Mutes liegt, sich seiner ohne Leitung eines anderen zu bedienen".[11]

Mit Mündigkeit ist also die Fähigkeit des Menschen zur Selbstbestimmung und der mit ihr wesentlich verbundenen Verantwortung gemeint. Es geht um die fundamentale Unabhängigkeit des einzelnen, sein Leben selbst zu betrachten und demensprechend zu lenken und zu führen; dabei besitzt er auch die Fähigkeit und die Möglichkeit für die verantwortungsvolle Art der Verwirklichung seines individuellen Lebens, ein Leben, das zwar individuell geführt wird, jedoch dabei nicht in der Isolation geführt wird und bleibt: Es ist ein Leben, das immer und zwangsläufig in einem kulturell bedingten gemeinschaftlichen Rahmen verläuft. Die Tatsache, dass das Individuum nur im Rahmen der Gemeinschaft das sein kann, was es ist, verleiht ihm die fundamentale Möglichkeit, im Rahmen der Gemeinschaft, in deren Mitte er lebt, zu wirken, was ihn folglich in die Lage versetzt, gesellschaftlich und so auch geschichtlich zu wirken.

---

[11] Was ist Aufklärung? S. 9, im Original betont

„In vielen Kulturen gibt es Epochen der Aufklärung. Es sind Epochen, in denen *sich der Mensch selbst neu entdeckt. So entsteht ein neues Verhältnis, nicht nur des Menschen zu sich selbst, sondern auch zu Gott und der Welt. Der Mensch entdeckt, dass er eine Verantwortung trägt. Er ist nun selbst verantwortlich für Erkennen, Handeln und Politik*".[12]

„Religion", „Wissenschaft", „Erkenntnis der Wirklichkeit": Hier handelt es sich also nicht bloß um „lokale", „punktuelle" Verhältnisse, sondern buchstäblich um das Ganze: *Nur* vor dem Hintergrund der Wirklichkeit als Ganzes lässt sich auf eine sinnvolle Weise nach dem Zusammenhang der obengenannten „Faktoren" fragen. Das kommt in der Tatsache zum Ausdruck, dass alle drei den gleichen Anspruch haben: Dass **die Gültigkeit ihrer Aussagen in der Wahrheit begründet sein muss, was nichts anderes als ihren Wirklichkeitsbezug bedeutet.**

Genau darin besteht der Zusammenhang mit der Art des Mensch-Seins namens „Aufgeklärt-Sein" und mit der zum Ausdruck kommenden Mündigkeit des Einzelmenschen. Es gibt vermutlich keinen anderen Bereich als die Religion, wo dieser Aufruf zur Aufklärung und zur Mündigkeit immerwährend aktuell ist. Aber dazu später.

---

[12] Isabelle Schleich, Immanuel Kant und die Aufklärung, München 2008, S.3, von mir betont

3. Wenn von Erkenntnis die Rede ist, so ist zu bemerken, dass die einzige Erkenntnisart, die von *jeglichem* Wirklichkeitsbezug frei ist, die mathematische ist. Die Tatsache, dass gerade die Mathematik als das geeignete Ausdrucksmittel zur Formulierung der Erkenntnisse der Natur – musterhaft in der Physik – gilt, will zunächst nur sagen, dass das mathematische Mittel einzig und allein dazu geeignet ist, physikalische Erkenntnis-Bestimmungen wie auch die Folgerungen aus solchen Bestimmungen quantitativ darzulegen: Dadurch werden *nur und ausschließlich* physikalische Bestimmungen der Natur zum Ausdruck gebracht, *nicht aber* eigentümliche mathematische Betrachtungen und Erwägungen. In der Mathematik werden abstrakte mathematische Objekte definiert, wobei ihr Verhalten in bestimmten Zusammenhängen wie auch die Folgen daraus betrachtet werden. Die Entsprechung solcher Bestimmungen zur realen, materiellen physikalischen Welt ist gar nicht angestrebt und ist vollkommen irrelevant.

In diesem Zusammenhang ist es von Bedeutung, zwischen „logisch" und „rational", „logischem Denken" und „rationalem Denken" zu unterscheiden. Logisches Denken ist ein inhaltleeres, formales Denken. Dadurch zeichnet es sich aus: sein formaler, inhaltleerer Charakter kommt in der Eindeutigkeit und Endgültigkeit seiner Bestimmungen zum Ausdruck. Im Unterschied dazu ist ein rationales Denken ein durch konkreten Inhalt bestimmtes Denken. Formal-logische Aspekte sind zwar vorausgesetzt - es ist eben Denken; aber die Rationalität der inhaltlichen Bestimmungen besteht in der Sachlichkeit, der Stimmigkeit und der Begründbarkeit des Inhalt-Zusammenhangs dieser Bestimmungen.

Die Tatsache, dass die Mathematik das geeignete, ja das einzig richtige Ausdrucksmittel der physikalisch-naturwissenschaftlichen Erkenntnisse darstellt, bedarf einer gründlichen Betrachtung; diese Tatsache ist aber ihrem Wesen nach weder eine mathematische noch eine physikalisch-naturwissenschaftliche Angelegenheit, sondern eine eigentümlich philosophische. Damit werden wir uns später ausführlich befassen.

4. Wenn von den Ausdrücken „Religion", „Wissenschaft" und „Erkenntnis der Wirklichkeit" die Rede ist, so müssen wir uns darüber im Klaren sein, worauf sie sich sinnvoll beziehen können. Die Motivation zur erkenntnismäßigen Betrachtung der Wirklichkeit beginnt mit der Tatsache, dass eine Person der Welt gegenüber steht, wobei ihr Bewusstsein von einer Kluft zwischen ihr und der Welt stark geprägt ist. Auch Erfahrungen von unterschiedlichen Sinnestäuschungen wie auch fehlerhafte Beurteilungen angesichts angeblich klarer Sinneswahrnehmungen erzeugen das Bedürfnis, die wirkliche Welt auf eine gültige Weise zu erkennen. Hier ist also von dem erkennenden Subjekt und von der Wirklichkeit die Rede, die alles umfasst, was Bestand und Bedeutung hat. Das heißt, alles, was da ist, kann nur im Rahmen der Wirklichkeit und vor ihrem Hintergrund als das, was es ist, verstanden werden.

Die Religion erhebt den Anspruch, sich auf die gesamte Wirklichkeit zu beziehen, **nicht** jedoch als Wirklichkeitslehre oder als eine Art Erkenntnistheorie. Ihr geht es in erster Linie und vor allen darum, den Menschen zu einer aktiven Orientierung in der Welt als Schöpfung Gottes zu bewegen und ihn dabei konkret zu leiten und zu führen. Dafür gibt ihm die Religion die ihr angemessenen Maßstäbe und Normen, die ihm die konkrete Lebensführung auf eine umfassende Weise ermöglichen.

Das Erlangen von *Wissen* bezüglich des *konkreten Wirklichkeitsgehalts* ist Aufgabe der unterschiedlichen Wissenschaften, die in „Sachbereiche" differenziert sind. Auch die Sachbereiche selbst differenzieren sich immer weiter. *Wissen im eigentlichen Sinne des Wortes kann nur im begrenzten Maß erlangt werden*, was jedoch auf gar keinen Fall die Abwertung der Bedeutung der Ergebnisse wissenschaftlicher Arbeit ist, die sachlich *nicht immer gleich* als Wissen im eigentlichen Sinne dargestellt werden können. Oft ist von „Erkenntnisstand" die Rede, der zwar Wissenselemente enthält, aber in seinem Zusammenhang noch kein Wissen darstellt.

Als einfaches, anschauliches Beispiel können wir die geometrische Form der Erde betrachten. Diese Form ist endgültig bestimmt, sie ist eine Tatsache der Wirklichkeit. Das ist Wissen, das wir besitzen. Und das heißt, es spielt überhaupt keine Rolle, welches kosmologische Modell aktuell vertreten wird, also um welchen Erkenntnisstand es sich handelt. Diese Form wird in jedem Fall dieselbe bleiben. Ob das geozentrische oder das heliozentrische nun das richtige ist, ist für die geometrische Form der Erde gleichgültig. Das gilt natürlich auch für die Tatsächlichkeit des heliozentrischen Weltbildes.

In diesem Zusammenhang können wir auch den Unterschied zwischen „Wissen" und „Erkenntnis" feststellen. Erkenntnis bedeutet einerseits den Ergebnisstand wissenschaftlicher

Untersuchungen, andererseits den Prozess der Erkenntnisgewinnung. Die Vorläufigkeit eines Erkenntnisstandes ist hier klar feststellbar. Der Prozess der Erkenntnis strebt zum Wissensgewinn. Das schon gewonnene Wissen dient als Grundlage der Weiterführung des Erkenntnisprozesses. Das Wissen ermöglicht uns, weil es nun endgültig ist, die Ableitung weiterer möglicher Erkenntnisschritte.

Es stimmt natürlich, dass im Laufe der Entwicklung der Wissenschaft ein bestimmter, momentaner Erkenntnisstand für endgültiges Wissen gehalten wurde und wird. Das ändert jedoch nichts an der grundsätzlich unterschiedlichen Bedeutung von Wissen und Erkenntnis, es betont sie eher.

Die Möglichkeit der Erlangung von Wissen hängt von der Art des Erkenntnisprozesses der Wissenschaft ab. Gemeint sind die Art des methodischen Vorgangs der Wissenschaft zur Erlangung ihrer Erkenntnisse wie auch die Möglichkeit, diese als Wissen, also als Tatsache zu bestimmen. Dabei muss betont werden, dass es keine einheitliche wissenschaftliche Methode gibt. Jeder Wissensbereich muss in der Lage sein, seine Eigentümlichkeit so zu bestimmen, dass klar ist, was überhaupt als eine eigentümliche, eigenständige Tatsache in ihm verstanden werden kann. Was kann zum Beispiel als eine geschichtswissenschaftliche, eine literaturwissenschaftliche, eine kunstwissenschaftliche Tatsache gelten? Welche besondere, eigentümliche Methode kann uns zur Möglichkeit der Erlangung von gültigen Erkenntnissen in diesen Wissenschaften führen? Bedenken wir die Zeit- und Ort-Unabhängigkeit von Wissen, welchen Grad der Gültigkeit kann die Erkenntnisse jeder dieser Wissenschaften besitzen, so dass man *sinnvoll* von der konkreten Möglichkeit dieser Wissenschaften reden kann, *Wissen* zu erlangen?

Die Arbeitsweise der Physik als Muster einer Naturwissenschaft kann helfen, diesen Sachverhalt besser zu verstehen. Einer der wichtigsten konkreten Ausdrücke dieser Eigentümlichkeit der Physik, aber auch der Naturwissenschaft im Allgemeinen, ist die **Vorhersagbarkeit**: Die Möglichkeit, Naturereignisse vorherzusagen ist nicht bloß Ausdruck der Richtigkeit der Naturerkenntnis, sondern gar der Beweis dieser Richtigkeit. Einen klareren Beweis für den Wirklichkeitsbezug der naturwissenschaftlichen Erkenntnis gibt es nicht! Das berechtigt uns, von Wissen im Rahmen der Naturerkenntnis zu sprechen. *In keinem anderen* Wissenschaftsbereich lässt sich *sinnvoll* von Vorhersagbarkeit sprechen.

Die Physik kann deshalb als Vorbild der Erlangung wissenschaftlicher Erkenntnisse gelten, weil **uns** die **Gewissheit** bezüglich des Wissens, das mittels der spezifischen Vorgehensweise gewonnen wird, **aufgezwungen** ist; darüberhinaus ist dieses Wissen auch **allgemeingültig** und **objektiv**.

Dafür bezieht sich die physikalisch-naturwissenschaftliche Methode auf einen *sehr schmalen Bereich der Wirklichkeit*. **Werte, Normen und Sinnorientierung haben in der Physik keinen Platz. Also gerade Orientierung in dem, was dem menschlichen Leben Sinn und Bedeutung verleiht, können wir in der physikalischen Naturwissenschaft nicht finden.** Die gewaltige Wichtigkeit dieser Wissenschaft im Rahmen des menschlichen Lebens bezieht sich auf eine andere Ebene dieses Lebens, wo diese Wissenschaft als Mittel zum Zweck im Rahmen dieses Lebens dient, wie es zum Beispiel in der Anwendung von wissenschaftlichen Erkenntnissen in den unterschiedlichen technischen Bereichen zum Ausdruck kommt.

5. Die Entwicklung der modernen Naturwissenschaft und die Verifizierung ihrer Erkenntnisse, wie ihrer vielfältigen Anwendungen in der Technik, hat die Aufmerksamkeit stark auf sie gelenkt. Das ist nicht zufällig geschehen: Die Naturwissenschaft beansprucht für ihre Erkenntnisse allgemeine Gültigkeit wie auch Objektivität und Vorhersagbarkeit und ihre Gewissheit ist uns aufgezwungen.

Diese obenerwähnten Anwendungen zeigen, dass es sich hier nicht bloß um „Anspruch" der Allgemeingültigkeit, der Objektivität, der zwingenden Gewissheit und der Vorhersagbarkeit handelt, sondern dass es um *Wirklichkeit* geht, also um *Tatsachen, die als solche nicht in Frage gestellt werden können.*

Die Aufklärung beabsichtigte, den Menschen von seiner selbstverschuldeten Unmündigkeit (Kant) zu befreien. *Damit ist jedoch* **nicht die Relativierung der Wahrheit** *als persönliche Aufgabe gemeint, sondern* **umkehrt**: Die **Befreiung von institutionellen Zwängen** zugunsten **der** eben **nicht relativierbaren Wahrheit**; Wahrheit, die nicht bloß die wissenschaftliche ist, sondern **die Wahrheit der Wirklichkeit in ihrer Ganzheit, in der die einzelne Person ihre eigentümliche Stellung finden soll.**[13]

Die Wirklichkeit als ein umfassendes Ganzes kann auch religiös bestimmt betrachtet werden. Dies jedoch nicht bloß als

---

[13] Vgl. dazu System I

eine gedachte Option, sondern als eine feststellbare Wirklichkeit. Im Unterschied zur wissenschaftlich erkannten Wahrheit, die sich nur auf ein Fragment der Gesamtwirklichkeit bezieht, umfasst die durch die religiös verstandene und erkannte Wahrheit die gesamte Wirklichkeit, das Wirklichkeitsganze. Zum Ausdruck kommt diese Tatsache dadurch, dass die Wissenschaft nach *Wissen* strebt, wobei es in der Religion um den *Glauben* und seine Festigung geht.

Wie stehen diese zwei „Arten" der Wahrheit zu einander? Mit anderen Worten: Worin besteht – wenn überhaupt – der Unterschied zwischen „religiöser Wahrheit" und „wissenschaftlicher Wahrheit"? Handelt es sich hier um zwei Arten der Erkenntnis, die in der Bestimmung von zwei Arten der Wahrheit zum Ausdruck kommen? Kann das Ganze der Wahrheit in unterschiedliche Arten geteilt werden? Gibt es eine Möglichkeit, solche „Wahrheiten" bzw. „Erkenntnisse" zu vergleichen? Unterscheidet sich die religiös verstandene Wirklichkeit von der wissenschaftlich verstandenen?

6. Der Gang der Wirklichkeit wird von zwei gesetzlich konstituierten Ordnungen bestimmt: die Naturgesetzlichkeit und alles, was durch sie bestimmt ist, und die Gesetzlichkeit, die der Mensch bestimmt, entwickelt oder sich aneignet und nach der er handelt und lebt. Die Aufgabe des Menschen besteht darin, seinen Willen so zu bestimmen (Freiheit), dass die Führung und die Tätigkeiten seines Lebens so bestimmt sind, dass *sein persönliches Leben im Ganzen der Wirklichkeit spannungslos integriert* ist. Darin besteht doch sein *Wachstum*. Und der Sinn des Lebens des Einzelnen besteht in dieser fundamentalen Entsprechung, zu der das Wachstum führt.

Betrachten wir die Wirklichkeit von diesem Standpunkt aus, so schimmert in uns die *Ahnung*, dass der Gang der Wirklichkeit nicht neutral ist, sondern eine *bestimmte* Richtung aufweist. Die Naturgesetzlichkeit und die durch sie bestimmten Gesetzmäßigkeiten bilden den festen Rahmen, in dem das menschliche Leben geführt wird. Die Gesetzlichkeit, die diesen Rahmen konstituiert, ist dem Menschen nicht nur unzugänglich, sondern absolut in ihrer Gültigkeit: Der Mensch kann vieles tun, aber das, was er tut, wird immer in Einklang mit dieser Gesetzlichkeit stehen und ihr entsprechend geschehen. Sie ist ihm von der Tatsache seiner Geburt bis hin zur Tatsache seines Tods aufgezwungen. Bedenken wir „nur" die Bedeutung der Tatsache der Endlichkeit des menschlichen Lebens für das konkrete persönliche Leben eines Menschen!

Das deutet nicht nur darauf hin, dass der Gang der Welt eine bestimmte Richtung aufweist, sondern dass diese Richtung *aktiv* gesteuert wird. Wir haben die objektive Tatsache der Freiheit und der Verantwortung des Menschen für sein eigenes Leben in gleichzeitiger Verantwortung für die Welt hervorgehoben. Es ist *die dringliche Aufgabe des Menschen, die seinem Wesen entspricht, das Ganze der Welt zum ruhigen Ausgleich zu bringen.* Immerhin ist der Mensch die einzige Entität im Rahmen der Wirklichkeit, die diese Wirklichkeit in die Un-Ordnung führen kann.

Diese Tatsache kommt dadurch zum herausragenden Ausdruck, dass diese Freiheit als die Fähigkeit der Bestimmung des Willens nicht einfach darin bestehen kann, zwischen „gut" und „böse" zu unterscheiden und danach zu handeln, sondern **sich für das vollkommene menschliche persönliche Leben zu entscheiden**. Darin muss das Wesen einer jeden ernstzunehmenden Ethik bestehen.

Insofern besteht die Hauptfrage des Menschen darin, wie er *sein Wachstum so optimal wie möglich fördern* kann, so dass er – ideal gesprochen – *jeden Moment seines Lebens*, gleich wie dieses Leben beschaffen ist, als *Lebens-Gewinn* verstehen kann: **Jeder Moment des richtigen Lebens bedeutet, ständig in der wirklichen Gegenwart zu leben**. Gibt es eine treffendere tätige Bestimmung der eigenen persönlichen Identität?

Diese persönliche Gestaltung des eigenen Lebens hat selbstverständlich eine starke bestimmende Wirkung auf die Beziehung des Einzelnen zu anderen Menschen und zu Gruppen, zu Tieren und Pflanzen und zur leblosen Welt, lokal und global. *Insofern nimmt der Mensch die Wirklichkeit mit sich in sein Wachstum* – oder auch in seine Weigerung, diesen Weg des Wachstums auf sich zu nehmen.

Die Bestimmung des eigenen Lebens zum Leben in Wachstum führt die Wirklichkeit in eine Richtung, die über die erkenntnismäßig bestimmte Transzendenz hinausreicht.

Wenn diese Wirklichkeit einen Schöpfer hat, *dann* bedeutet diese persönliche Verwirklichung der eigenen Stellung in der Wirklichkeit, dass das eigene Leben nicht bloß mit dem Plan dieses Schöpfers in Einklang gebracht wird, sondern darüber hinaus, dass es die *aktive Teilnahme* an der Verwirklichung des Plans dieses Schöpfers bedeutet.

7. Im Grunde genommen stellt der religiöse Glaube die Erweiterung der systematischen Wirklichkeitsauffassung dar. Das Eigentümliche dieser Erweiterung besteht in der Begründung des Ganzen der Wirklichkeit in etwas, das als letzter, endgültiger objektiver Ursprung der Wirklichkeit gilt.

Das weltliche und das religiöse Weltbild stehen also **auf gar keinen Fall** in Widerspruch zueinander. Es handelt sich um zwei Zusammenhänge, die *Wirklichkeit als Ganzes* einerseits und die *Wirklichkeit in ihrem Ursprung („Grund") begründet* andererseits, die trotz der grundsätzlichen Unterschiede zwischen beiden Weltverständnissen – „Welt" versus „Schöpfung" – **einander wirklichkeitsmäßig decken**. Mit anderen Worten: *Die Wahrheit der „Schöpfung" erweitert die Wahrheit der „Welt", lässt sie jedoch in ihrer eigenständigen Gültigkeit bestehen.*

Wir können diese Beziehung anhand eines Beispiels vom physikalischen Weltverständnis verdeutlichen. Gemeint ist die Erweiterung des durch Newton, Kepler und Galilei geprägten physikalischen Weltverständnisses durch die moderne Physik.

Als Einheit ist die Welt, von der die alten und modernen Physiker sprechen, genau dieselbe – und doch nicht. Der Blick in das Innere der physikalischen Beschaffenheit der Welt zeigt ein völlig neues Verständnis der Natur und ihrer Zusammenhänge. Diese Schau zeigt eine ganz andere Welt als die der Physik Newtons. Diese wurde gewissermaßen transzendiert und vom Standpunkt „dieser Transzendenz" betrachtet und neu bestimmt.

Jede dieser physikalisch bestimmten „Welten" stellt nicht einfach einen eigenständigen Deutungszusammenhang dar, sondern sie stellen *ganz unterschiedliche Wirklichkeiten* dar. Die physikalische Welt nach Newton ist eine völlig andere als die physikalische Welt nach den Relativitätstheorien und nach der Quantenmechanik. Trotzdem ist die so genannte „nackte Realität" dieselbe.

Ähnlich verhält es sich mit dem Wirklichkeits- und Schöpfungsverständnis. Die „nackte" Realität ist dieselbe, jedoch das, wodurch ihre Wirklichkeit bestimmt ist, ist wesentlich anders. Der Begriff der Schöpfung enthält die Erweiterung des Wirklichkeitsgebildes auf eine Weise, die für die systematische Erkenntnismöglichkeit nicht zugänglich ist. Die Transzendenz, von der wir gesprochen haben[14], stellt eine *systematische, erkenntnistheoretische Bestimmung* dar, die *als solche keine religiös verbindliche Bedeutung* hat.

---

[14] Vgl. dazu System III

Damit die Transzendenz eine religiöse Bedeutung aufweisen kann, muss ihr Begriff stark verändert werden, und zwar so, dass sie *nur* als ein notwendiger *Aspekt* einer *größeren, umfassenderen Wesenheit* verstanden wird, die mit dem Namen „Gott" versehen ist. Und statt von systematischer Erkenntnis zu sprechen, reden wir von Glauben bzw. von Gottesglauben.

Was das konkret bedeutet, können wir anhand zweier Kategorien der Geschichtsauffassung verdeutlichen: die Kategorie der Geschichte im gewöhnlichen Sinne des Wortes und die Kategorie der Universalgeschichte.[15]

In der Geschichte im gewöhnlichen Sinne des Wortes, die die *weltliche* Kategorie der Geschichte ausmacht, geht es um das Miteinander, Füreinander und Gegeneinander bestimmten menschlichen Handelns, wobei dieses Handeln kausal *ausschließlich auf menschlich bewusste* Entscheidungen (und Reaktionen auf Entscheidungen) zurückgeführt wird. Die geschichtlichen Vorgänge werden so insgesamt als rational bestimmte Vorgänge dargestellt, also ohne nennenswerte „Zufälle" einerseits, andererseits aber, ohne, um diese geschichtlichen Vorgänge zu verstehen, von der „Hypothese" einer göttlichen Einmischung in diese geschichtlichen Vorgänge Gebrauch zu machen.

Die universalgeschichtliche Kategorie ist im Unterschied zur weltlichen Kategorie der Geschichte eine, die auf die Weltgeschichte als Gesamtgeschichte angewandt wird, um durch

---

[15] Vgl. dazu System III

diese gesamtgeschichtliche Betrachtung eine Identitätsbestimmung von Völkern, Kulturen oder Religionen zu vollziehen und so auch ein umfassendes Verständnis über die *eigene gegebene Gegenwart* zu ermöglichen.

Dies wird vollzogen, indem man die Weltgeschichte unter dem Gesichtspunkt dessen untersucht, was sie so *eindeutig objektiv* bestimmt. Es ist dieses Übergeschichtliche und die durch es bestimmte Tätigkeitsorientierung, die es uns ermöglicht, diese gesamtgeschichtliche Betrachtung zu vollziehen, um letztlich *uns selbst in unserer Identität als das, was wir sein sollen, in der Weltgeschichte eindeutig zu bestimmen.*

Diese Kategorie der Geschichte ist also von Anfang an *a-historisch*. Sie strebt von Anfang an eine *eindeutige* Bestimmung von einzelnen geschichtlichen Erscheinungen an, und zwar so, dass in ihnen *immer ein und dieselbe wirkende Macht* sichtbar wird, nämlich die *göttliche*, und zwar in der Verwirklichung des Wesens des einzigen freien Tätigen in der Weltgeschichte, nämlich des Menschen. Auch das Eingreifen der göttlichen Macht in die unterschiedlichsten Ereignisse der Welt findet im Zusammenhang mit dem Menschen und mit seiner Lebensweise statt.

Das heißt, nicht nur die Welt ist dieselbe und gleichzeitig nicht dieselbe („Wirklichkeit" als systematische, erkenntnistheoretisch bestimmte Welt versus „Schöpfung" als von Gott geschaffene Welt), sondern auch das Dasein des Menschen drückt sich demensprechend jeweils in einer anderen Seinsdimension aus.

Das kommt in der Instanz der Maßstäbe und der Normen zum Ausdruck, die den Bereich der zwischenmenschlichen Beziehungen in ihren unterschiedlichen Prägungen bestimmen. Während im Rahmen der systematischen erkenntnistheoretisch bestimmten Wirklichkeit das Denken (im systematischen Sinne) die Instanz ist, die solche Maßstäbe und Normen bestimmt, ist im Rahmen der Schöpfung ausschließlich Gott derjenige, der die Maßstäbe und die Normen bestimmt.

Das Bewusstsein des Menschen wie auch seine Absichten und Motivationen sind auf zwei voneinander ganz unterschiedliche Weisen bestimmt. Auf die eine Weise ist es der Mensch, der nach dem Maß seiner Wirklichkeits- und Selbsterkenntnis seinen Willen zur Handlung bestimmt, auf die andere Weise ist die von Gott gebotene Bestimmung des Willens zur Liebe zu Gott und zum Menschen die Norm und der Maßstab des legitimen menschlichen Handelns. Gott ist der einzige Eine, der die Mitte der Welt ist, und er verlangt von uns eindeutig und unmissverständlich, ihn zur Mitte unseres Lebens zu machen. Die wahre Religion ist eben absolut theo-zentrisch.

Falls Gott existiert, müssen nach unseren systematischen Überlegungen beide Realitätsweisen einander decken: *Die systematische, erkenntnistheoretisch bestimmte Wirklichkeit steht in einem solchen Fall* **notwendigerweise** *in* **vollem Einklang** *mit der Realität der Schöpfung Gottes.* **Die nackte Wirklichkeit als solche ist identisch**, die Seinsweise ist eine andere. Das bedeutet aber nicht, dass es einen unmittelbaren Weg von der systematischen erkenntnistheoretisch bestimmten Wirklichkeit zur Schöpfung Gottes gibt, in deren Mitte Gott steht. *Das Verbindungsglied zwischen beiden „Realitäten" ist daher der **religiöse Glaube**.*

In den folgenden drei Teilen wird es um die Klärung des Problems der Beziehung zwischen Religion und rationalem Denken einerseits und andererseits um die Klärung der Frage nach dem Verhältnis zwischen Religion im Allgemeinen und der biblisch bestimmten monotheistischen Religion gehen, wie auch um die Beziehung zwischen Religion, Bibel und der Wissenschaft im allgemeinen und der Naturwissenschaft im besonderen.

I. RELIGION, DER RELIGIÖSE GLAUBE UND DER MONOTHEISMUS

1. Die erste Frage, die wir in diesem Zusammenhang klären müssen, ist, was wir unter "religiösem Glauben" und "Religion" verstehen.

Wenn wir vom religiösen Glauben reden, meinen wir *die Wahrnehmung von etwas in der Welt*, das in jeder oder in bestimmter Hinsicht *übermenschlich mächtig* ist, etwas, das so wahrgenommen wird, das *uns persönlich und kollektiv unbedingt angeht und uns verpflichtet*.

Dieses Etwas kann eine Naturkraft, ein Himmelskörper oder eine vom Menschen als Ausdruck des tiefen Glaubens erzeugtes Objekt sein, das religiöse Macht darstellt. Sie alle stellen das Göttliche selbst dar oder vermitteln auf eine bestimmte Weise zwischen dem Glaubenden und dem Göttlichen.

Wichtig ist die *Wahrnehmung der Wirkung* dieser Macht als *Ausdruck von Absicht und Wille*, die als das *Eingreifen dieser Macht (oder Mächte) in die Ereignisse der Welt im Allgemeinen und in die Sphäre des Menschen im Besonderen verstanden wird*. Das Bedürfnis, diese Macht oder Mächte anzubeten und ihnen zu dienen, wurzelt in dieser religiös wahrgenommenen Tatsache des Eingreifens des Göttlichen in die Welt im Allgemeinen und in das persönliche und in das kollektive Leben des Menschen im Besonderen.

Diese oben genannten religiösen Tatsachen erwecken die wichtige Frage nach der *Art und Weise des Lebens und des Verhaltens des Menschen in Entsprechung mit dem Göttlichen*. Hier ist *eine Lehre oder eine Weisheit* gefragt, die diese Entsprechung regelt. Sie ist die sprudelnde Quelle von Gebeten, Ritualen, Zeremonien und Traditionen, die allesamt der Weisheit oder der Lehre gemäß das jeweilige Göttliche befriedigen und zufrieden stellen. Das erlaubt dem Gläubigen, eine gewünschte Wirkung zu erflehen und sie zu erbitten. Er muss eventuell auch mit Strafe rechnen. Das gilt nicht nur für den Einzelnen, sondern auch für die Gemeinschaft.

2. Die *Religionsform* einer Religion wird durch die *Art des Göttlichen* bestimmt, das von den Gläubigen als solches wahrgenommen wird (monotheistische oder polytheistische Religionsform, Naturreligion, Sonnenreligion und dergleichen mehr). Gleich welcher Art das Göttliche ist, von ihm wird, wie schon oben erwähnt, einiges verlangt und erwartet.

Vor allem muss es eine gewaltige, wirksame Kraft besitzen, also mächtig genug sein, um die Natur oder zumindest Teile von ihr zu beherrschen und in sie einzugreifen bzw. an ihnen wirksam zu werden. Dieses Eingreifen und dieses Wirken gelten selbstverständlich auch für den Menschen und für sein Leben. Mit anderen Worten: *Vom Göttlichen wird unbedingt übermenschliche, wirksame Lebendigkeit verlangt, die die Welt im Allgemeinen und die Sphäre des Menschlichen im Besonderen durchdringt, beherrscht und leitet.*

Bezüglich dieses lebendigen Göttlichen lassen sich die Religionen grundsätzlich in zwei unterschiedliche Gruppen einteilen: Religionen, die das Göttliche – gleich auf welche Weise und in welcher Form – als eine innerweltliche Macht verstehen; zur zweiten Gruppe gehören Religionen, die das Göttliche als etwas verstehen, das *in jeder Hinsicht und ohne Ausnahme und auf gar keine Weise* mit weltlichen Kategorien bestimmt und verstanden werden kann.

Wir haben oben betont, dass vom Göttlichen unbedingt übermenschliche, wirksame Lebendigkeit verlangt wird, die die Welt im Allgemeinen und die Sphäre des Menschlichen im Besonderen durchdringt, beherrscht und leitet. Zu den Religionen der ersten Gruppe gehören solche, die das Göttliche als eine innerweltliche Macht verstehen, gleich auf welche Weise und in welcher Form.

Was das vom Menschen Erzeugte betrifft, gleich welcher Art und Gestalt, auch wenn es aus tiefem Glauben geschieht, da besteht kein Problem. Von übermenschlicher, wirksamer Lebendigkeit kann hier allen Einwänden zum Trotz gar keine Rede sein.

Was die Naturkräfte und bestimmte Himmelskörper betrifft, ist zu fragen, inwiefern sie Wille und Absicht, Eigenständigkeit und Lebendigkeit besitzen, um das darzustellen, was die Gläubigen von ihnen halten, von ihnen erwarten und verlangen. Auch in diesem Fall kann die Antwort allen Einwänden zum Trotz nur negativ sein. Es gibt keinen Himmelskörper, gleich welcher Dimension und welcher Wirkung, und keine Naturkraft, gleich wie stark sie ist, die Willen und Absicht ausdrücken, die Lebendigkeit ausdrücken und die wirklich eigenständig sind. Die Frage, ob Tiere die Eigenschaften eines Göttlichen besitzen bzw. besitzen können, darf man in diesem Zusammenhang als eine rhetorische Frage verstehen.

Was die Lehre oder die Weisheit der Religionen der oben genannten ersten Gruppe betrifft, so ist es klar, dass der Mensch in Bezug auf diese beiden nach seinen Einsichten formuliert, was das Göttliche darstellen soll und wie es wirksam sein soll. Das besagt natürlich nicht, dass solche religiöse Lehren und Weisheiten in jeder Hinsicht falsch sein müssen. In ihnen werden oft viele, tiefe Intuitionen und Einsichten über Mensch und Welt formuliert. Das ändert aber nichts an der Tatsache, dass diese keinen Ausdruck der Wahrheit und auch keine Andeutung der Wahrheit über die geglaubte Gottheit darstellen. Die Frage nach der Wahrheit des Inhalts einer bestimmten Religion bleibt auch dann bestehen, wenn Menschen diesen Gehalt als lebendig-göttlich halten.

Dabei ist zu bedenken, dass es durchaus nicht nur möglich, sondern oft tatsächlich so ist, dass Menschen richtige religiöse Intuitionen haben, die aber falsch gedeutet werden. *Dieses Phänomen ist eine der gewaltigsten Äußerungen des Erkenntnisproblems*, das zur Klärung drängt.

3. Wie oben angedeutet, beanspruchen die Religion und ihre Erscheinungen für sich Tatsächlichkeit, also Wahrheit. Es wäre im höchsten Maß merkwürdig, wenn eine der *gewaltigsten und wichtigsten Erscheinungen der Menschheitsgeschichte* "wahrheitsneutral" wäre. Wenn eine Religion behauptet, dass sie in der Tatsächlichkeit des Göttlichen gründet, so hat das zwingende Folgen für die gesamte Lebensführung der Gläubigen[16] dieser Religion.

Darf bzw. soll die Lebensführung eines Menschen auf Täuschung gründen? Darf man von religiösen Menschen verlangen, in dieser wichtigsten Angelegenheit ihres Lebens blind zu vertrauen?

Bedenkt man, dass *die Religion die umfassendste Angelegenheit des Menschen ist, die es überhaupt geben kann, so ist es eindeutig klar, dass die Wichtigkeit des persönlichen und des gemeinschaftlichen Lebens, sowie die Würde des Menschen* uns *unbedingt* dazu verpflichten, die Frage nach der *Wahrheit* der Religion im Allgemeinen zu stellen und zu klären.

Die Aufgabe des philosophischen Systems kann jedoch *nicht* darin bestehen, die einzelnen Religionen nach ihrem Wahrheitsgehalt zu prüfen. Dazu ist sie, wie schon gesagt, ihrem Wesen nach nicht in der Lage. Als System der *Erkenntnis* der Welt muss sie jedoch in der Lage sein, für sich die Frage nach dem Weg zum wahren Glauben und zu einer wahren Religion zu klären.

Zur Klärung der Frage nach der *Wahrheit* einer bestimmten gegebenen Religion sollten sich die Gläubigen dieser bestimmten Religion, wegen der oben genannten Gründe und

---

[16] Vgl. System III, S.25

trotz der damit verbundenen gefühlsmäßigen Schwierigkeiten, *unbedingt verpflichtet* sehen.

Bevor wir die Klärung der Frage nach der Form der wahren Religion fortsetzen, müssen wir die Frage nach dem Wesen des religiösen Glaubens besprechen.

4. Wenn wir vom Glauben reden, müssen wir den Glauben im alltäglichen Sprachgebrauch vom religiösen Glauben streng unterscheiden.

Im alltäglichen (sinnvollen) Gebrauch kommt das Wort „Glaube" in verschiedenen Aussagen als Ausdruck von *Mangel an Wissen* vor: Hätten wir gewusst, was der Fall ist, so bräuchten wir nicht zu glauben, dass das der Fall ist.

In diesem Sinne *vertrauen wir darauf, dass eine bestimmte Information, die wir bekommen oder die wir besitzen, richtig ist.* Hätten wir *gewusst*, dass diese Information richtig ist, wäre die Rede von Glauben und Vertrauen diesbezüglich *unsinnig*.

Der Weg zu dieser Art des Glaubens zeigt dessen betont subjektiven Zug: Die *Quelle der Information*, deren Richtigkeit wir glauben, muss uns zunächst *glaubwürdig* erscheinen; sonst hätten wir sie nicht angenommen. Jedoch hängt das, was *uns* als glaubwürdig erscheint, stark von *unserer persönlichen Erfahrung* ab. Darüber hinaus kommt es natürlich darauf an, *wie plausibel* uns das vorkommt, *was* uns gesagt wird. Auch das hängt stark von unserer persönlichen Erfahrung, aber auch von unserer Vorstellungskraft und Bildung ab.

Die Anwendung eines solchen Begriffs des Glaubens im Bereich des Religiösen, besonders auf die Frage nach der Existenz des Göttlichen, wäre *völlig unverständlich*. Denn die Religion ist, da sie *das Ganze des Lebens umfasst*, keine Angelegenheit, die bloß *subjektive* Gültigkeit besitzen *darf*.

Sicherlich spielt Vertrauen in der Religion eine sehr wichtige Rolle. *Vertrauen darf aber nicht die kritische Betrachtung einer bestimmten Religion durch ihre Gläubigen ersetzen.*

Nicht jeder Glaubende wird das Göttliche persönlich erfahren können. Das ist nur wenigen gegeben; dies von sich aus herbeiführen zu wollen, ist nicht möglich, so zumindest berichten diejenigen, die das Göttliche erfahren haben. Man kann sich darauf vorbereiten, gleich was immer das heißen mag; eine solche Erfahrung aus eigenem Willen herbeizuführen, ja herbeizuzwingen, ist nicht möglich. *Das Göttliche, und das ist schon eine fundamentale Wahrheit einer Religion überhaupt, liegt nicht in unserer Hand, es ist eher der umgekehrte Fall.*

Das bedeutet also, dass *das Göttliche nicht mit Hilfe eines diskursiven Verfahrens erfasst werden kann*. Wäre das der Fall, wäre das möglich, so bräuchten wir nur unseren Verstand auf eine gültige Weise zu betätigen, so, wie wir es im Bereich der Wissenschaft oder der Mathematik tun, und wir wären beim Göttlichen angelangt – oder wir wären dann gezwungen, zur Kenntnis zu nehmen, dass es das Göttliche nicht gibt.

Zugang zum Göttlichen, wenn überhaupt, ermöglicht uns die *Intuition*, die in diesem Fall tiefer *in das innere Wesen der Wirklichkeit* eindringen kann, als es jegliche Wahrnehmung oder jegliches diskursive Verfahren je erreichen kann.

Es ist ein unmittelbares Erfassen *des Grundes der Einheit aller Erscheinungsformen als des wahren Seins.* Hier werden die Erscheinungen gewissermaßen mit anderen Augen gesehen: Es ist ein Blick, der zwar von außen kommt, aber von Innen völlig zum Wesen des Seins durchdringt. Das ist das Geheimnis der Mystik und der mystischen Schau als der so genannten unio mystica.

Diese Tatsache betont allerdings das fundamentale Vertrauen, von dem die Religion Gebrauch macht, ja machen muss. Dieses Vertrauen ist aber *keinesfalls ein blindes* Vertrauen. Hier geht es nicht bloß um einen Mangel an Information und an Wissen, was uns zwingen würde, einfach zu glauben. Diese Art des fundamentalen Vertrauens ist bis zu einem gewissen Punkt *überprüfbar*.

Die Einsicht in das Wesen der Wirklichkeit ist insofern überprüfbar, als sie dem *erkenntnismäßigen* Erfassen der Wirklichkeit entspricht. Entspricht das so Erfahrene dem erkenntnismäßigen Wesen der Wirklichkeit nicht, so hat es mit ihr nichts zu tun und kann somit keine sinnvolle religiöse Bedeutung besitzen.

5. Welche religiöse Bedeutung haben aber derartigen Erfahrungen? Solche Einsichten und Erfahrungen haben zunächst insofern religiöse Bedeutung, als sie zeigen, dass die Wirklichkeit eine geschlossene, systematische Einheit darstellt, in der kein Faktor, aber auch nicht die Wirklichkeit als Ganzes „Übermacht" besitzt, sie also keine „göttlichen" Kräfte besitzen können, *weil sie in jeder Hinsicht gebunden sind.*

Diese Einsichten und Erfahrungen zeigen einerseits, dass Religionen der ersten Gruppe bezüglich der oben genannten Kriterien *falsch sein müssen*, andererseits aber geben sie uns *nicht mehr als eine Ahnung* von dem, was das Göttliche, falls es dieses gibt, sein könnte, nämlich von dem, was im Zentrum der Religionen der zweiten Gruppe stehen sollte.

Mit anderen Worten, wenn es tatsächlich ein wahres Göttliches gibt, so muss es zwangläufig außerhalb der Grenzen der von uns erkennbaren Wirklichkeit bestehen. Erst seine *Offenbarung* kann uns die Sicherheit verschaffen, dass es wirklich da ist.

Aber das ist nur eine *punktuelle* Angelegenheit: *Wenn* das Göttliche das sein soll, was ihm zugeschrieben wird, *dann* muss es uns irgendwie davon in Kenntnis setzen *und* uns eine Lebensweise zeigen, die der Natur der Wirklichkeit wie auch unserer Natur entspricht.

Hier müssen wir lernen zu *extrapolieren*, sozusagen Zwischenwerte zu bestimmen. Die einzelnen Hinweise und Andeutungen, die wir feststellen können, sollen von uns zu einem sinnvollen, informativen Ganzen verbunden werden, in dem die Bedeutung dieser Hinweise und Andeutungen klar wird.

Das Göttliche muss uns also einen planmäßigen Rahmen des Lebens geben, in dem das individuelle wie das gemeinschaftliche Leben als das, was es ist, konkret möglich ist.

Diese Information wird uns ermöglichen, die Berichte der Religionsstifter und der Mystiker als religiöse Erscheinungen zu verstehen und bis zu einem gewissen Punkt zu überprüfen. Mit anderen Worten, dem Göttlichen selbst werden wir nie direkt begegnen können, es muss uns jedoch die Information bzw. die Hinweise geben, wie man sich seiner in der Welt vergewissern kann.

Das kann sicherlich nicht jedermann tun; da spielt schon Vertrauen eine große Rolle; dieses Vertrauen lässt sich aber, wie gesagt, nur bis zu einer gewissen Grenze überprüfen und begründen.

Das Göttliche muss uns diese Möglichkeit der Überprüfung gewähren. Wenn es will, dass man es und die von ihm offenbarte Lebenslehre ernst nimmt und dass man ihm aus klarer Überzeugung und mit gutem Gewissen dienen soll, dann *muss es uns* die Möglichkeit geben, von seiner Wahrheit überzeugt zu werden. Ist das nicht möglich, so bleiben uns nur die Natur im Allgemeinen und die menschliche Natur im Besonderen als die bestimmenden Faktoren menschlicher Orientierung in dieser Welt übrig.

Die besagte Überprüfung kann nur darin bestehen, dass das uns Offenbarte dem Wesen der Wirklichkeit und dem Wesen des Menschen entspricht. Beim Menschen reicht jedoch diese Entsprechung noch nicht aus: Die von Gott offenbarte Lebenslehre muss auch unbedingt das wesensmäßige Wachstum des Menschlichen fördern – individuell und gemeinschaftlich.

Das *größte* Problem in Bezug auf die Wahrheit ist nicht die Frage nach ihrer Erkennbarkeit, sondern eher **die Bereitschaft der Menschen, sich ihr gegenüber zu öffnen**: Oft ist das die ganz banale menschliche Eigenschaft, die uns daran hindert, *verpflichtende* Einsichten **erkennen** zu **wollen** und sie zu **verinnerlichen**.

Sich der Wahrheit als Wirklichkeit zu öffnen und die Folgen für sich aus den damit verbundenen Einsichten zu erkennen und sie somit zu verinnerlichen und zu leben, darin besteht das Wesen des menschlichen Wachstums und der menschlichen Reife als Maßstab des Fortschritts dieses Wachstums.

6. Was bedeuten nun die bisherigen Ausführungen für die Wahrheit einer möglichen Religion im eigentlichen Sinne? Welche Gestalt muss eine gültige Religion annehmen?

Bedenken wir, dass im Zentrum einer Religion das Göttliche steht, so bestimmt das Göttliche das, was die Religionsform genannt wird.

Nach unseren Überlegungen gibt es *nur* die Religionsform des *Monotheismus* als Antwort auf die oben gestellten Fragen.

Der Monotheismus wird oft als Eingott-Religion, als der Glaube an einen einzigen Gott definiert. Diese Definition ist aber irreführend und falsch.

Der Monotheismus behauptet nicht nur die (numerische) Einzigkeit des Göttlichen, sondern in erster Linie die *absolute Andersartigkeit* und die *absolute Einzigartigkeit* des Göttlichen, woraus die Einzigkeit *notwendigerweise* folgt. Diese Andersartigkeit und Einzigartigkeit kennen keine Ausnahme und sie sind uneingeschränkt in ihrer Geltung.

Andersartigkeit und Einzigartigkeit eines Etwas können wir nur durch Vergleich des Etwas mit einem anderen Etwas bestimmen. Mit dem monotheistischen Göttlichen verhält sich das jedoch anders. Per definitionem kann man es nicht mit irgendetwas vergleichen: Es ist buchstäblich nicht von dieser Welt.

Die Andersartigkeit und die Einzigartigkeit des Göttlichen sind eben ohne einen möglichen Vergleich, also absolut be-

stimmt. Die numerische Einzigkeit des monotheistisch bestimmten Göttlichen ist die *unmittelbare, notwendige Folge* der Absolutheit der Andersartigkeit und der Einzigartigkeit dieses Göttlichen.

Das Göttliche als etwas zu verstehen, das *in jeder Hinsicht und ohne Ausnahme und auf gar keine Weise mit weltlichen Kategorien bestimmt und verstanden werden kann,* bedeutet, dass das Göttliche *notwendigerweise als unendlich und ewig* verstanden werden *muss*.

Dass dieses Göttliche nicht nur da ist, sondern dass es die Welt geschaffen hat, dass es ein personales Göttliches für Welt und Mensch ist, dass es in das Weltgeschehen und in das Leben des Menschen eingreift, dass es die Welt lenkt und erhält, unser Wissen von dem, was es vom Menschen verlangt, unser Wissen von der religiösen Bedeutung der Natur der Welt und vom Wesen des Menschen, *all das kann nur es uns offenbaren*. Ohne die Offenbarung des Göttlichen gäbe es im besten Fall nur eine Religion des Menschen.

Das monotheistisch bestimmte Göttliche stellt den höchsten Grad der Abstraktheit dar und ist somit das Konkreteste schlechthin: Es gibt in der so verstandenen Wirklichkeit nichts, was nicht göttlich bestimmt ist. Es liegt am Göttlichen, uns von seiner übermenschlichen, wirksamen Lebendigkeit ein Zeichen zu geben, eine Wirksamkeit, die die Welt im Allgemeinen und die Sphäre des Menschlichen im Besonderen durchdringt, beherrscht und leitet.

7. Die Ausschließlichkeit so wie die maximale Abstraktheit des monotheistischen Göttlichen erzeugt für den Glaubenden das Problem der *lebendigen Verbindung* des Göttlichen mit dem Menschen.

Entscheidend ist dabei die Offenbarung, sie ist aber zunächst nichts weiter als die Offenbarung einer höheren, uns unbekannten Kraft. Als solche ist sie noch weit davon entfernt, eine göttliche Macht zu sein: Vielleicht handelt es sich hier bloß um eine gewaltige, uns nicht bekannte Naturerscheinung?

Die oben genannte lebendige Verbindung des Göttlichen mit dem Menschen muss sich *schon in der Offenbarung* des Göttlichen zeigen: *In seiner Ausschließlichkeit und in seiner maximalen Abstraktheit muss es sich als die Macht zeigen, deren Wesen im Ganzen des Lebens und im Ganzen der Wirklichkeit wirksam ist.*

Das Göttliche muss sich in seiner Offenbarung gleich als *das Ein-Einzige der gesamten Wirklichkeit* zeigen: Die Offenbarung muss die Ausschließlichkeit und die maximale Abstraktheit des Göttlichen in der ganzen Fülle des *konkreten* Lebens und des *konkreten* Daseins zeigen. *Das Göttliche muss sich also nicht nur als Herr alles Wirklichen, sondern darüber hinaus als Herr der gesamten Wirklichkeit erweisen.*

Angesichts solch einer Forderung verliert der Begriff des alltäglichen Glaubens als Ausdruck des Wissensmangels im Zusammenhang mit der Religion jegliche Bedeutung. Die so genannte persönliche Offenbarung des Göttlichen ist keine alltägliche Angelegenheit. Hier kommt das schon erwähnte *fundamentale* Vertrauen zum Tragen: *Es ist ein Vertrauen, das sich zumindest seines Fundaments vergewissern kann.*

Mit dem Vergewissern des Fundaments des Gottesvertrauens ist natürlich nicht die „Beweisführung" für die Wahrheit der Religion gemeint. In so einem Fall hätte es keinen Sinn, von Vertrauen zu reden. Gemeint ist zunächst *die Feststellung der fundamentalen Entsprechung der erkenntnismäßigen Wahrheit der Wirklichkeit mit dem Offenbarungsinhalt bzw. mit der Lehre Gottes über Mensch und Welt und über ihr Verhältnis zueinander.*

Hier liegt zunächst der einzige für uns mögliche Maßstab für die Wahrheit der Offenbarung und mit ihr für die Bestätigung des tatsächlichen Bestehens des Göttlichen. Das ist das eigentliche Problem der Religionsstifter und der Mystiker aller Religionen zu allen Zeiten.

Die einzelnen Religionen mögen sehr unterschiedlich sein, ihr Fundament *muss* aber *dasselbe* sein: Eine Religion, die mit der Wahrheit der Wirklichkeit und mit dem in ihr eingebetteten Menschenverständnis nicht in Einklang steht, *kann keine wahre Religion sein.*

So z.B. *kann* eine menschenverachtende Religion, eine, die die Grundrechte des Menschen missachtet, eine Religion, die das Denken ignoriert oder verfälscht, *keine wahre Religion sein.* Sie stellt als solche die Negation all dessen dar, was gut, wahr und wichtig ist.

Abschließend lässt sich also sagen, dass *der Gottesglaube das erste sein müsste, auf das Kants Aufklärungsaufruf direkt angewandt werden sollte: Der Ausgang des Menschen aus seiner selbstverschuldeten Unmündigkeit: "Sapere aude!".* Denn *der größte Feind aller Wahrheit im Allgemeinen und einer jeden wahren Religion im Besonderen ist die blinde bzw. unkritische oder gar irrationale, autoritätsbezogene bestimmte Denkweise.*

II. ZUM WESEN DES GOTTESGLAUBENS

1. Grundsätzlich bedeutet religiöser Glaube [17] ("Gottesglaube") die *Grundhaltung des einzelnen Menschen Gott gegenüber*. Wesentlich für diese Grundhaltung ist die Tatsache, dass sie *nicht partiell* ist, sondern das Ganze des Menschen und das Ganze seiner Lebenszusammenhänge wie auch das Ganze seiner Lebensumstände und seiner Lebensausdrücke betrifft. Glaube ist somit keine bloß gedankliche Bestimmung, sondern eine Lebensbestimmung.

Insofern müssen wir unsere Ausdrucksweise *genauer* fassen und zwei vollkommen unterschiedliche Ausdrücke differenzieren: **den Glauben** und **das Glauben**.

Der Glaube stellt das dar, was wir unter dem Ausdruck „religiöser Glaube" verstehen. *Das Glauben* will nur das Für-richtig-Halten, also das Nicht-Wissen, was der Fall ist, zum Ausdruck bringen. *Das Glauben* betonnt so die *wesensmäßige Subjektivität des Glaubensakts*, wobei *der Glaube* die *Wahrheit der Wirklichkeit* eines Sachverhalt bzw. der Wirklichkeit als Ganzes zum Ausdruck bringen will.

Religiös-Sein bedeutet somit die *aktive Gestaltung des eigenen Lebens* in seinem *weitesten* Sinnhorizont nach von Gott gegebenen Maßstäben. Natürlich kann der Mensch, wie wir

---

[17] Vgl. System II, S. 43

im zweiten Teil des Systems gesehen haben, zum Teil ähnliche Maßstäbe eigenständig bestimmen und ihnen gehorchen. Damit verwirklicht er sich selbst und gliedert sich dabei in den Rahmen der Wirklichkeit als Ganzes ein.

Der religiöse Mensch folgt dabei jedoch einem anderen Selbst- und Weltverständnis. Ihm ist es wesentlich, dem *Gotteswort* zu gehorchen, und die Welt ist für ihn nicht bloß die Wirklichkeit, sondern die *Schöpfung Gottes*. Die Maßstäbe und die Lehre, die vom Schöpfer der Welt bestimmt und dem Menschen gegeben worden sind, verbinden ihn in einer *lebendigen, persönlichen Beziehung mit Gott und dabei auch mit dem Ganzen der von Gott geschaffenen Wirklichkeit*.

Der religiöse Glaube stellt also nicht bloß etwas Wahrscheinliches oder Mögliches dar, sondern er betrifft die Beziehung zwischen *Wirklichkeit und Wahrheit*, was dadurch zum Ausdruck kommt, dass dieser Glaube den Anspruch auf Gewissheit erhebt. Diese Eigentümlichkeit des religiösen Glaubens nimmt konkrete Gestalt an in geregelten Lebensstrukturen, die das bewusste Leben und das bewusste Verhalten des Glaubenden wesentlich beeinflussen und bestimmen.

Damit ist auch die gewaltige Kraft verständlich, die der religiöse Glaube erzeugen und ausdrücken kann: *Der lebendige Gott nimmt den Menschen, der an ihm glaubt, ganz hin, und der Glaubende gibt sich ganz Gott und seinem Dienst hin.* Die Tatsache, dass *Gott uns für sich als Gott im wahren, echten Sinne gewinnen muss*, verstärkt diese freigesetzte Energie noch mehr.

Gott zwingt dem Menschen nicht den Glauben auf. Gott, und das ist sehr wesentlich für diese persönliche Beziehung des Glaubenden mit Gott, appelliert an unsere *Freiheit: Der Mensch muss in Freiheit zum Glauben erweckt werden und der Glaube muss in Freiheit angenommen werden können.*

Für die wahre Religion, als Rückführung des Menschen zu Gott und als Bindung an ihn, ist es wesentlich, dass diese Rückführung, auch wenn sie von Gott bewirkt wird, unter Wahrung der menschlichen Freiheit geschieht. Nur durch die so erzeugte Gemeinschaft des Glaubenden mit Gott kann der Mensch zu dem werden, was er *sein soll.*

Die völlige Gemeinschaft des Glaubenden mit Gott kann jedoch nur dann Wirklichkeit werden, wenn das Denken als Wirkliches und das Denken überhaupt zur völligen Deckung kommen. Insofern werden wir nie das sein können, was wir sein sollten.[18]

Die wahre Religion sieht also den Menschen nicht als „Produkt" Gottes. Gott kann *erst dann* zum Mittelpunkt des menschlichen Lebens werden, *wenn Gott*, und darin besteht unter anderem das Wesen der monotheistischen Religionsform, *den Menschen zu seiner Freiheit erweckt* und ihn dabei bewusst zum *tätigen* Verständnis seines Lebens unter Betonung seines *Lebenssinns* führt. *Zum Wesen des religiösen Glaubens gehört also immer die existentielle Entscheidung*

---

[18] Vgl. dazu System I

zum Glauben! Insofern beinhaltet der Glaube immer eine innere Spannung, die nicht neutralisiert werden kann.

*In der Verwirklichung seiner Freiheit wird so jeder Glaubende zum **aktiven Partner Gottes** in der Verwirklichung des göttlichen Plans.* Die Entscheidung zum Glauben ist nicht bloß die Entscheidung zu Gott und zur Gemeinschaft mit Gott, sondern *immer auch* die Entscheidung zur Verwirklichung des göttlichen Plans für Welt und Mensch.

So gesehen, stellt **Religiosität oder Frömmigkeit** buchstäblich den **Vollzug des Lebensprozesses als Vollzug des Glaubens** dar.

Das heißt, hier ist *das ganze Sein des Menschen* gefordert, wodurch er in seinem *Wachstum* gefördert wird. *Die Tätigkeit des Ganzen des Menschen in der absoluten Einheit seines Seins ist **bewusst und willig ausschließlich auf Gott, auf die Wahrheit der Wirklichkeit**, hin gerichtet.* Die Religionsform des *Monotheismus* zeigt sich so als *absolut theo-zentrisch*.

2. Von Glauben zu reden, bedeutet gleichzeitig, von der Begründung des Glaubens zu reden. Der Glaube in seiner alltäglichen Prägung ist, wie wir gesehen haben, durch und durch subjektiv begründet. Er ist Ausdruck des Mangels an Wissen und Information, und die Spannung, die durch den Zwang zu glauben erzeugt wird, wird mit dem Bescheid-Wissen aufgehoben. Damit wird auch die Rede von dieser Art von Glauben sinnlos.

Der religiöse Glaube ist anders geprägt und wird auch anders begründet. Dieser Glaube wird *immer stärker gefestigt*, je mehr *Erkenntnisse und Einsichten* der Glaubende erlangt. *Der religiöse Glaube stellt keinen Mangel an Wissen und Information dar.* Er besteht von Anfang an in Wissen und Erkenntnis, die allerdings partiell sind und im Prozess der Verstärkung des Glaubens in ihrem Zusammenhang erweitert und vertieft werden.

Jedes Glaubensmoment ist zwar an sich punktuell, trägt in sich jedoch die Beschaffenheit, den Glauben zu stärken. Wenn man bedenkt, dass *der religiöse Glaube die Beziehung zwischen Wirklichkeit und Wahrheit betrifft*, ist das auch nicht überraschend. Interessant dabei ist die besondere Art des Zugangs zu dieser mit Glaubensgehalt beladenen Beziehung.

Zugang zum Göttlichen, wenn überhaupt, ermöglicht uns die *Intuition*, die in diesem Fall tiefer *in das innere Wesen der Wirklichkeit* eindringen kann, als es jegliche Wahrnehmung oder jegliches diskursive Verfahren je erreichen kann.

Der religiöse Glaube ist also in einer *Intuition* begründet, die das *erkennende Subjekt* bis ins *Innerste des Wirklichen* führt, und es ermöglicht, diese so zu erfassen, dass das erkennende Subjekt dabei das *wahre Sein* dieser Wirklichen erblickt.

Die Intuition ist die Fähigkeit des erkennenden Subjekts zum *Schauen*. Im Gegensatz zur diskursiven, reflektiven Tätigkeit des Denkens, die in Beziehungssetzen, also in der schrittweisen geregelten Erlangung von Erkenntnis besteht, stellt die *Intuition „das sichere unmittelbare Erfassen („Schau") eines Ganzen [....]* mit seinen Gliedern in einem Akt [...] dar, das Wesen eines Gegenstandes, das Wesentliche eines Sachverhalt, die Struktur eines Zusammenhanges, die Idee einer Sache zu durchschauen und zu überschauen".[19]

Hier bekommt ein Mensch gewissermaßen blitz- und scheinwerferartig nicht bloß Einsicht in den Gesamtzusammenhang der Wirklichkeit, sondern in den Wirklichkeitsgrund seiner selbst oder eines anderen Wirklichen. Mit „Wirklichkeitsgrund" ist nicht der „Schöpfungsplan" seiner selbst oder eines anderen Wirklichen gemeint, sondern die **Wahrheit des Bestehens** eines einzelnen Wirklichen im Gesamtzusammenhang der Wirklichkeit: **Er schaut dieses Wirkliche vom Standpunkt der Transzendenz aus.**[20]

Diese Intuition ist kein Produkt von „Denkerfahrung" und keine verschleierte Form des diskursiven Denkens, und die durch sie erlangte Schau ist keine Art von im Bewusstsein verborgenen Schlüssen, die von schon erlangten Erkenntnissen gezogen worden sind. Die Intuition stellt also kein bewusstes rationales Verfahren dar: Sie ist ihrem Wesen nach *nicht-rational*. Entweder ist ein Mensch ihrer fähig oder

---

[19] Johannes Hoffmeister, Wörterbuch der philosophischen Begriffe, Hamburg 1955, S. 336

[20] Vgl. System III, Kap. IV

nicht. Sie durch „Übung" zu erzwingen, ist ein sinnloses Unterfangen.

Man kann sich eine Ahnung von der Intuition im Rahmen des Versuchs verschaffen, Kunstwerke – bildende Kunst, Literatur, Musik, Theater und dgl. – zu verstehen. Die Erläuterungen der entsprechenden Wissenschaften und Geschichtsdarstellungen mögen für uns sehr interessant und tiefgründig sein, bis zum eigentlichen Werk, also das Werk in seinem inneren Wesen zu verstehen, dahin können sie uns leider nicht führen. Und sie können es deshalb nicht, weil es hier nicht um die äußerlichen Umstände des Werkverständnisses geht, sondern um die *Erzeugung einer persönlichen Beziehung zwischen dem Werk, der werkbetrachtenden Person und der Wirklichkeit.*

Diese Beziehung ist eine *lebendige* Beziehung, die nicht durch „Schlussfolgerung" von schon bekannter Information über das Werk und dem Werkschaffenden zustande kommt, sondern sie stellt die *unmittelbare Einsicht* in den gültigen Zusammenhang des Werkes mit dem Leben bzw. mit der Lebenssituation der betrachtenden Person und so mit der Wirklichkeit im Ganzen dar.

Diese Person schaut den Werkgehalt von einem dem Werk *transzendenten Standpunkt* und erkennt dabei die *Wirklichkeit* dieses Werkgehalts. Und diese Beziehung zwischen dem betrachtenden Subjekt, dem Werk bzw. dem Werkgehalt als Moment der Wirklichkeit und der Wirklichkeit in ihrer ursprünglichen systematischen Einheit zu schauen, darin besteht das Wesen des Kunstverständnisses.

Im Unterschied zur Kunst zeichnet sich jedoch die Religion durch eine vollkommen andersartige *Sinn- und Seinsdimension* aus. Das Wesen einer wahren Religion besteht unter anderem darin, dass das Leben eines Menschen, in dem, was es konkret darstellt, durch den Glauben *total* erfasst wird: **Es gibt keinen Moment im Leben eines wirklich religiösen Menschen und es gibt keinen Bereich seines Lebens, der nicht von der göttlichen Gegenwart durchdrungen ist.**

Das Wesen der Religiosität bzw. der Frömmigkeit besteht in der **ständigen gewaltigen Anstrengung**, diese Art der Beziehung zwischen Gott und dem Glaubenden zu *verwirklichen*, also in einen Teil der *Wirklichkeit im Ganzen* zu verwandeln.

3. Wir haben oben betont, dass der Zugang zum Göttlichen nur über die Intuition möglich ist. Konkret heißt das, dass der Glaubende zwar einen unmittelbaren *erkenntnismäßigen* Bezug zur Transzendenz, jedoch *keinen* unmittelbaren Zugang zum Göttlichen hat. Denn die Grundwahrheit, die eine solche Intuition offenbart, betrifft den Kern der *Beziehung* zwischen dem erkennenden Subjekt und der Wirklichkeit als Ganzes und *nicht* zwischen dem Subjekt und dem Grund des Ganzen der Wirklichkeit.

Die *Erkenntnis*, dass das Bestehen der Wirklichkeit als Ganzes der Aktualität der Transzendenz bedarf, verbirgt in sich die *Vermutung* oder die *Ahnung*, dass die Wirklichkeit durch die Transzendenz nicht bloß „eingerahmt" ist, sondern dass *die Transzendenz selbst* auf die Wirklichkeit *seins-mäßig, stiftend-bestimmend* wirkt. Das bedeutet wiederum, dass *die Transzendenz gegebenenfalls mehr darstellt bzw. darstellen muss*, als die Erkenntnis, dass das Bestehen der Wirklichkeit als Ganzes der Aktualität der Transzendenz bedarf.

Der Mensch erfährt diese Vermutung oder diese Ahnung auf eine besondere Weise: *Er verlangt nach Sinn für sein Bestehen.* Der Mensch beobachtet, dass alles in der Welt den Sinn seines Bestehens in sich selbst birgt. Nur er nicht. Alles ist das, was es ist, und kann auch anders gar nicht werden oder sein.

Der Mensch ist das einzige Wesen im Rahmen der Wirklichkeit, das sein Leben gestalten und ihm Richtung geben kann: *Er allein hat die Fähigkeit, zu wachsen.*[21] Und die Fähigkeit zu wachsen, die Fähigkeit des Menschen, Schmied seines Glücks zu sein, setzt ihn in *unmittelbare* Beziehung zum Wirklichkeitsganzen und somit zur Transzendenz.

*Wachstum als Offenbarung des Konstanten des Menschen in ihm bedeutet nichts anderes als der Prozess der Überführung des Scheinbaren, des Relativen und des Zufälligen am Menschen **ins Wahre, Notwendige und Absolute**.* Es ist ein Prozess, in dem sich der Mensch des ursprünglichen Ganzen seines Wesens zunehmend bewusst wird und sich damit in die Wahrheit erhebt.

---

[21] Vgl. System III, S. 48

Wachstum ähnelt somit dem Übergang von der Nacht zum Tag. Die Offenbarung des Konstanten (in diesem Fall die sichtbare Welt) schreitet immer weiter voran, es wird immer heller bis zum vollen Tag. Und das, was sich da nun offenbart, erweist sich als *das* Vertraute. Genauso ist es auch mit dem wahren Selbst als Ich: Zunächst ist es vollkommen in der

Dunkelheit verborgen, jedoch allmählich, im Laufe des Wachstums, erweist es sich als *das* Vertrauteste überhaupt!

Was während des Wachstums geschieht, ist eigentlich *die Erhebung des Individuums auf eine höhere Ebene, auf der sich die Herstellung der ursprünglichen Einheit zwischen dem vereinzelten Menschen und der Wirklichkeit im Ganzen* vollzieht. Dabei geht es nicht bloß um die Erhebung des Menschen zu einem höheren Bewusstseinszustand, sondern um die Erhebung des Menschen selbst über sein empirisches Erscheinungsbild, d.h. um die Erhebung des empirisch-konkret bestimmten Menschen über sich selbst in die ihm transzendente Ganzheit der wahren Wirklichkeit.

Durch diese Erhebung vollzieht sich nicht nur die Verwandlung des Individuums, sondern notwendigerweise auch die Verwandlung der begrenzten Welt, in der dieses Individuum lebt (*seine menschliche und nicht-menschliche Umwelt*)**. Denn Wachstum besteht in der Verwandlung des Individuums wie auch der Welt, eine Verwandlung, die darin besteht, beide, Individuum und Welt, in die beiden transzendente umfassende Wirklichkeit zu verankern und so beide in die ihnen gemeinsame umfassende Einheit zu setzen.**

Diesen Prozess können wir anhand eines Beispiels verdeutlichen: Ein Mensch, der durch die Straßen einer Stadt geht, sieht nur die Häuser der Straße, die er entlanggeht. Dabei bekommt er kurze Einblicke in die Seitenstraßen, die er überquert. Wenn dieser Mensch nun einen höheren Standpunkt einnimmt, von dem aus er auf die ganze Stadt hinunterblicken kann, wird er diese Stadt insgesamt viel besser überblicken können, auch wenn er von diesem Standpunkt aus noch nicht alle Straßen und Plätze vollkommen überblicken kann.

Das kann ihm erst dann gelingen, wenn er die Stadt aus der Luft betrachtet: Von hier aus kann er auch die Umgebung der Stadt, die Straßen, die aus der Umgebung auf sie zuführen, überblicken. Die "Stadt" des Anfangspunktes ähnelt kaum der Stadt des Endpunktes der Betrachtung. Nicht nur, dass sein Bewusstsein von der Stadt sich ganz wesentlich geändert hat, sondern auch das, was er für die "Stadt" hielt, hat sich wesentlich geändert.

Wachstum stellt eine *erkenntnismäßige* Verwandlung des Individuums dar, in dessen Vollzug es sich in die Wirklichkeit insgesamt eingliedert. Im Laufe dieses Prozesses ändert das Individuum seine existentielle und emotionale Beziehung zu seiner Welt (seine menschliche und nicht-menschliche Umwelt), was nicht ohne Wirkung auf diese Welt bleibt: *Es ist eine immer intensiver werdende erkenntnismäßige Bestimmung sowohl der menschlichen wie der nicht-menschlichen Realität.*

Das Wachstum bedeutet also nichts anders als *sehend* werden: Das Aufscheinen dieses Endgültigen bedeutet, dass es ein "Licht" gibt, das die Wahrheit aufscheinen lässt und so *mich selbst* im Lichte der Wahrheit sehen lässt. Der Grad dieses Wachstums heißt *Reife,* und die Tatsache des Wachsens, also das Wachstum selbst, heißt *Fortschritt.*

Diesen Wachstumsgedanken möchte ich im Folgenden weiter präzisieren und mittels zweier "Bereiche" verdeutlichen, in denen der Mensch Wachstum in seiner reinsten Gestalt und in seinem tiefsten Sinn erfährt oder zumindest erfahren kann: Gemeint sind die Liebe und der religiöse Glaube.

4. Mit der Erwähnung der Liebe und des religiösen Glaubens soll verdeutlicht werden, was Wachstum eigentlich bedeutet. Die zwei sind nicht zufällig in einem Atemzug genannt worden, sie sind aber *nicht gleichwertig.*

Wodurch zeichnen sich also die Liebe und der religiöse Glaube aus, und warum stellen sie den stärksten Impuls zum Wachstum und des Wachstums dar?

In beiden Fällen handelt es sich um etwas, das das Individuum zu seiner *persönlichen menschlichen Eigentlichkeit* erweckt. Denn in beiden Fällen handelt es sich um eine persönliche Beziehung, in der und durch die die *echte Individualität konstituiert* wird.

Echte Liebe und echter religiöser Glaube beruhen auf persönlicher Begegnung, die im Betroffen-Sein intensivster Art besteht. *Der Mensch ist einer Macht begegnet, die ihn ganz "erobert" hat – das ganze Herz und das ganze Ich. Die Totalität der Liebe und des Glaubens ist Folge der verzehrenden und erschütternden Intensität der Liebes- und Glaubensforderung. Sie lässt für anderes einfach keinen Raum.*

„Forderung" – denn diese Macht fordert den Menschen auf, **sich zu bewähren**, d.h., sie drängt ihn zur **Verbindlichkeit** und so zu sich selbst. Er muss sich ihr zur Bewährung aussetzen. Und er muss es tun, weil das, was er da erfährt, das berührt, was ihn *unbedingt* angeht, was ihm *am Ursprünglichsten* ist, nämlich *er selbst*.

Und wenn diese Liebe und dieser Glaube lebendig sind, dann sind sie eines steten Wachstums nicht nur fähig, sondern ihm auch unterworfen, und dieses Wachstum drückt sich darin aus, dass das *spezifisch Individuelle am Menschen als Ich* immer mehr Gestalt annimmt: Die Äußerung der Gesamthaltung eines Menschen, der von der Liebe oder vom Glauben erfüllt, getrieben und motiviert wird, ist dann **in ihm selbst begründet** und kann *nicht* einfach als Anpassung an die Umwelt oder einfach als Reaktion auf sie und auf ihre Forderungen gelten.

So gesehen, stellen Liebe und Glaube, jeder an und für sich, den Inbegriff eines *neuen Lebens* dar, gewissermaßen eine neue, *zweite Schöpfung des Menschen*. Und das ist so und kann so sein, weil die Liebe wie der Glaube sich in jeder Hinsicht als *ein ursprüngliches Etwas in unserem Bewusstsein zeigen. Das heißt, sie zeigen sich als etwas, das nicht abge-*

leitet oder vermittelt ist, sondern als etwas, das **Ursprünglichkeit** *und* **Unmittelbarkeit** *aufweist*: Dieses Etwas durchdringt und begründet das Gefühl, das Bewusstsein und den Willen, folgt aber nicht aus ihnen.

Diese Begegnung mit dem Geliebten oder mit Gott schafft eine ganz neue Situation im Leben des Individuums: Indem der Mensch einsieht, dass das, was das neue Leben stiftet, ihn transzendiert, besteht für ihn *die Notwendigkeit, sich auf diesen für ihn endgültigen Sinnhorizont zu beziehen; es besteht für ihn dann die Notwendigkeit, sich auf das Ganze hin zu transzendieren, das für ihn nun als Wirklichkeit gilt und das ihm seine eigene Wirklichkeit stiftet, d.h. ihn selbst wirklich macht.*

Das alles bedeutet jedoch für ihn **zunächst, sich selbst in Frage zu stellen**, ja sich selbst gewissermaßen aufzugeben. Denn diese notwendige Bezugnahme auf den endgültigen Sinnhorizont setzt einen sehr hohen Grad an Orientierungsfähigkeit in einer Wirklichkeit voraus, in die er gerade hineingeboren worden ist. Die Liebe und der Glaube, wenn sie ernst genommen werden, weisen den Menschen zunächst auf seine "Nichtigkeit" und seine „Kreatürlichkeit" hin. Daher lösen sie einen Lernprozess aus, bzw. gehen in einen Lernprozess ein, der nicht bloß zu Verhaltensänderungen führen soll, sondern zur Formung des ganzen Alltagslebens in Gedanken, Worten, Gefühlen und Handlungen.

Es gehört zur Natur echter Liebe und echten Glaubens, dass die "Nichtigkeitsgefühle" und „Kreatürlichkeitsgefühle", die sie erwecken, den Menschen nicht erdrücken, sondern ganz im Gegenteil ihn trotz aller Unsicherheit aufrichten und ihn sich selbst finden lassen – ihn also *wachsen* lassen.

Die Begegnungserfahrung mit dem Geliebten oder mit Gott verlegt das Zentrum des Selbstverständnisses des Individuums *von der Subjektivität zur Wirklichkeit* und bewirkt dadurch die zunehmende Umstrukturierung seiner Wahrnehmungsfähigkeit und seines Wahrnehmungsfeldes, was sich in bestimmten Lebensformen und Verhaltensweisen ausdrückt.

Wichtig ist aber die Voraussetzung für diese Praxis: der durch diese Erfahrung in Gang gesetzte *Lernprozess*. Denn sowohl Lieben als auch Glauben *muss gelernt werden*. Der Mensch muss lernen, wie er lieben und wie er glauben soll, d.h., wie er damit umgehen soll. Er muss lernen, dass er nicht jedes Liebesgefühl und jede Liebesneigung pflegen darf, ohne sich zu fragen, ob diese Liebe für ihn sinnvoll ist und seinem Wesen gemäß ist. Er muss sie gestalten und sich überlegen, ob er sie unbedingt erfüllen muss oder ihr die Erfüllung verweigern soll und verweigern muss. Eine echte und reife Liebe ist, wie echter und reifer Glaube, eine mühsam eingeübte Haltung des Menschen der Welt gegenüber. Das bloße "Gefühl" der Liebe und das bloße "Gefühl" des Glaubens kann beim Menschen eine wilde innere Erregung von dämonischen Dimensionen entfachen, die für ihn *nur noch die Selbstzerstörung bedeuten kann*.

Diese Möglichkeit der Selbstzerstörung eines Menschen und der Gefährdung seines Mensch-Seins bei seinem Versuch, sich selbst zu verwirklichen und endlich glücklich zu sein, wirft uns zum Wachstumsprozess zurück. Diesen Prozess können wir auch die Begegnung des Menschen mit seinem "Schicksal" nennen. Denn ausschließlich im Wachstum kann der Mensch sein eigenes "Schicksal" und somit sein eigenes Glück schmieden. *In jeder anderen Hinsicht ähnelt der Mensch einem Blatt im Wind. Denn nirgends sonst hat der Mensch die Freiheit der Entscheidung, und nirgends sonst erfährt er sie so wie im Entschluss zum Wachstum.*

Der Zugang zur Wahrheit und zur Wirklichkeit setzt *Freiheit* voraus und bedeutet für uns Freiheit: Wir können uns selbst nur in der *Freiheit der Entscheidung* (etwa des Glaubens oder der Liebe) erschließen. In der *Freiheit der Entscheidung* erfährt der Mensch seine *Selbstverantwortung*. Daher kann eine richtige Entscheidung, also die Entscheidung zum Wachstum, als der Zugang zu seinem wahren und wirklichen Selbst gelten.

Diese Freiheit der *Entscheidung* (Freiheit der Entscheidung und nicht bloß Freiheit der Wahl) ist wesentlich für die Konstitution des Individuums. Denn *in dieser Entscheidung geht es darum, den Schein aufzuheben und das Wahre sichtbar zu machen, damit der Mensch zu seinem eigenen Wesen kommt.* **Im Vollzug dieser Verwandlung seines Selbst und der Welt** besteht die **echte Freiheit**.

Es muss hier betont werden, dass diese Freiheit *nur dann* bestehen kann, *wenn* diese Entscheidung *bedingungslos* ist. Diese Entscheidung gewährt kein „reiches, schmerzloses, süßes, gutes Leben" und sie ist auch keine Grundlage für irgendeinen "rechtlich einklagbaren Lohn". Denn nur so, d.h.

*bedingungslos, kann eine **echte Individualität** tatsächlich konstituiert werden.*

Das ist auch der Grund, warum wir die Betonung auf die Freiheit der Entscheidung und nicht auf die "Freiheit der Wahl" legen. Die Freiheit der Wahl ist erstens eine bedingte Freiheit, und zweitens steht das Objekt der Wahl in ihrem Zentrum. *Die Freiheit der Entscheidung hebt die Verantwortung des Individuums für sein Tun und somit für das persönliche Wesen dieses Individuums hervor.* Eine Entscheidung ist immer eine Entscheidung zu sich selbst, deshalb ist sie auch *verbindlich*. Nur deshalb können wir uns in der Freiheit der Entscheidung selbst erschließen.

Eine ernsthafte Auseinandersetzung mit dem "Schicksal" führt notwendigerweise zur Einsicht, dass es *nur gewisse entscheidende Augenblicke* sind, in denen der Mensch zur *wahren* Freiheit gelangen kann. Sieht er das ein, erkennt er diese Augenblicke und nimmt er sie wahr, "dann hat er eine Frage frei an das Schicksal" (Schiller). Und was heißt das denn, wenn nicht diese tatsächliche Möglichkeit, *ins wesenhafte Selbst durchzubrechen, es zu erhellen und wirksam zu machen* – mit einem Wort: zu wachsen?

Diese Augenblicke sind Augenblicke der Geburt des wahren Ichs, das als solches Anteil an der wahren, endgültig bestimmten Wirklichkeit hat. ***In dieser Selbstüberführung vom Scheinbaren und Zufälligen zum Wahren und Notwendigen erhebt sich der Mensch über alles Zeit-***

liche. "Er selbst" bleibt zwar sterblich, hat aber kraft der Tatsache, dass er "er selbst" *ist*, teil an der **ewigen Gegenwart der Wahrheit und der Wirklichkeit**.

Diese Überführung heißt, vom *Standpunkt des Individuums* aus "Wachstum", sie heißt jedoch "Fortschritt", wenn man sie vom *Standpunkt der Wirklichkeit oder von dem der Wahrheit* aus betrachtet. Das Wesen des Fortschrittes besteht im **Verweilen auf der Insel der Ewigkeit im Zeitlichen**. Zugang zu dieser Insel kann sich der Mensch allerdings *nur* über sein *eigenes Wachstum* verschaffen.[22]

Die Bestimmung des eigenen Lebens zum Leben in Wachstum führt die Wirklichkeit in eine Richtung, die über die erkenntnismäßig bestimmte Transzendenz hinausreicht.

Wenn diese Wirklichkeit einen Schöpfer hat, *dann* bedeutet diese persönliche Verwirklichung der eigenen Stellung in der Wirklichkeit, dass das eigene Leben nicht bloß mit dem Plan dieses Schöpfers in Einklang gebracht wird, sondern darüber hinaus, dass es die *aktive Teilnahme* an der Verwirklichung des Plans dieses Schöpfers bedeutet.

5. Das Bewusstsein dieser Möglichkeit, die stark mit dem persönlichen Lebenssinn zu tun hat, erzeugt eine persönliche Beziehung des einzelnen zur Wirklichkeit. Die Tatsache, dass

---

[22] Vgl. dazu System I

der Mensch das Ganze der Wirklichkeit für die Verwirklichung seiner Persönlichkeit und seiner persönliche Identität benötigt, erzeugt eine **Beziehung zur Transzendenz**, die, erkenntnistheoretisch betrachtet, ihre entscheidende, ja wesentliche Rolle in dieser persönlichen Verwirklichung spielt.

Oben war die Rede von der Intuition, die uns ermöglicht, einen Erkenntnisweg zu bewältigen, was durch die diskursive Denkweise nicht möglich wäre. Durch die besagte Intuition wird etwas Besonderes geschaut: *„Das totale Beziehungsgeflecht der Wirklichkeit wird in einem einzelnen Wirklichen fokussiert"*. Darin ist der Wirklichkeitsgrund dieses Wirklichen zu schauen, also, wie oben erwähnt, die *Wahrheit des Bestehens* eines einzelnen Wirklichen im Gesamtzusammenhang der Wirklichkeit: **Man schaut dieses Wirkliche vom Standpunkt der Transzendenz aus.**

Darin *könnte* die Schwelle zum religiösen Glauben bestehen: *grundsätzlich und persönlich*. Solange diese Intuition nur erkenntnismäßig verstanden wird, bleibt sie *bloß eine theoretische Tatsache*.

Existentielle Bedeutung bekommt diese Tatsache erst dann, wenn *das Persönliche* als eine bestimmte Art der *Erfahrung hinzukommt*, wenn also der Mensch nicht bloß davon weiß, sondern das persönlich erfährt und *sich* zu den damit verbundenen Folgen *verpflichtet* sieht.

Aber das reicht noch nicht aus, damit wir hier von religiösem Glauben reden können. Damit die Transzendenz eine religiöse Bedeutung aufweisen kann, muss ihr Begriff stark verändert werden, und zwar so, dass sie *nur* als ein notwendiger *Aspekt* einer *größeren, umfassenderen Wesenheit* verstanden wird, die mit dem Namen „Gott" versehen ist. Und statt von systematischer Erkenntnis zu reden, reden wir von Glauben bzw. von Gottesglauben.

Der Begriff des Glaubens verbindet zwischen dem Sinn des persönlichen Lebens und dem Ganzen der Wirklichkeit, und zwar so, dass er diese Verbindung in einer Wesenheit begründet, die die Wirklichkeit geschaffen hat und diese nach ihren Willen führt und lenkt.

Die persönliche Aneignung dieses göttlichen Willens bedeutet die Möglichkeit, sich auf eine maximale Weise im Ganzen der Wirklichkeit zu integrieren. Die persönliche Beziehung zwischen Gott und Mensch besteht in der persönlichen Bedeutung des göttlichen Wortes. *Gott ist von Anfang an ein personaler Gott.*

Der theologische Charakter der Sinnstiftung verlangt den Blick „von außen", was zunächst die Bedeutung der Transzendenz betont. Die Bestimmung des Lebens in diese Richtung (Wachstum) führt also über die Welt hinaus in eine Richtung, die gegebenenfalls persönlich über die erkenntnismäßig bestimmte Transzendenz hinausführt: in der Richtung des religiösen Glaubens, der in der Verwirklichung der persönlichen Stellung in der Welt dem Plan des Schöpfer gemäß besteht.

Es geht dabei um den Willen, die vollkommene, persönliche Identifizierung mit dem göttlichen Plan der Wirklichkeit zu bewirken. *Der religiöse Glaube besteht in nichts anderem als in der Aneignung des göttlichen Willens.* Darin besteht die so genannte mystische Gotteserfahrung (unio mystica).

Die Klärung der Frage nach dem Sinn des eigenen Lebens bringt den Menschen immer näher zur Wirklichkeit und so zu sich selbst. Diese Betonung erhellt die Transzendenz in einem anderen Licht als dem der system-orientierten Erkenntnis. Die so verstandene Transzendenz bekommt somit eine sinnstiftende *Bedeutung*. Hier, mit dieser von uns erlangten Bestimmung, schließen sich die Pforten der Erkenntnis. Nun wird der Glaube aktuell.

6. Die Aktualität des Glaubens ist jedoch nicht voraussetzungslos. Der Übergang von der besagten Ahnung zum wirklichen Glauben setzt *die Offenbarung des Göttlichen* voraus. Nur das Göttliche kann kraft seiner Offenbarung von seinem tatsächlichen Bestehen Kunde geben.

Jedoch genügt die Offenbarung an sich noch nicht, um den Glauben zu begründen. Sie bezeugt zwar die Existenz des Göttlichen, jedoch *nicht mehr*. Die Offenbarung beginnt für den Menschen *erst dann existentielle, relevante Bedeutung* zu haben, *sie geht ihn dann erst an*, wenn sie ihm den *Weg des Wachstums*, den *Weg des wirklichen persönlichen Lebens* vermittelt.

Es geht gewissermaßen um die „Gebrauchsanweisungen" für das richtige persönliche Leben im Rahmen der Wirklichkeit, deren Teil der Mensch ist. *Erst dann* kann das Göttliche, nun als personaler Gott, für den Menschen *höchst persönliche existentielle, lebensumfassende Bedeutung* haben.

Glaube ohne Glaubensinhalt ist leer und bedeutungslos. Es ist dann bloß ein Gefühl, das zwar „religiös" genannt wird, ohne dass die so genannten Gläubigen sagen können, worin dieses Religiöse eigentlich besteht und was sie zur Überzeugung führt, abgesehen von ihrem „So-fühle-Ich", dass es sich dabei um „Religion" handelt.

Eine wahre Religion ist jedoch *niemals* ich-zentriert, sondern *immer* gott-zentriert, und das muss *unbedingt inhaltlich bestimmt* sein.

Die entscheidende Frage besteht nun darin, was in der Wirklichkeit auf Gott hindeutet? Welche sind Gottes Spuren in seiner angeblich von ihm geschaffenen Wirklichkeit?

Von Gottes Spuren in der Wirklichkeit hat es nur dann Sinn zu reden, wenn er sich uns offenbarte bzw. offenbart und uns über sich, über uns, über die Welt und über die Beziehung zwischen allen informiert. Erst dann hat es überhaupt Sinn, nicht nur von der Aneignung des göttlichen Willens zu reden, sondern auch davon, den Willen Gottes in allem in der Welt zu verspüren bzw. zu entdecken.

Die wirklichen Spuren Gottes in der Welt sind einerseits *die Forderungen Gottes an uns, also die Forderung zur Verwirklichung des Glaubensinhalts, was nichts anderes als die Forderung zur Vervollkommnung unserer persönlichen Menschlichkeit bedeutet, die in sich auch die Art dieser Verwirklichung beinhaltet.* Andererseits aber, **im Licht dieser Forderung, das zu erkennen, was die Verwirklichung dieser Forderung ermöglicht und fördert, einschließlich dem, was mit dem Wort „Gnade Gottes" bezeichnet wird**, also dem von uns nicht bewirkten und nicht belohnten, unerwarteten „Entgegenkommen der Wirklichkeit" bei der Erfüllung dieser Forderung. Auf diese letztgenannte Wirkung Gottes *muss er jedoch selbst* den Glaubenden in seiner Lehre aufmerksam machen.

Ansonsten können wir nur von einer Vermutung oder höchstens von einer Ahnung, dass es Gott gibt, reden. Hinweise auf die *mögliche* Existenz Gottes könnten zum Beispiel die streng gesetzlich bestimmte Ordnung der Welt, das Phänomen des Lebens oder der Mensch sein. Worin jedoch hier die „Gegenwart Gottes" bestehen sollte, das könnten wir allerdings in diesen Fällen nicht sagen.

Die Offenbarung Gottes und die *Vermittlung seiner Lehre* ist *das einzige*, was unserer Vermutung bzw. unserer Ahnung Wirklichkeitsbezug, etwa die Forderung des Wachstums, die Sinn-Verwirklichung und die Forderung nach der Vervollkommnung des persönlichen Lebens, verleihen kann.

Es geht also darum, inwieweit die Offenbarung Gottes und die Offenbarung seiner Lehre mit den von uns bekannten Eigentümlichkeiten der Menschen in Einklang stehen. Gerade die Bedeutung der Freiheit des Menschen zum Wachstum wird in besonderem Maß hervorgehoben. Es hat keinen Sinn, von einem Gott zu sprechen, der uns wie ein Tyrann behandelt. *Darin kann keine wahre Religion bestehen.*

Der wahre Gott betont die Freiheit des Menschen und seine persönliche Verantwortung für sich und für die Wirklichkeit, in der er lebt.

Als Beispiel können folgende strenge, biblische Gebote dienen: „Du sollst den Ewigen, deinen Gott, lieben, mit deinem ganzen Herzen, mit deiner ganzen Seele und mit deinem ganzen Vermögen". [23] Andererseits aber: „[...] Liebe deinen Nächsten wie dich selbst, ich bin der Ewige". [24] Und „So spricht der Ewige der Heerscharen, also: Wahrhaftiges Gericht richtet, und Liebe und Barmherzigkeit erweiset einer dem anderen". [25]

Die Liebe des Menschen zu Gott und die Liebe Gottes zum Menschen sowie die Forderung der Nächstenliebe sind *voneinander nicht zu trennen* und *bedingen einander*, was *die*

---

[23] Das 5. Buch Moses, 6, 5

[24] Das 3. Buch Moses, 18, 19

[25] Sechariah, 7,8

Freiheit und die Verantwortung des Menschen in jeder Hinsicht besonders hervorhebt.

Zwischen Gott und Mensch ist, trotz der absoluten Andersartigkeit, eine Beziehung wirksam: die Liebe.

Das Wachstum im Licht der göttlichen Lehre macht Gott für uns immer mehr gegenwärtig, bis wir – zumindest grundsätzlich – **mit ihm inniger vereinigt sind**. Eigentlich sind wir, vom Standpunkt der Religion aus betrachtet, bereits am Ziel, denn *Gott **ist** Gegenwart*.

Dies im persönlichen Leben wahrzunehmen und in diesem Sinne sein Leben zu führen, darin besteht der Höhepunkt des religiösen Lebens.

III. DIE ERKENNTNIS DER NATUR

DIE SYSTEMATISCH-PHILOSOPHISCHEN GRUNDLAGEN DER ERKENNTNIS DER NATUR

I. DIE APRIORISCHE GRUNDLAGE DER ERKENNTNIS DER NATUR

1. Dieses erste Kapitel besteht in der folgenden Darlegung und Erörterung und hat die *Erkenntnis der Natur* zum Gegenstand. Hier geht es *nicht* darum, die Methode(n) der Naturwissenschaften zu beschreiben und zu legitimieren, sondern es geht hier um die *Aufdeckung der apriorisch-logischen Grundlage*, die *die Anwendung der schon bewährten Methode(n) dieser Wissenschaften überhaupt möglich macht.*

Hier geht es *nicht* darum, eine Philosophie bzw. eine Theorie der Naturwissenschaft zu entwerfen, in der philosophische Probleme der spezifischen Naturwissenschaften erörtert werden.

Hier geht es vielmehr darum, *die apriorische Grundlage* aufzuzeigen, die *die Rede von der* **Natur** *und von der* **Erkenntnis der Natur** *überhaupt sinnvoll macht.* Es geht also um **die** *Grundlage, die die Natur als Bereich der Wirklichkeit bestimmt und somit die Naturerkenntnis überhaupt ermöglicht.*

In unserem Zusammenhang geht es also darum, zu zeigen, dass *die Gesetzlichkeit des Denkens* **die einzige notwen-**

***dige und ausreichende Bedingung** ist, aus der die Natur, aber auch die gesamte Wirklichkeit für uns erkenntnismäßig begreifbar sein kann.*

Mit anderen Worten, hier geht es darum, *die apriorische gesetzliche Grundlage, die in der Bestimmung des Begriffs der Natur latent wirksam ist,* aufzuzeigen.

Diese gesetzliche Grundlage, *diese notwendige Gesetzlichkeit, bestimmt die gesamte Natur notwendig und durchgängig,* sodass jede einzelne bestimmte naturwissenschaftliche Feststellung von Tatsachen, also *jede einzelne verifizierte Naturerkenntnis* diese gesetzliche Grundlage des Ganzen der Natur *notwendigerweise voraussetzen muss.*

Das wiederum bedeutet, dass *die **Prinzipien** der **Naturforschung** mit der **Gültigkeit** der **Natur**erkenntnis* in einem Zusammenhang stehen müssen, der selbst in ihrer gemeinsamen logischen Grundlage wurzelt.

Diese Tatsache kommt in dem galileischen Satz treffend zum Ausdruck: „Das Buch der Natur ist mit mathematischen Sätzen geschrieben". Oder wie es Kant ausdrückt: „In jeder Naturlehre könne nur so viel *eigentliche* Wissenschaft angetroffen werden, als darin *Mathematik* anzutreffen ist".[26]

Das heißt, dass die Bestimmung, die besagt, dass die Erkenntnis der Natur als die Erkenntnis der notwendigen Gesetzlichkeit, die die gesamte Natur als das, was sie ist, notwendig und durchgängig bestimmt, *nur auf eine bestimmte Weise* vollzogen werden kann, *diese Bestimmung ist selbst schon Ausdruck der Grundbestimmung, die uns vorschreibt,*

---

[26] Immanuel Kant, Metaphysische Anfangsgründe der Naturwissenschaften, in: Werke. Akademie Textausgabe, Berlin 1978, Bd. IV, S.470

wie das, was demnach als objektiv erkannte Natur identifiziert wird, verstanden werden muss.

2. Die Tatsache, dass wir behaupten können, dass die von uns **erkannte** Natur (im Unterschied zur bloß wahrgenommenen Natur) ein *System von mathematisch-physikalischen Beziehungen unter allgemeinen Gesetzen* darstellt, bedeutet *keinesfalls*, dass wir uns hier mit Physik und Mathematik befassen werden. Unser Interesse an der Natur und an der Naturerkenntnis ist eine *philosophische* und keine wissenschaftliche. Dementsprechend richten wir an die Natur *philosophische und nicht von wissenschaftlichem Interesse geleitete* Fragen.

Das bedeutet zweierlei: *Erstens*, dass die philosophische Betrachtung der Natur nicht bloß durch Verallgemeinerung von einzelnen Bestimmungen der naturwissenschaftlichen Erkenntnisse und Grundbegriffe vollzogen wird. Aber es bedeutet *zweitens* auch umgekehrt, dass die naturwissenschaftlichen Grundbegriffe wie auch einzelne Naturgesetze *nicht* durch „Ableitung" von reinen philosophischen obersten Prinzipien gewonnen werden oder gewonnen werden können.

Die Naturwissenschaft braucht nicht die Philosophie für die Bestimmung ihrer Begriffe und ihrer Gesetze: Die Naturwissenschaft hat nämlich ihren eigenen Ansatz, der jeweils nach dem schon bestimmten Wissen von der Natur neu bestimmt werden kann bzw. neu bestimmt werden muss.

Die Bestimmung der naturwissenschaftlichen Begriffe und die Bestimmung der einzelnen Gesetze der Natur wie die Darstellung ihrer Erkenntnis, sind *allein Sache der Naturwissenschaft*. Die apriorische gesetzliche Grundlage, die die Bestimmung der wissenschaftlichen Begriffe wie die Bestimmung der Naturgesetze und somit die Naturerkenntnis überhaupt ermöglicht, ist *allein Sache der Philosophie.*

Und diese apriorische gesetzliche Grundlage ist allein Sache der Philosophie, weil **die Natur nur eine bestimmte Region einer umfassenden Wirklichkeit ist**, deren Bestimmung **nur** durch *philosophisch-systematische Überlegungen* vollzogen werden kann.

Die Gesetzlichkeit der Wirklichkeit, die den notwendigen Gesamtzusammenhang der naturwissenschaftlichen Tatsachen zu dem bestimmt, was wir als Natur verstehen, *ist Bedingung der Intelligibilität (Rationalität) und insofern die Verstehbarkeit der Natur, und als solche ist diese Gesetzlichkeit die notwendige Bedingung der Naturwissenschaft selbst.*

Das Verstehen der (physischen) Natur in ihrer empirischen beobachtbaren Tatsächlichkeit ist Sache der Naturwissenschaft. *Die Bestimmung der notwendigen Bedingungen der Möglichkeit einer objektiven Erkenntnis überhaupt und der Naturerkenntnis im Besonderen, das kann nur Sache der Philosophie als Erkenntnissystem der Wirklichkeit sein.* Konkret heißt das, dass die Gesetzlichkeit der Natur ihre Grundlage und ihren Ursprung im Denken (Rationalität) hat; diese Gesetzlichkeit ist es auch, die die Einheit der so genannten empirischen Anschauung stiftet.

In diesem ersten Kapitel werden wir uns mit dem *Verhältnis zwischen Denken und Wirklichkeit im besonderen Fall der Natur als eines **bestimmten** Ausschnitts der Wirklichkeit* befassen, der durch das Denken als wirklich bestimmt und konstituiert wird.

Ich möchte hier nochmals betonen, dass es in diesem Zusammenhang weder um die „Rekonstruktion der Schöpfung", noch um die „philosophische Vergewaltigung" der Wirklichkeit geht. Hier geht es *einzig und allein* um die apriorischen Grundlagen der Natur*erkenntnis*. Und *für die Erkenntnis ist* **das Denken** *als die sich selbst konstituierende deduktivsystematische universelle Struktur* **die oberste und die einzig mögliche Instanz**: *Ohne die Voraussetzung dieser Instanz ist nichts denkbar und nichts darstellbar!*

Was das für die Erkenntnis der Natur konkret bedeutet, das zu zeigen, soll Aufgabe dieses Kapitels sein.

3. Im System I, S. 208ff. haben wir von den logischen Möglichkeiten des Verhältnisses des *Subjekts als Wirkliches* zur *Wirklichkeit im Ganzen* gesprochen. Dabei schließt die Sphäre der Natur – als umfassendes Ganzes betrachtet – in sich alle wahrgenommenen, beobachtbaren Dinge, Lebewesen und Geschehensabläufe im Kosmos ein, also alle Daseins- und Lebensformen, die nicht vom Menschen geschaffen sind, sowie auch die Beziehungen, die in und zwischen diesen zu beobachten sind.

Die Natur als Ganzes ist jedoch nicht einfach die Gesamtheit alles Beobachtbaren, das ausgegrenzt und als Einheit äußerlich festgehalten wird, sondern sie stellt einen *durchgängig bestimmten Gesamtzusammenhang* dar. Das heißt, nichts in ihr steht bloß einzeln an und für sich bestimmt da, sondern *alles in ihr steht immer miteinander in wechselseitigen Abhängigkeitsbeziehungen, d.h. die Einheit und die besondere Identität eines jeden Einzeldinges werden vom Ganzen der Natur bestimmt.*

Das darf uns jedoch nicht überraschen, denn die Natur ist eine Region der Wirklichkeit, und als solche muss sie sich als ein solcher Zusammenhang zeigen.

Die logische Bestimmung der Natur im oben genannten Sinne als durchgängig bestimmter Gesamtzusammenhang folgt, wie wir im System I, S. 204ff. gesehen haben, aus der bloßen Tatsache des Bestehens des einzelnen Subjekts in der Welt. *Diese Tatsache des Bestehens des einzelnen Subjekts bestimmt von vornherein zwei Zusammenhängen*: Der erste Zusammenhang bestimmt die Sphäre des Subjekts als Subjekt und alles, was mit ihm als solchem verbunden ist. Gleichzeitig aber bestimmt dieser Zusammenhang auch die Sphäre all dessen, was nicht Subjekt ist und was nicht von ihm geschaffen ist, d.h., was nicht zur Identität des Subjekts als solchem gehört, was mit dieser Identität nicht verbunden ist und zu ihrer Bildung nichts Wesentliches beiträgt oder beitragen kann.

Der zweite Zusammenhang bestimmt die zweite Sphäre: die Sphäre aller Erscheinungen in Raum oder Zeit und insofern ist sie die Sphäre alles Beobachtbaren, der Mensch selbst mit inbegriffen. Mit „Beobachtbarem" sind zunächst die alltäglichen wahrnehmbaren Erscheinungen der Natur gemeint. Jedoch schon der Versuch, diese Erscheinungen in ihrer *Eigenart genauer* zu bestimmen, führt *sehr weit über* dieses wahrnehmungsmäßige Bild der Natur *hinaus: Die wahre Natur liegt außerhalb des Bereichs der Sinne und der Anschauung, die selbst an die wahre Natur* **nur angrenzen**.

Der *wahre* Charakter der Natur hängt nur mittelbar mit dem Wahrnehmbaren zusammen: „Die Pforten, durch die die Natur auf uns eindringt, sind die Sinne. Ihre Eigenschaften bestimmen den Umfang dessen, was der Empfindungen, der Anschauung zugänglich ist [....]. Die Entwicklung der exakten

Wissenschaften führt auf deutlichem Pfade von diesem Zustand fort zu einem Ziele, das noch lange nicht erreicht, doch klar vor Augen liegt: Ein Bild der Natur zu schaffen, das an keine Grenzen möglicher Wahrnehmung oder Anschauung gebunden ist, in reines Begriffsgebäude darstellt, ersonnen zu dem Zwecke, die Summe aller Erfahrungen einzuhalten und widerspruchslos darzustellen".[27]

Die krasse Divergenz zwischen dem „Welt"-Bild des Alltags und dem WeltBegriff der Philosophie im Allgemeinen, im Besonderen aber zwischen dem *wahren* Naturbegriff als dem eines Gesamtzusammenhangs von mathematisch-physikalischen darstellbaren Beziehungen unter allgemeinen Gesetzen, *hat ihren Ursprung in der Stellung des Subjekts in der wahren Ordnung der Wirklichkeit als Ganzem wie auch in dem Wesen der Erfahrung des Subjekts als Folge dieser Stellung in der Wirklichkeit.*

Wesentlich für das Subjekt ist die Tatsache, dass es **perspektivisch** ist: Um die Objekte der Natur in der ganzen Fülle ihrer Beziehungen zu *erkennen*, müsste das Subjekt die gesamte Wirklichkeitsordnung und mit ihr die gesamte Naturordnung, deren Ausschnitt sie ausmacht, und in der diese Objekte in allen ihren Beziehungen bestimmt sind, *vollständig erkennen*, was *für ein endliches Denken unmöglich ist*.

Dazu kommt als Folge, dass uns in der Erfahrung das *wahre* Wesen der Objekte *gar nicht gegeben werden kann*. In der Erfahrung werden die Dinge nicht durch reine Begriffe, sondern nach Maßgabe unserer Sinne erfasst. Das

---

[27] Max Born, Die Relativitätstheorie Einsteins und ihre physikalischen Grundlagen, Berlin 1920, S. 2

heißt, die Dinge werden nicht als Komplex von Beziehungen erfasst, sondern in ihrer sinnlichen, wahrnehmbaren Qualität.

Wir erfassen zwar die Dinge, die Sachverhalte und die Vorgänge in unserer Erfahrung in bestimmten Verbindungen („Beziehungen") zu anderen Dingen, Sachverhalten und Vorgängen, aus diesen wenigen erfahrbaren Verbindungen („Beziehungen") geht jedoch nicht die Natur alles Erfahrbaren hervor, wie es *aus der Struktur der wirklichen Beziehungen („Verbindungen") zwischen allem Erfahrbaren* **notwendigerweise** *folgt.*

Das Weltbild der täglichen Erfahrung und des täglichen Lebens weist also *zwei Mängel* auf: Der *erste* ist die *bildmäßige Art* seines Auftretens und seiner Erfassung, die es qualitativ bestimmt; der *zweite* Mangel besteht darin, dass *die in ihm erfahrenen Dinge, Sachverhalte und Vorgänge als Neben- und Nacheinander in Raum und Zeit oder zumindest als zeitlich nacheinander auftreten,* was die Gegenstände, Sachverhalte und Vorgänge der Erfahrung *fragmentarisch* macht. Das heißt also, **diese Art der Wahrnehmung und der Darstellung bestimmt alles Erfahrbare so, als ob es isolierte, für sich bestehende Einzelgebilde wären.**

Welche Beziehungen bzw. Beziehungskomplexe des einheitlichen umfassenden Beziehungsgefüges der Wirklichkeit bei dieser Wahrnehmung und bei dieser Darstellung als besondere Einheiten im Sinne von besonderen Dingen, Sachverhalten und Vorgängen im Unterschied zu anderen Beziehungen und Beziehungskomplexen, die nicht so verstanden werden, sondern bloß als Beziehungen oder Beziehungsgeflecht verstanden werden, *das zeigt uns unsere Sinneswahrnehmung nicht.*

Was als zusammenhängend wahrgenommen wird, wird als zusammengehörig und als ein isoliertes, für sich bestehendes Einzelgebilde – als Ding, Lebewesen, Vorgang und dergleichen erfasst. Alle Beziehungen („Verbindungen"), die nicht unmittelbar wahrgenommen werden, bleiben in der täglichen Erfahrung zunächst unbemerkt und unberücksichtigt.

Jedoch die *innere Einheit*, die die einzelnen Tatsachen zu dem macht, was sie sind, *ist mit der Sinneswahrnehmung* **nicht** *gegeben. Und das gilt für* **unsere gesamte Erfahrung**: *Der Grund der* **unbedingten Einheit** *und der* **Gleichförmigkeit** *der Erfahrung ist* mit der Erfahrung **nicht** gegeben.

Die Tatsache aber, dass uns die Erscheinungen isoliert und als für sich bestehende Einzelgebilde auftreten, ist für uns das *Zeichen dafür*, dass es sich hier gewissermaßen nur um die „Außenseite" der Realität handelt. *Denn wir wissen: Unser Denken kann die Gegenstände (im allgemeinsten Sinne des Wortes) auf diese Weise* **gar nicht** *denken! Es gibt* **nicht** *so etwas wie einzelne Erscheinungen oder Einzelgebilde, die an und für sich, losgelöst von jedem Zusammenhang bestehen:* **Was wirklich besteht, ist immer schon das Ganze, und nur vor diesem Hintergrund bekommt jede erfahrbare Einzelheit ihre Bedeutung**.

In der Erkenntnis zwingt uns das Denken, das Erscheinbare in den Erscheinungen zu überwinden und *den denkenmäßigen Zusammenhang zwischen ihnen zu bedenken*.

Damit ist aber *nicht gesagt*, dass die Sinneswahrnehmung und die Erfahrung bloß Täuschungen und Schein sind. *Im Gegenteil: Alle Erlebnisse sind in Aussagen* ausgedrückt, denen man *absolute Gültigkeit* zusprechen *muss*. Wenn ich z.B. einen blauen Tisch sehe, wenn ich Lust oder Schmerz empfinde, dann handelt es sich um die Wahrnehmung und um die Erfahrung von Gegebenheiten, an denen zu zweifeln, es keinen Grund gibt. Diese gelten *absolut*, jedoch *nur für mich*, für die Person, die sie erfährt.

Charakteristisch für das Erleben ist dessen *Eigenart* und *Einmaligkeit* und zwar auch dann, wenn das Erlebte wieder da ist, d.h., wenn das Charakteristische an ihm sich immer und immer wiederholt. *Diese Eigenart und Einmaligkeit zu begreifen und zu begründen*, darauf zielen alle *Erkenntnisbemühungen* ab, aus dem **engen Kreis** *des „Ichs"* im Allgemeinen wie auch aus dem **noch engeren Kreis** *des „Ichs" im Augenblick des Erlebens* im Besonderen herauszukommen.

Es ist das Streben nach der Loslösung von dem einzelnen bestimmten Ich, von der Empfindung und von der sinnlichen Anschauung.

Die Naturwissenschaft ist Ausdruck der Tatsache, dass das wissenschaftliche Weltbild von der Individualität des Menschen, der dieses Bild schafft, unabhängig ist.

Für die Erkenntnis der Wirklichkeit ist der **objektive Inhalt** *der Erfahrung und* **nicht** *die* **subjektive Art** *ihres Auftretens wesentlich*: es gibt viele denkende Individuen aus dem gleichen Kulturkreis oder aus den verschiedensten Kulturen – sie stehen aber alle *ein und derselben* Wirklichkeit gegenüber: *Es gibt* **nur einen einzigen gültigen** *Gedankeninhalt, dem das entspricht, was die Wirklichkeit in Wahrheit ist*. Die Phänomene der Sprache und der Kommunikation liefern den Beweis dafür.

4. Zu der wahren Erkenntnis der Wirklichkeit kann man erst mit dem Übergang zum rein *begrifflichen Beziehungsdenken* kommen. An die Stelle der fragmentarischen und qualitativ bestimmten und daher isolierten Auffassung der täglichen Erfahrung tritt die *erkenntnismäßige* Auffassung des einen in sich einheitlichen geschlossenen Gesamtzusammenhangs alles Wirklichen, in dem *alles mit allem in notwendigen Beziehungen* steht. Das ist der Grund, warum dieser Gesamtzusammenhang *„Wirklichkeit"*, und deren inhaltsmäßig sich deckende Erkenntnis *„Wahrheit"* genannt werden.

Damit werden die Erscheinungskomplexe des Weltbilds der Wahrnehmungswelt, also die Zusammenfassungen der Einzelerscheinungen, aufgelöst. Was vorher als eine isolierte Einheit erschien, wird in den Gesamtzusammenhang eingegliedert, also durch *alle* bestehenden Beziehungen in diesem Gesamtzusammenhang als das, was es ist, bestimmt.

In der *erkenntnismäßig* bestimmten Auffassung der Natur, wenn man sie mit dem Weltbild der Wahrnehmungswelt vergleicht, werden also die unseren Sinnen angeblich unmittelbar zugänglichen und gegebenen Eigenschaften der Körper, wie etwa Farbe, Geruch, Geschmack, Wärme, alle Berührungsqualitäten (Härte, Glätte usw.) aufgehoben; *auch die körperlichen Dinge selbst* als materielle Gebilde bekommen im Zuge dieser erkenntnismäßigen Auffassung der Natur einen ganz neuen, nämlich *wirklichkeitsmäßigen* Ausdruck.

Das bedeutet jedoch *keinesfalls* die Aufhebung der Erfahrung. Diese lässt sich so wenig aufheben wie das Bestehen des Subjekts selbst. *Diese ist die Gestalt der Erfahrung, wenn sie erkannt wird, d.h.,* **wenn sie in das Gesamtgefüge der Wirklichkeit eingegliedert ist.**

Die Erfahrung ist **nicht** *fiktiv*. Sie wird zu dem, was sie ist, durch die *Stellung des einzelnen bestimmten Subjekts im Gesamtgefüge der Wirklichkeit* bestimmt. Wenn man jedoch von dem *bloß Subjektiven* absieht, wird das Erkenntnismäßige in ihr bestimmt. Das heißt, die Erfahrung wird dann als wirklich, als Teil der Wirklichkeit bestimmt, als etwas also, was sich unserer Willkür entzieht.

Die *wirkliche* Ordnung der Erfahrung allein ist es, die uns ermöglicht, Traumzustand vom Wachzustand, Traum von Wirklichkeit zu unterscheiden. Diese Ordnung ermöglicht uns aber auch, „äußere", also die nicht durch unsere persönliche Willkür bestimmten Objekte, sowie das Bewusstsein der Mitmenschen als wirklich bestehend zu bestimmen. *Die Wirklichkeit und der subjektive Inhalt unserer Erfahrung sind **nicht identisch**.*

Die Ordnung und die Struktur, die wir in der Erfahrung feststellen, sind jedoch die Ordnung und die Struktur der Wirklichkeit, und das Fehlen dieser Ordnung und dieser Struktur ist der Maßstab für die Wirklichkeit des Mannigfaltigen der empirischen Daten; sie sind der Maßstab, nach dem gemessen wird, ob etwas als wirklich bzw. als unwirklich bestimmt werden kann.

Die Frage, welche Daten unserer Erfahrung als wirklich und welche als Schein bestimmt werden, kann jedoch von uns **keinesfalls a priori** entschieden werden. Wäre dies der Fall, *dann gäbe es nämlich gar keine Erfahrung*. Was in unserer Erfahrung vorkommt, *müssen wir eben* **erfahren**. Dagegen können wir *die Tatsache der Erfahrung* selbst wie die *deduktive Ordnung der Erfahrung* a priori bestimmen.

Den *erkenntnismäßigen* Gehalt der Erfahrungsdaten bestimmen wir nach apriorischen Maßstäben des Denkens. Was wir als endliche Wesen *nicht* a priori bestimmen können, ist der momentan auftretende Inhalt der Erfahrung und die besondere Regel seines Auftretens, die in ihm offenbar herrschen.

5. Im grundlegenden Teil des Systems[28] wurde die Grundlage für die Erkenntnis der Wirklichkeit gelegt. Wir haben die Strukturmomente des Denkens und dessen Struktureinheit dargelegt und die Struktur und den Umfang des Bereiches der Erkenntnis bestimmt. Es gilt nun, die bestimmten Regionen der Wirklichkeit näher zu bestimmen, und wir haben hier mit der *Natur* begonnen. Die Bestimmung der *physischen* Natur als *physiklisch* bestimmter Natur wird als eines der Ergebnisse unserer Darlegung in diesem Teil folgen.

Dass die *Wirklichkeit* nie und nirgends in der Wahrnehmung des „unmittelbar Gegebenen" angetroffen werden kann, dass das *Denken* und nicht die Sinneswahrnehmung die einzige sichere Grundlage für die Erkenntnis der Natur ist und sein kann, dass „alles Faktische schon Theorie ist" (Goethe), dass dem Begriff des „schlechthin wahrgenommenen Sinneseindrucks" nichts in der Wirklichkeit entspricht, diese Einsicht ist nicht neu.

Sehr plastisch wird diese Tatsache in Descartes' Analyse der Erkenntnis dargestellt, und zwar in seinem Beispiel der Betrachtung eines Stücks Bienenwachses: Unsere Sinne sagen uns, dass es nach Honig schmeckt, nach Blumen riecht und eine bestimmte Farbe und Härter hat, sowie eine bestimmte Größe und Gestalt besitzt. Alle diese Eigenschaften

---

[28] Vgl. dazu System I, S. 69-263

ändern sich aber, wenn man das Wachs in die Nähe des Feuers hält, obwohl das Wachs als „Substanz" weiter besteht. *Die echte Wahrnehmung des Wachses ist also keine Sinneswahrnehmung!* Nur das D*enken allein* sagt uns, was unsere Sinne wahrgenommen haben.

Die Sonne als Objekt der Astronomie, als ein von einem denkenden, wissenschaftlich orientierten Subjekt untersuchter Gegenstand der so genannten Außenwelt, kommt der Wahrheit über die Sonne viel näher als die Sonne, wie sie durch unsere Sinne wahrgenommen wird. Die Sinnesvorstellungen sind nicht einfach reine Abbildung der Dinge der Außenwelt. Sofern sie überhaupt wahrgenommen werden, sind sie durch das *Denken* konstituiert und geprägt: *Alles Wahrnehmbare stellt immer schon ein Netz von Beziehungen dar, durch das es als das bestimmt ist, was es ist.*

Was setzt nun die Erkennbarkeit der Natur notwendigerweise voraus? Wie müssen die Natur und ihre Gegenstände beschaffen sein, damit man mit Sinn sagen kann, dass durch sie ein gesetzmäßiger Zusammenhang dargestellt ist, d.h. dass zwischen den beobachteten Gegenständen gesetzmäßig bestimmte Beziehungen bestehen?

Diese geforderte Voraussetzung, diese gesuchte Eigenschaft *kann nichts anderes sein* als eine bestimmte Art von *Ordnung*, und zwar eine Art von *ursprünglicher* Ordnung. Diese ursprüngliche Ordnung kann *nicht* als die Ordnung in Raum und Zeit verstanden werden, denn die Gegenstände und Ereignisse der Natur, um überhaupt als extensiv in Raum und Zeit geordnet verstanden werden zu können, *setzen schon diese* **Ur-Ordnung***, diese* **ursprüngliche Abhängigkeitsbeziehung** *notwendigerweise voraus.*

*Diese ursprüngliche Ordnung ist die deduktive Ordnung des Denkens. Und da das Denken **von vornherein** wirklich ist – es besteht also eine **ursprüngliche Identität** zwischen Denken und Wirklichkeit in der Wahrheit der beiden –, ist **diese Ordnung auch die Grund-Ordnung der Wirklichkeit**.*

Diese Ordnung stellt die *Beziehung zwischen dem Ganzen und seinen Teilen* dar. Das heißt, die Wechselbeziehung dieser Teile konstituiert das Ganze als ein bestimmtes Ganzes und umgekehrt, die Teile sind von vornherein Teile eines bestimmten Ganzen, dessen Teile sie sind: Der Teil ist immer schon ein Glied eines geschlossenen Zusammenhangs von Teilen, und die Identität und die Bedeutung dieses Teils werden – und können auch – *nur* durch das Ganze und in ihm, dessen Glied er ist, bestimmt werden.

Es ist wichtig einzusehen, dass diese Glieder des Ganzen, das den Gesamtzusammenhang der Natur ausmacht, keine Atome im Sinne der altgriechischen Atomlehre sind, wo wir es mit absolut selbständigen und identischen diskreten Einheiten zu tun haben. *Das Wesen dieser Glieder besteht **vollständig** in der Durchkreuzung von bestimmten konstanten Beziehungen.* Diese werden *nur und ausschließlich* durch den Zusammenhang und in ihm konstituiert und so als das, was sie sind, bestimmt.

Das bedeutet, dass der ursprüngliche Unterschied der Glieder des Ganzen der Wirklichkeit nicht in irgendwelchen verborgenen inneren Eigenschaften liegt: **Jede Art** *der Vielfältigkeit und* **jede Art** *der Verschiedenheit in der Welt überhaupt und in der Natur im Besonderen haben ihren Ursprung in der unendlich großen Mannigfaltigkeit der Durchkreuzungspunkte von Beziehungen in der Gesamtstruktur des Ganzen namens Wirklichkeit.*

Ein *jeder* Durchkreuzungspunkt von Beziehungen *stellt* einen natürlichen Gegenstand *dar*, gleich wie man ihn inhaltsmäßig bestimmt – Elektron, Tisch, Stern oder Apfel. Oder anders ausgedrückt, die Verschiedenheit aller Erscheinungen der Natur besteht *ausschließlich* in der Verschiedenheit der Beziehungen zwischen den Beziehungsgliedern zueinander und zum Ganzen.

Die Glieder des natürlichen Zusammenhangs, wie die Glieder eines jeden wirklichen Zusammenhangs, stellen *kein* selbstgenügsames Gebilde dar. Wir tun so, als ob wir einzelne Dinge, einzelne Lebewesen oder einzelne Vorgänge aufnehmen bzw. uns ihrer bewusst sind oder sein können; *dieser Eindruck ist aber falsch*.

Der Gedanke von kontinuierlich, permanent bestehenden, selbstständigen Gegenständen widerspricht sich selbst. Denn solche Gegenstände sind per definitionem notwendigerweise außerhalb eines jeden Zusammenhangs und können deshalb nicht als integraler Teil der Natur gelten: Was soll solche „edlen Atome" dazu bringen, sich mit anderen einzulassen bzw. mit anderen in Beziehung zu treten?

Die physische Welt, die natürliche Ordnung, bedeutet nicht bloß einzelne Einheiten + „Interaktion" zwischen ihnen. Die wechselseitigen Beziehungen, die wir **erkenntnismäßig** *zwischen ihnen feststellen,* **konstituieren erst** *diese Einheiten.*

Das heißt, die Möglichkeit, etwas Partikuläres wahrzunehmen und es als solches wiederzuerkennen, hängt von dem Geflecht der Beziehungen ab, in denen es steht: *Was wir erkennen, ist* **immer** *ein Gefüge von Beziehungen und sind* **niemals** *diskrete „materielle" Einheiten*, die „zufällig" in bestimmten Beziehungen zueinander stehen.

Die Bestimmtheit eines Einzelnen, sei es ein Ding, ein Lebewesen, ein Vorgang oder ganz allgemein die Bestimmtheit eines einzelnen Sachverhalts, deutet darauf hin, dass es *notwendigerweise* Teil eines *Ganzen* ist, das eben die *Identität* dieses Teils und somit seine Bestimmtheit stiftet.

Mit anderen Worten: Nichts in der Natur kann als ein Ganzes verstanden werden; auch die Gesamtheit dessen, was als Natur verstanden werden kann, kann nicht als ein Ganzes verstanden werden, denn sie macht selbst nur eine einzige Region der Wirklichkeit aus.

Einzig und allein die Wirklichkeit kann als ein Ganzes im eigentlichen Sinne gelten. Das heißt, **sie allein** *kann so verstanden werden, dass sie* **nicht notwendigerweise** *als Teil eines größeren Ganzen begriffen werden* **muss**.

Die Tatsache, dass weder der einzelne Gegenstand der Natur noch die Natur selbst als ein Ganzes im eigentlichen Sinne verstanden werden können, bedeutet also, dass die Beziehungen der Gegenstände der Natur untereinander zusammenstimmen und nur durch ihre Einordnung in ein System gewährleistet werden können. Nur System im eigentlichen Sinne kann die Einheit und die Identität des natürlichen Gegenstandes, wie überhaupt des Gegenstandes der Erkenntnis gewährleisten. Die empirischen Daten beziehen sich doch auf einen Gegenstand, in dem sie ihre Einheit haben, und ohne diese Vereinigung haben diese empirischen Daten für uns gar keine Bedeutung und gehören somit auch nicht zum Zusammenhang einer Erfahrung.

Damit die Mannigfaltigkeit, die uns im Naturerfassen gegeben ist, als Bestimmtheit *der* Natur verstanden werden kann, ist es *notwendig*, dass die uns gegebene Mannigfaltigkeit *schon a priori*, also vor ihrem Erfassen, als zur Natur als durchgängig bestimmte und zusammenhängende Einheit angehörend betrachtet werden muss.

Die Natur *muss* zwar an sich als ein unbedingter Zusammenhang gedacht werden, also als die letzte Ganzheit des Sachbereichs aller *natürlichen* Vorkommnisse verstanden werden, *nicht aber* als die letzte Ganzheit alles Wirklichen überhaupt.

Was von der Naturwissenschaft als Tatsache der Natur oder was nicht als solche bestimmt wird bzw. bestimmt werden kann, ist in einem Vorblick auf den notwendigen Zusammenhang aller natürlichen Vorkommnisse begründet, sofern sie mögliche Objekte eines Naturerfassens sind oder sein können, d.h. sofern sie zur Natur als etwas angehören, in dem alle Naturvorkommnisse in systematischem Zusammenhang stehen.

Die Naturerkenntnis basiert von vornherein auf der deduktiven gesetzlichen Grundlage des Denkens, die das Denken und somit die Vereinigung des Mannigfaltigen ermöglicht und bestimmt.

6. Die *empirische* Ordnung, in der sich uns die Erscheinungen der Natur darbieten, stellt an sich, wie schon bemerkt, *keine Fiktion* dar. Andererseits aber stellt sie *noch nicht die wahre* Ordnung der Natur selbst dar, sondern sie deutet auf sie nur hin: Der Gegenstand der Natur tritt dem Subjekt nicht als ein an und für sich bestehender Sachverhalt gegenüber, d.h., er wird vom Subjekt nicht abgebildet, sondern er wird erst durch das Subjekt als Gegenstand der Natur konstituiert und als das, was er ist, bestimmt.

Wenn aber die Sinneswahrnehmung uns den Gegenstand der Natur nicht im „Original" darbietet, was stellt er dann in Wirklichkeit dar?

Wir haben schon darauf hingewiesen, dass die so genannten sekundären Qualitäten subjektiver Natur sind, und dass sie ihren Ursprung in der bestimmten Stellung eines Subjekts in dem Gesamtgefüge der Wirklichkeit wie in der Beschaffenheit der aufnehmenden Organe haben. Die sinnliche Beschaffenheit der Farbe, der Töne usw. bezeugen die *Art und Weise, wie **wir** die Naturvorkommnisse aufnehmen*: Sie sind Eigenschaften unserer *Wahrnehmung* der Naturgegenstände, *nicht* aber Eigenschaften dieser Gegenstände selbst. Das ist der Grund, warum der wirkliche Unterschied zwischen den Naturobjekten nicht in diesen sinnlichen Wahrnehmungen liegen kann. Das heißt, dieser Unterschied kann nicht in den qualitativen Bestimmungen zum Ausdruck kommen.

Was bleibt aber aus der „äußeren Materie" der Welt, wenn das Qualitative der sinnlichen Empfindung ausgeschaltet ist? Es bleiben die Momente der *Zahl* (das Auseinanderhalten), der *Größe* und des *Maßes*, jedoch *zunächst* die Momente der *Zahl*, der *Zeit* und des *Raums*.

Bevor wir jedoch auf die Fragen Antworten geben können: „*Welche* Zahl-, Zeit- und Raumbestimmungen stellen einen natürlichen Gegenstand dar?", „*Was* haben die Gegenstände, die so bestimmt sind, mit der *Wirklichkeit* überhaupt noch zu tun?" und „*Inwiefern können* die so bestimmten Gegenstände als „Abbildung", also als Darstellung wirklicher Naturvorkommnisse gelten?", müssen wir uns zunächst mit der *Möglichkeit des Quantifizierens überhaupt* befassen.

Diese Frage muss zunächst geklärt werden, denn *den Momenten der Zahl, der Zeit und des Raums ist die Tatsache gemeinsam, dass sie alle in Zahlbestimmungen darstellbar sind.*

Was setzt aber das logische Verständnis der Zahl voraus? Was ermöglicht überhaupt das Zählen und somit das Maß und das Messen? Und wie, um einen Schritt weiter zu gehen, ist es möglich, dass die Zahlbestimmungen, die ein von aller Erfahrung unabhängiges Produkt des menschlichen Denkens sind, doch auf die Gegenstände – und im allgemeinen – auf die Vorkommnisse der Natur beziehbar sind?

Ein noch weiterer Schritt ist die Bestimmung der Eigentümlichkeit der Zeit, des Raums, der Materie und der Gesetzlichkeit der Natur.

Die Antwort auf diese Fragen wird nicht nur den Übergang von der Wahrnehmung, von der bloßen Feststellung einer Erscheinung, zur konzeptuellen Konstruktion, zur so genannten physikalischen Größe verständlich machen, sondern sie wird uns zeigen, dass es die wissenschaftlichen Bestimmungen sind, die das Faktum der Natur *schaffen*: Wie Descartes' klassisches Beispiel von der Sonne sehr deutlich zeigt, „[sind die Sterne] nicht am Himmel […] gegeben, sondern in der Wissenschaft der Astronomie... Nicht im Auge liegt die Sinnlichkeit, sondern in den raison de l'astronomie".[29]

Hier, auf dieser Ebene kann man nicht mehr mit Sinn fragen, ob und inwiefern die Bestimmungen der Wissenschaft die Wirklichkeit bzw. die Natur „abbilden", denn wir haben gar keine Möglichkeit diese Bestimmungen mit dem „Original" zu vergleichen: *Diese Bestimmungen* **sind** *die Natur!*

---

[29] Hermann Cohen, Das Prinzip der Infinitesimal-Methode und seine Geschichte, Frankfurt am Main 1968, S. 189

Die wissenschaftlichen Bestimmungen stellen die Natur dar, d.h., *es gibt **keine** Differenz zwischen der mathematischen Darstellung der Natur und der Natur selbst.*

7. Hier, auf dieser Ebene spielt *das System* eine entscheidende Rolle: Die Objektivität und die Wahrheit der Naturerkenntnis kann *nur und ausschließlich* durch den Systemcharakter dieser Erkenntnis bestimmt und gewährleistet werden (hier kann man ja nicht „Original" mit „Abbildung" vergleichen – und wenn, dann wäre es nur Richtigkeit und nicht Wahrheit.[30]

Ohne System, das selbst empirisch nicht gegeben werden kann, kann es weder ein Objekt eines einzigen Erfahrungsaktes noch die Erfahrung selbst geben: Dann gäbe es nämlich bloß ein Aggregat von Wahrnehmungen und Empfindungen ohne Sinn und Bedeutung.

Man muss nur beachten, dass, um ein einziges Objekt der Natur als solches bestimmen zu können, einzelne Aussagen über dieses Objekt untereinander zusammenhängen müssen. Und da die einzelnen Objekte der Natur *nicht autark* sind, *muss* auch *die Gesamtheit* der naturwissenschaftlichen Aussagen überhaupt untereinander zusammenhängen. Oder anders formuliert: *Damit ein Objekt als Objekt der Natur bestimmt werden kann,* **muss die Bestimmung des Ganzen der Natur als durchgängig bestimmter Zusammenhang unbedingt vorausgehen.**

---

[30] Vgl. dazu System I

Und da ein System *nur* nach *apriorisch* bestimmter Gesetzlichkeit zustande kommen kann, basiert die wissenschaftliche Naturerkenntnis *notwendigerweise* auf einer *apriorisch* bestimmten gesetzlichen Grundlage.

Fangen wir jedoch mit dem ersten Schritt in der Bestimmung dieser apriorisch bestimmten gesetzlichen Grundlage der Naturerkenntnis überhaupt an, nämlich mit der logischen Voraussetzung zum Verständnis der Zahl, des Zählens und jeder möglichen Quantitätsbestimmung überhaupt.

8. Um die Möglichkeit des Quantifizierens und der Zahlbestimmungen zu verstehen, müssen wir unseren Blick zunächst auf die *deduktive ursprüngliche Grundordnung des Denkens* richten, die das Denken in dem Vollzug seiner **ersten** *Tätigkeitsakte* hervorbringt bzw. bestimmt.

Die Tätigkeit des Denkens haben wir als In-Beziehung-Setzen bestimmt und die Struktur der hervorgebrachten Denkbestimmungen als eine durch die Beziehung zwischen dem Ganzen und seinen Teilen bestimmt charakterisiert.

Dieses Ganze der Denkbestimmungen stellt den *denkbar weitesten* und insofern einen *streng geschlossenen* Zusammenhang von *unendlich vielen* Gliedern dar. Diese Glieder der vom Denken bestimmten Beziehungen gehen jedoch den Beziehungen, in denen sie stehen, *nicht* voraus: Die Bestimmung von Beziehung ist *zugleich* die Bestimmung der Glieder dieser Beziehung: Es kann für das Denken, d.h. für das Setzen von Beziehungen, *nichts geben*, was ursprünglicher als das Denken selbst wäre.

Alles, was *denkbar* ist, setzt eben dieses In-Beziehung-Setzen *notwendigerweise* voraus. Die Glieder einer Beziehung *scheinen* absolut unabhängig von der Beziehung zu bestehen und scheinen nach Belieben gesetzt zu werden. Es scheint so, als ob das Glied einer jeden einzelnen Beziehung absolut unabhängig von der Beziehung wäre, denn es kann mit verschiedenen Gliedern in Beziehung treten, was eben diesen Schein der Beliebigkeit erzeugt.

Wie ursprünglich *erstens* die *gleichzeitige* Setzung bzw. Bestimmung von *Beziehung und von Beziehungsgliedern* und *zweitens* die *gleichzeitige* Setzung bzw. Bestimmung der *Gesamtheit aller Beziehungen und Beziehungsglieder als System* ist, das können wir einsehen, wenn wir ein einziges Glied als mit sich selbst identisches Etwas bestimmen wollen.

Damit dieses Etwas als mit sich selbst identisch bestimmt werden kann (A = A), d.h., um von *ihm* irgendeine sinnvolle Aussage überhaupt machen zu können, müssen in ihm immer schon die Beziehungen *aller* Momente dieser Feststellung der Identität zueinander *notwendigerweise* enthalten sein. Die Beziehungen zwischen diesen Momenten als Denkbestimmungen sind in der Bestimmung der Identität dieses Etwas *von vornherein latent wirksam: Eine Denkbestimmung zu setzen bedeutet, dass sie samt allen ihren Beziehungen mit einem Schlag gesetzt wird.*

Mit anderen Worten heißt das: Die Hervorbringung oder die Setzung von Denkbestimmungen bedeutet, dass, damit jede von ihnen mit sich selbst identisch sein kann, jede Bestimmung *mit allen anderen und mit dem Ganzen* in Beziehung stehen *muss*, was wiederum bedeutet, dass wir es hier *von vornherein* mit einem *System* von Bestimmungen zu tun haben und nicht bloß mit nacheinander folgenden Bestimmungen, sei es nach Belieben oder durch „logische Ableitung". Von einem einzigen Etwas als einer einzigen Denkbestimmung zu sprechen, ist genauso sinnlos wie die Rede von einem edlen Atom, ohne dabei die atomare Struktur und ihre

Gesetzlichkeit im Allgemeinen und die dieses Atoms im Besonderen zu bedenken, eine Struktur die dieses Atom notwendigerweise mit anderen Atomen in Beziehung setzt und sei es nur die Bestimmung seiner Gleichwertigkeit bestimmten Atomen gegenüber.

Was diese besprochene Ursprünglichkeit der Setzung der Denkbestimmungen bedeutet, das können wir anhand eines Beispiels verdeutlichen: Um die Eigenschaften eines Dreiecks im Allgemeinen und einem bestimmten Dreieck im Besonderen zu bestimmen, und zwar *vollständig* zu bestimmen, also um etwas überhaupt als Dreieck zu bestimmen und es gleichzeitig noch als bestimmtes, durch spezifische Eigenschaften charakterisiertes Dreieck zu identifizieren, *muss* man seine Beziehungen zu *allen* anderen bzw. *allen möglichen* Einschränkungen des Raums bestimmen.

Damit jedoch das überhaupt möglich wird, *muss* jede mögliche Einschränkung des Raums *auch vollständig* bestimmt sein, denn anders kann die genaue Bestimmung dieses Dreiecks nicht vollzogen werden. Um es spinozistisch auszudrücken: Eine einzelne geometrische Figur kann im Prinzip *nur dann* bestimmt werden, *wenn* sie durch die Abgrenzung von *aller* anderen möglichen Einschränkung des Raums bestimmt werden.

Der Ausdruck „alle" ist in diesem Zusammenhang *notwendig*, denn *jede* Einschränkung des Raums muss auch bedacht werden, um eine bestimmte Einschränkung des Raums als besondere geometrische Figur vollständig zu bestimmen und sie so von anderen geometrischen Figuren abgrenzen zu können.

Die Bestimmung ist hier *nicht einfach linear: Hier muss das Ganze in jeder Bestimmung wirksam sein*. Das heißt, die

Teile oder die Momente dieses Ganzen und ihre Beziehungen zueinander sind *gleichzeitig* gesetzt, was System bedeutet: *Das Ganze ist in **jeder einzelnen** Bestimmung gegenwärtig und wirksam.* Andererseits konstruieren die vollständigen, bestimmten, wechselseitigen Beziehungen, in denen jeder Teil oder Moment des Ganzen mit jedem anderen steht, das System selbst, also das Ganze.

9. Wenn wir uns nun der Ursprünglichkeit des Denkens und seinen Bestimmungen wieder zuwenden, wird uns klar, dass von einer *Struktur im eigentlichen Sinne* **erst dann** die Rede sein kann, wenn zwischen den einzelnen Momenten einer Beziehung eine derartige Ordnung herrscht, dass sie **deduktiv logisch** miteinander *kontinuierlich* verbunden sind.

Hier ist das Ganze *nicht* die arithmetische Summe seiner Teile: Das Verhältnis des Ganzen zu den Teilen ist *kein additives* Verhältnis, denn zwischen den Teilen untereinander und zwischen den Teilen und dem Ganzen besteht eine *immerwährende* Wechselwirkung, also eine, deren Wirkungsgrundlage den Verhältnisfaktoren *immer schon* innewohnt.

Zu diesem Begriff der Wechselwirkung tritt der Begriff der *Teilbarkeit*, der *Quantifizierbarkeit überhaupt* hinzu.

Die Teilbarkeit ist im Allgemeinen Ausdruck der **Bestimmbarkeit des einen einzigen Gliedes des gesamten Beziehungsgeflechts durch ein anderes Glied dieses Geflechts**. Die Teilbarkeit ist also Ausdruck der *Wechselbeziehung bzw. Wechselbestimmung der Glieder des Beziehungsgeflechts untereinander und mit dem Ganzen*: Die *Quantifizierbarkeit* ist somit Ausdruck für ein bestimmtes *lo-*

gisches Abhängigkeitsverhältnis, und zwar das *ursprüngliche Verhältnis* zwischen den vom Denken in seiner *ursprünglichen Tätigkeit* hervorgebrachten Bestimmungen.

Die Möglichkeit des Quantifizierens wird durch diese Tätigkeit des Denkens bestimmt und gesichert, denn sie bestimmt bzw. setzt nicht nur unendlich viele Beziehungsglieder voraus, sondern sie bestimmt und garantiert auch die *logische Kontinuität* zwischen ihnen. Die Setzungen des Denkens in seiner Tätigkeit fallen nicht ins Leere, sondern sie sind *von vornherein in einem System* zusammengefasst.

Dieses Zusammengefasstsein in einem System von Bestimmungen kann jedoch an keinem anderen Faktor als an der Tätigkeit des Denkens selbst aufgewiesen werden: Nur indem sich diese Tätigkeit *vollzieht*, bestimmt sie sich in diesem Vollzug zugleich als durch ein Gesetz bestimmte Tätigkeit. Das heißt, ihr Vollzug ist *von vornherein gesetzmäßig*, was logisch gleichzeitig das *System der Gesamtheit der ursprünglichen, im ersten Tätigkeitsakt des Denkens hervorgebrachten Denkbestimmungen* konstituiert.

Wenn wir die Beziehungen zwischen diesen *Momenten des Ganzen*, d.h. des *Systems der Denkbestimmungen* betrachten, so wird uns auffallen, dass diese einen *doppelten* Charakter besitzen: Sie werden auf der einen Seite als *diskrete Einheiten*, d.h. als voneinander getrennt, abgesondert betrachtet, auf der anderen Seite aber als *Momente eines Ganzen* verstanden, als solche also, zwischen denen eine *logische Kontinuität*, d.h. eine *totale Durchdringung* besteht.

Dieser Doppelcharakter enthält aber keinen Widerspruch. Denn wenn man die Denkbestimmungen als *reine* Denkbestimmungen, d.h. als Denkbestimmungen *im allgemeinsten Sinne* betrachtet, *so* sind sie *alle gleich*. Und die Setzung von vielen Denkbestimmungen ist das Setzen vieler diskreter Einheiten, wo jede Einheit einer jeden anderen Einheit genau gleicht. Jede solche diskrete Einheit ist immer eine von vielen: *Sie sind alle identisch und insofern und dadurch ist eine* **Identität der Größe** *gegeben („***Einheit***").*

Andererseits aber, wenn man diese Denkbestimmungen jede als eine *besondere* Bestimmung betrachtet, wird die **totale** Durchdringung **aller** Denkbestimmungen, d.h. die *innere Beziehung* und die *logische Kontinuität* zwischen diesen Bestimmungen sichtbar.

Dieser Doppelcharakter der Denkbestimmungen, der durch ihr Geschlossensein in einem ursprünglichen System (dem Denken) bedingt ist, ist *die* **notwendige und ausreichende** *Bedingung für die Möglichkeit des Quantifizierens, also der Zählbarkeit überhaupt.*

Es muss in diesem Zusammenhang betont werden, dass wir hier mit **zwei Momenten ein und desselben Charakters des Denkens** und nicht etwa mit zwei verschiedenen Angelegenheiten zu tun haben: Gleichartige Einheiten im eigentlichen Sinne des Wortes ohne logische Kontinuität, d.h. ohne innere Beziehungen zwischen diesen Einheiten gibt es genau so wenig wie innere Beziehungen zwischen solchen Einheiten ohne fundamentale Gleichartigkeit der Beziehungsglieder.

Die **fundamentalste Gleichartigkeit überhaupt** *ist die der* **ursprünglichen Denkbestimmungen als solchen***; die fundamentalsten inneren Beziehungen sind die* **ursprünglichen Beziehungen der Denkbestimmungen** *und die fundamentalste logische Kontinuität ist diejenige, die* **durch diese Beziehungen bestimmt wird***.*

Alles, was *zählbar* und *teilbar* ist, d.h. alles, was eine *Quantitätsbestimmung* überhaupt möglich macht, setzt diese *systematische Grundordnung des Denkens* **notwendigerweise** voraus. Diese Grundlage der Möglichkeit der Quantitätsbestimmung kann weder in der Erfahrung noch in irgendwelchen apriorischen Faktoren gefunden werden, die mit dieser Grundordnung des Denkens *nicht identisch* sind. Jede andere Grundlage als diese Grundordnung des Denkens für die Möglichkeit der Quantitätsbestimmung **kann nicht als ursprünglich im eigentlichen Sinne** gelten.

Das heißt, zu guter Letzt wird jede andere Grundlage den Fehler der *petitio principii* begehen, und zwar deshalb, weil dabei *unvermeidlich* die Komponente dieser Grundordnung *von vornherein* als einzelne, d.h., je einer Kardinalzahl nach, gedacht werden muss.

Mit anderen Worten heißt das: Statt die *Möglichkeit* der Quantitätsbestimmung zu begründen, wird diese als schon gegeben vorausgesetzt. Und diese Möglichkeit zu begründen, heißt *nicht*, eine Gruppe von Einheiten zu bestimmen, auf die sich jede mögliche Zahlbestimmung bezieht, um dann als eine bestimmte Zahlbestimmung zu gelten. *Die Möglichkeit, die Quantitätsbestimmung zu begründen, bedeutet vielmehr die* **gesetzliche Grundlage** *zu zeigen*, die das Einzelne im Allgemeinen aber auch das Eine der Kardinalzahl nach im Besonderen konstituiert und als solche bestimmt.

10. Im letzten Paragraphen haben wir von der Möglichkeit des Quantifizierens überhaupt gesprochen und dabei festgestellt, dass sie durch drei Bestimmungen *notwendig und ausreichend* bedingt ist: *1.* durch eine ursprüngliche systematische Grundordnung von unendlich vielen Bestimmungen, *2.*

durch die logische Kontinuität, die durch die inneren Beziehungen zwischen diesen Bestimmungen bedingt und bestimmt ist, sowie 3. durch die Identität der Größe, d.h. durch einen gemeinsamen minimalen identischen grundsätzlichen Status aller dieser verschiedenen Bestimmungen.

Ohne diese Bedingungen lässt sich der fundamentale Begriff der Zahleinheit *gar nicht* bestimmen, von den gesetzmäßigen Beziehungen zwischen solchen Einheiten („Operationen") ganz zu schweigen.

Was die angebliche Trennung der bloßen Möglichkeit des Quantifizierens von dem *wirklichen* Inhalt der Quantitäts- bzw. Zahlbestimmungen selbst betrifft, so ist diese *nicht* absolut, wie es auf den ersten Blick erscheinen mag. *Die Logizität bzw. die Rationalität* der tatsächlichen inhaltmäßigen Quantitätsbestimmungen besteht *gerade darin*, dass eine solche Trennung *nicht* besteht, und das *unabhängig* von der Frage, ob eine bestimmte Qualitätsbestimmung einen fingierten, abstrakten oder wirklichen Inhalt darstellt oder nicht.

Auf der Grundlage, die durch diese oben genannten Bedingungen konstituiert wird, lassen sich schon einige *Grundbestimmungen* feststellen. Die erste Grundbestimmung ist die der *„Einheit"*. Die Einheit im Sinne des Einen oder des Einzelnen im Sinne des Einen der Kardinalzahl nach wird durch die Bestimmung von Identität und Verschiedenheit bestimmt: Das Eine ist immer eine diskrete Einheit den Anderen gegenüber im Unterschied zu ihr.

Das Andere ist wiederum eine diskrete Einheit der Kardinalzahl nach und das auch nur einem Anderen gegenüber im Unterschied zu ihm. Dies kann natürlich gegenseitig zwischen beiden Einheiten im gleichen Maß funktionieren, beide bilden aber zusammen ein weitere Einheit der Kardinalzahl nach, das wiederum ein andere Einheit für seine Bestimmung als Einheit der Kardinalzahl nach benötigt und so weiter, und so fort.

Die Setzung von Denkbestimmungen bedeutet *nicht* die Setzung einer Bestimmung *nach* der anderen, sondern die logisch gemeinte *gleichzeitige* Setzung *aller* Denkbestimmungen. Darin besteht die *Ursprünglichkeit* dieser *unendlich vielen* Denkbestimmungen.

Wir haben es also von Anfang an mit einer unendlich großen Zahl von Bestimmungen zu tun. Diese Vielheit von *verschiedenen einzelnen ursprünglichen*, aber *als solche* **gleichartigen** Bestimmungen ermöglicht uns von dem „Einen" oder von der „Einheit" in der abstraktesten Bedeutung zu sprechen, d.h. in der Bedeutung, wo das jeweilige Andere wieder bloß numerisch Eins ist.

Dieser *ursprüngliche Begriff* der numerischen Einheit bzw. des numerisch Einen als solchen, also der Begriff des Einzelnen im Sinne von Einem der Zahl nach, bringt *zweierlei* zum Ausdruck: Er ist *erstens* Ausdruck von *Ordnungsbeziehung überhaupt* und *zweitens* bringt er die *Gesetzlichkeit dieser ursprünglichen Ordnungsbeziehung* zum Ausdruck.

Die *minimale ursprüngliche Identität der Einheit bzw. des Einen*, d.h. die *ursprüngliche Tatsache*, dass das Eine *immer* eine diskrete Einheit den anderen gegenüber im Unterschied zu ihm selbst ist, *kann als von der Gesetzmäßigkeit der Verbindung der Mannigfaltigkeit der homogenen Einheiten miteinander und mit dem Ganzen* **nicht getrennt gedacht werden**: *Diese zwei Aspekte der Einheit sind* **nicht einmal analytisch** *voneinander zu trennen*.

11. Diese Bestimmung der Einheit als solcher bzw. des Einen als solchem ist mit der Bestimmung der Zahl *nicht identisch*. Der Begriff der Zahl setzt zwar notwendigerweise diesen Begriff der Einheit oder des Einen voraus, ist aber mit ihm nicht identisch. Das Zwischenglied zwischen „Einheit" und „Zahl" ist der Begriff der *Größe: Der Begriff der* **Größe** *wird uns zu dem Begriff der Zahl als Ausdruck des quantitativen Charakters eines Sachverhalts bzw. eines Inhalts führen.*

Die Grundlage für die Bestimmung des Begriffs der Größe ist zunächst die *Tatsache*, dass *erstens* das Ganze der ursprünglichen Denkbestimmungen in jeder einzelnen Denkbestimmung latent wirksam ist und *zweitens*, dass die Bestimmtheit eines jeden einzelnen Moments dieses Ganzen mit einer jeden weiteren Beziehung dieses einzelnen Moments mit anderen Momenten dieses Ganzen immer weiter zunimmt.

Diese zwei Bestandteile dieser einen Tatsache bestimmt das *logische Gesetz*, das besagt, dass *der Teil* **immer und notwendigerweise** *kleiner als das Ganze ist*, dessen Teil er ist, und umgekehrt: *Das Ganze ist* **immer und notwendigerweise** *größer als seinen Teil.*

Wir sehen also, dass der Begriff der Größe nichts anderes als Ausdruck des *In-Beziehung-***Stehens** ist. Die Natur dieser ursprünglichen Beziehung, was im Begriff der Größe zum Ausdruck kommt, wird durch die Tatsache bestimmt, dass die Denkbestimmungen in ihrem Wesen so bestimmt sind, dass sie miteinander in einer *ursprünglichen* Beziehung stehen, und zwar auf eine *doppelte Weise: Erstens* steht jede Denkbestimmung in Beziehung zunächst mit einer anderen Denkbestimmung, *zweitens* aber, und das ist wesentlich für die Bestimmungen des Begriffs der Größe, sind die zwei Bestimmungen, indem sie in einer Beziehung stehen, wiederum eine diskrete Einheit, d.h. sie können wiederum *genau dieselbe* Funktion übernehmen, die die Glieder der ursprünglichen Beziehung hatten.

Die durch diese Beziehung geschaffene Einheit, die Vereinigung der bezogenen Termini, kann wiederum Beziehungsglied für eine neue Beziehung werden, kann wieder auf andere bezogen oder für andere Bezugsgrundlage werden. So ergibt sich der Begriff einer neuen diskreten Einheit, die den ursprünglichen Einheiten darin *gleichartig* ist, dass sie selbst Glied von Beziehung ist, aber darin von ihnen *unterschieden*, dass sie eine Einheit aus anderen Einheiten darstellt, *diese also als Bestandteile (Elemente) in sich vereint.*

Diese Beziehung zwischen Einheiten, gleich ob sie nun elementare oder zusammengesetzte Einheiten sind, ist *logisch gesehen immer die gleiche Art* der Beziehung zwischen Einheiten. Eine Einheit wird dann als „größer" als eine zweite bestimmt, wenn sie komplexer als diese ist, d.h. wenn sie in einer Einheit oder mehreren Einheiten „größer" als die andere/n ist.

A > B bedeutet: A im Vergleich zu B steht in Beziehung mit einer Mehrheit von Bestimmungen, mindestens mit zwei. A = B bedeutet, dass A und B in einer wechselseitigen Beziehung miteinander stehen, d.h. die Beziehung enthält nur A und B, welche, hinsichtlich ihrer Größe, gleich sind. A = A, B = B, C = C usw. bedeuten eine einzige homogene Einheit; dieses Verhältnis wird durch Identität ausgedrückt: A oder B oder C steht in Beziehung zu sich selbst allein, aber in Anbetracht der anderen Einheiten. „Null" bedeutet die Beziehung zu sich selbst, ohne dabei den Bezug zu anderen Einheiten zu bedenken.

Es muss in diesem Zusammenhang klar sein, dass diese Bestimmungen der Größe inhaltsmäßig den höchsten Grad der Abstraktion darstellen. Auch die Isoliertheit der Einheiten voneinander wie ihre „lokal" begrenzte Zahl der Beziehungen und der Beziehungsglieder sind Teil dieser Abstraktion. Dieser höchste Grad der Abstraktion deutet darauf hin, dass ein Gebilde namens „leeres Denken", das von jeglichem wirklichen Inhalt leer ist, an sich eine Fiktion darstellen muss.

Dieser Begriff der Größe als durch die Beziehung zwischen Einheiten bestimmt ist der *fundamentalste überhaupt* und *jede* Klassifizierung von Größen, d.h. von Quantitätsbestimmungen kann *nur* auf der Grundlage dieses fundamentalen Begriffs der Größe vollzogen werden. Das gilt *im gleichen Maß* für die Qualität, d.h. den Grad oder auch die intensive Größe: Sie *muss zuletzt* auf diese fundamentale Größe gebracht werden, *um überhaupt* in der Lage zu sein, Intensität, also den Grad des Einflusses auf die Sinne, zu bezeichnen.

Was die Bestimmung der *Zahl* betrifft, so ist sie *nichts anderes als ein Symbol, das die Art der Größe-Beziehung bezeichnet: Die Größe realisiert sich gewissermaßen in der Zahl, die für sie steht.*

12. *Die Zahl, jede gegebene Zahl, ist Ausdruck der logischen Gesetzmäßigkeit, die der Übergang zwischen Einheiten und die der Kontinuität dieses Übergangs von Einheit zu Einheit ermöglicht und garantiert.*

Diese Gesetzmäßigkeit bestimmt den Übergang von Einheit zu Einheit wie auch die Kontinuität dieses Übergangs *auf zweierlei Weise*: Zum *ersten* bestimmt sie die Tatsache, dass der Übergang von Einheit zu Einheit an sich wieder eine Einheit bestimmt („erzeugt"), die, insofern sie Einheit ist, jeder anderen Einheit gleichartig ist. Zum *zweiten* bestimmt sie die *Stellung* einer jeden Einheit innerhalb der grundlegenden Ordnung.

Die erste Weise der Bestimmung des oben genannten Übergangs und die der Kontinuität wird durch die „*Kardinalzahl*", die zweite Weise dieser Bestimmung wird durch die „*Ordnungszahl*" ausgedrückt und bezeichnet.

*Diese zwei Bestimmungen sind voneinander **weder** getrennt **noch** unabhängig: **Jede** Möglichkeit der Zählung vollzieht sich **immer und notwendigerweise** innerhalb der **grundlegenden systematischen Ordnung der ursprünglichen Denkbestimmungen**:* Es gibt keine Anzahl ohne Ordnungsbeziehung.

Oder mit anderen Worten ausgedrückt: *Jede* Angabe der Anzahl deutet auf die *logische Priorität* der Grundeinheit und auf die der Gesetzmäßigkeit der Zusammensetzung von Einheiten zu einer neuen Einheit hin.

Die Bedeutung von Anzahl und Ordnungszahl ist *rein logisch* und hat *nichts* mit zeitlichen oder räumlichen Bestimmungen zu tun.

Die Ausdrucksweise „erster"," zweiter", „dritter" usw. bedeutet nichts anderes als das Größenverhältnis in der Betonung der **Ordnung** *dieses Verhältnisses*. Die Ausdrucksweise „eins", „zwei", „drei" usw. bedeutet nichts anderes als das Größenverhältnis in der Betonung der **Gleichartigkeit** *der Einheiten* als solche innerhalb der gegebenen Ordnung.

Oder anders ausgedrückt: Einmal wird das Größenverhältnis als solches (A < B < C <...= erster, zweiter, dritter usw.

*der **Ordnung** nach*) betont, und einmal wird die **arithmetische „Summe"**, die jede gegebene Zahl darstellt, betont. Jeweils erscheint die Aufeinanderfolge oder die Summe einander gleichartig und sekundär.

Wir sind zwar gewöhnt, beide Arten der Zahlverhältnisse als voneinander völlig unabhängig zu betrachten. Da wir jedoch mit *jeder* Zahlbestimmung *von vornherein* mit Verhältnissen von Größen zu tun haben, sind *Ordnungszahl und Anzahl in Wahrheit zwei Seiten* **ein und derselben** *Münze*, und können jeweils **nur** durch das Absehen des Anderen als „selbstständige" Einheiten gesehen werden.

Was den so genannten *Anfangspunk der Zählung* betrifft, so ist zu betonen, dass dieser Punkt **willkürlicher** *Natur* ist. *Da die* **ursprünglichen** *Denkbestimmungen* **in ihrer Gesamtheit logisch-deduktiv notwendigerweise auf einmal gegeben** *sind, gibt es* **keinen privilegierten** *Anfangspunkt unter ihnen.*

Das Denken selbst ist der einzige privilegierte Faktor überhaupt. Jede einzelne Grundbestimmung als Einheit kann *nach Belieben* als Anfangspunkt einer Zählung der Anzahl oder der Ordnungszahl nach dienen.

13. Diese notwendige und ursprüngliche Beziehung von Anzahl und Ordnungszahl tritt besonders in den so genannten *Zahloperationen* hervor, die eigentlich *nichts anderes* sind als **der tatsächliche Vollzug der Gesetzmäßigkeit, die die Beziehung zwischen Einheiten bestimmt.**

Rechenoperationen oder Rechnen ist nichts anderes als die Erzeugung bzw. die Bestimmung von Zahlengebilden, die aus bestimmten gegebenen Einheiten zusammengesetzt sind.

Dabei wird nicht etwa eine von außen beliebig bestimmte Gesetzmäßigkeit auf die Zahlen angewandt, sondern *die Zahlen verhalten sich hier untereinander in einer Weise, die dem Wesen der Zahlen eigentümlich ist.* Das heißt, *die Verhältnisse zwischen Zahlen sind **logisch** gesehen **gleichzeitig** mit den Zahlen selbst gesetzt,* diese Verhältnisse werden aber nur in den so genannten Operationen sichtbar.

Die Möglichkeit des Übergangs von Einheit zu Einheit, um dabei eine neue Einheit zu bestimmen, was methodisch im Begriff der *Operation* zum Ausdruck kommt, ist *von der logischen Gesetzlichkeit des Verhältnisses groß : klein bedingt.*

Der vollzogene Übergang als Zahlenoperation kommt im Begriff des so genannten *Nachfolgers* zum Ausdruck: *Nachfolger* ist die *unmittelbare Größe,* die einer gegebenen Größe „folgt". Dieses „Folgen" kann jedoch *nicht anders* als durch Größe-Verhältnisse verstanden werden, und diese Verhältnisse sind ihrerseits der ausgezeichnete Ausdruck von Ordnung überhaupt.

Denn *was kann „folgen" heißen, wenn nicht eine Beziehung zu einer Größe in Bezug auf die Anfangssetzung?* Der Nachfolger bedeutet im Grunde nichts anderes als das Zunächst-Bestimmte in Bezug auf den Anfangspunkt der Operation zu setzen: Die erste Stelle nach der ursprünglichen Anfangsbestimmung, die zweite Stelle nach der ursprünglichen Anfangsbestimmung, die dritte und so weiter.

Das allgemeine Schema dieses Übergangs von Zahl zu Zahl ist die *Addition*, und als solche ist sie auch *die Grundoperation überhaupt.*

Die Addition lässt sich gar nicht anders definieren als in Begriffen von Ordnung: Welcher Stelle entspricht die Stelle nach der ersten, zweiten, dritten Stelle der ursprüngliche

Ordnung? Oder mit den gewöhnlichen Begriffen: Die wievielte Stelle ist eine nach der ersten, zweiten, dritten Stelle der ursprünglichen Ordnung?

Die Addition ist also nicht bloß ein Zusammenzählen, sondern sie ist *zunächst Ausdruck der Ordnungsbeziehung überhaupt.* Erst diese Tatsache ermöglicht uns, von Addition im gewöhnlichen, arithmetischen Sinne zu sprechen, wobei wir hier *drei verschiedene Aspekte* unterscheiden müssen: den *Übergang* von Einheit zu Einheit, die (operative) *Konstitution* der zusammengesetzten Einheit und die *„Summe"* oder das *„Ergebnis"*, d.h. die Tatsache, dass eine neue Einheit entstanden ist, die selbst mit anderen Einheiten gleichartig in Beziehung steht.

14. Der begriffliche Zusammenhang, in dem die Begriffe der Einheit, der Größe, der Zahl und des Nachfolgers stehen, sowie der Begriff der Addition als das allgemeinste Schema des Übergangs von Zahl zu Zahl, was dadurch gekennzeichnet ist, dass sie erstens Ausdruck von Ordnungsbeziehung überhaupt und zweitens die Grundoperation überhaupt ist, das alles bildet *die logische gesetzliche Grundlage für jede Quantitätsbestimmung überhaupt und für jede Zahlenbestimmung, das Rechnen mit Zahlen überhaupt.*

Somit bildet dieser begriffliche Zusammenhang *die logische Grundlage der Mathematik:* **Allein in diesem Zusammenhang wurzelt die Logizität bzw. die Rationalität der Mathematik.**

Mit dem oben genannten Wort „wurzelt" ist aber *nicht gemeint*, dass Mathematik und Logik gleich sind oder dass die Grundbegriffe und Grundoperationen der Mathematik in die „Sprache" der Logik vollständig übersetzbar sind. Mit dem obigen Ausdruck „logische Grundlage der Mathematik" ist *Grundlage im allgemeinsten Sinne des Wortes gemeint, d.h. im Sinne von etwas, das die Bildung von etwas Anderem ermöglicht*: Gleich wie die mathematische Grundbegriffe und Grundoperationen im einzelnen bestimmt sind, *eine bestimmte Grundordnung und Grundgesetzlichkeit setzen sie notwendigerweise voraus, und zwar die deduktive Grundordnung des Denkens.*

Die Frage nach der Wahrheit der Mathematik oder nach der Wahrheit eines bestimmten mathematischen Systems ist *völlig unabhängig und völlig getrennt* von der Frage nach dem *logischen Status* der Mathematik bzw. dieses mathematischen Systems: *Eine bestimmte Grundordnung bleibt* **auf jeden Fall immer absolut gültig** und das *völlig unabhängig* von dem Wahrheitsgehalt, also von dem Wirklichkeitsbezug der mathematischen Ausdrücke.

Mit anderen Worten: Die *Richtigkeit* der Mathematik ist durch die **Grundwahrheit** *der deduktiven Grundlage oder der deduktiven Grundordnung* bedingt, die allem nur Denkbaren zugrunde liegt.

Die Mathematik selbst als selbstständiger Bereich wird *nicht* durch die Frage nach der *Wahrheit*, d.h. durch die Frage nach dem *Wirklichkeitsbezug* ihrer Konstruktionen geleitet, sondern *allein* durch die innere so genannte *formallogische Stimmigkeit* ihrer Aussagen und Bestimmungen.

Da der begriffliche Inhalt der Mathematik, der eigentlich in *formalen* Beziehungen zwischen mathematischen Größen und Gebilden besteht, mit der Ordnung *identisch* ist, *die dieser Inhalt selbst konstituiert*, ist die Entfaltung dieses begrifflichen Inhalts *völlig unabhängig* von der Frage nach dessen Anwendung, d.h. nach dessen außermathematischem Bezug.

Der Anspruch der Mathematik, absolute und unbezweifelbare so genannte Wahrheiten darzustellen, *gilt uneingeschränkt*; nur *hat dies **nichts** mit Wirklichkeitsbezug zu tun*. Wenn man z.B. behauptet, dass ein bestimmtes Ergebnis der mathematischen Operationen *mathematisch* wahr ist, so bedeutet dies in Wirklichkeit *nur*, dass dieses Ergebnis im Rahmen einer mathematischen Theorie beweisbar ist. Das heißt, es bedeutet *nur*, dass es aus den Grundannahmen und Axiomen dieser Theorie mithilfe von bestimmten, vorher festgelegten logischen *mathematischen* Wahrheiten und Regeln ableitbar und gültig ist.

Mit Axiom ist in diesem Zusammenhang eine Aussage gemeint, die einem Begriff eine bestimmte Eigenschaft zuschreibt, ohne jedoch *in dem bestimmten Rahmen*, innerhalb dessen dieser Begriff gilt, einen Beweisgrund zu benötigen – dies jedoch unter der Voraussetzung einer bestimmten *Rangordnung* zwischen den Axiomen und den Sätzen der mathematischen Theorie, wobei diese Ordnung selbst im Prinzip nach Bedarf geändert werden kann.

Das heißt, das Axiom gilt als Grundlage der Beweise für weitere Sätze, jedoch kann die Rangordnung geändert werden und zwar so, dass ein Satz als ein Axiom bestimmt wird, und das, was vorher als Axiom galt, nun als Satz bewiesen werden muss.

Auf jeden Fall muss, wenn eine Aussage als Axiom bestimmt wird, es als Prämisse vieler Argumente gelten, darf aber nicht als Folgerung in irgendeinem Argument vorkommen. Das Axiom besitzt diesen Status als Grundlage der Beweise für weitere Sätze, weder weil es angeblich einen Grundsatz darstellt, dessen Wahrheit unmittelbar einleuchtend ist, wie es das Axiom im aristotelischen und euklidischen Sinne darstellt, noch weil es als etwas betrachtet wird, das eine Art implizite Definition der Begriffe enthält, aus denen es zusammengesetzt ist, oder mit anderen Axiomen eine Definition der so genannten Grundbegriffe konstituiert.

Die Auswahl eines Axioms hat oft praktische Gründe und vom streng logischen (nicht bloß formal-logischen) Gesichtspunkt aus ist diese Auswahl *willkürlich: Jedes* Axiom ist beweisbar, und zwar unter der Bedingung, dass man einen der Lehrsätze, für dessen Beweis es als Grundlage dient, als Axiom bestimmt. Das gilt auch für die so genannten Grundbegriffe im Rahmen einer bestimmten mathematischen Theorie oder eines bestimmten Zweigs der Mathematik, wie z.B. die Geometrie.

Das bedeutet, dass ein Ergebnis in einer Theorie wahr sein kann, in einer anderen aber nicht. So z.B. gilt in der Planimetrie der Satz, der besagt: Die Summe aller drei Innenwinkel beträgt 180°. Dieses Ergebnis ist aber in der nicht-euklidischen Geometrie nicht mehr mathematisch wahr.

Als *mathematisch wahres* Ergebnis kann *nur das gelten*, was innerhalb des Rahmens einer bestimmten Theorie *beweisbar* ist. *Kein mathematisches Ergebnis ist an sich wahr.* Es ist nur wahr in dem Sinne, dass es zu einer Theorie gehört, mit deren Axiomen es verträglich ist und von niemanden bestritten werden kann, der die Theorie in ihrer Gesamtheit versteht und annimmt: Ein mathematischer Satz gilt in einer Theorie, als Ganzes betrachtet, als wahr, aber *niemals, isoliert genommen, als „wahr an sich"*.

15. Alle diese oben genannten Tatsachen sind innere Angelegenheiten der Mathematik. Für uns, in der Philosophie, ist es wichtig einzusehen, dass alles, was in der Mathematik geschieht, auf der eben gezeichneten logischen Grundlage gegründet ist.

In der Mathematik als *Fach* herrscht diese Gesetzlichkeit unabhängig von dem Wirklichkeitsbezug der mathematischen Konstruktion oder Theorie. Das heißt, es ist nicht so, dass es in der Wirklichkeit etwas gibt, was der irrationalen Zahl oder der negativen Zahl oder einem Raum von 24 Dimensionen und dergleichen entspricht. Gleich, welche Zahlen oder welches mathematisches Gebilde wir haben, die *logische Grund-Gesetzlichkeit*, die die Gesetzmäßigkeiten der Zahl- und Größenbestimmung bestimmt, ist *immer* die eine – nämlich *die einzige mögliche: die Grundgesetzlichkeit des Denkens*.

Der Inhalt der Mathematik ist von *jedem* außer-mathematischen Bezug unabhängig. Die Definitionen, die den Inhalt der Grundbegriffe des Mathematischen darstellen, müssen genau und klar sein, sie brauchen aber nicht wirklichkeitsbezugsmäßig wahr zu sein. Sie brauchen *keinem anderen Maß*stab zu entsprechen als der Widerspruchslosigkeit und der Konsistenz. *Die Richtigkeit und nicht die Wahrheit ist für die Mathematik entscheidend.*

Die Mathematik verselbstständigt bestimmte Beziehungen ihrer logisch-deduktiven Grundordnung zu Gebilden an sich, wie z.B. Menge, n-dimensionaler Raum und dergleichen mehr, also Gebilde, die nur noch den logischen Gesetzen der Einstimmigkeit und des Widerspruchs zu gehorchen brauchen.

Das lässt sich deutlich sehen, wenn man den Begriff des Gegeben-Seins in der Mathematik betrachtet: Größe oder Gebilde sind für die Mathematik „gegeben" – *nicht* aber in dem Sinne, dass sie „existieren". „Gegeben" bedeutet hier nur, dass sie in ihrem mathematischen Sinngehalt *eindeutig bestimmt* sind.

So z.B. bedeutet die Nicht-Berechenbarkeit der $\sqrt{2}$, also einer irrationalen Zahl, *keine* Irrationalität in der Wirklichkeit – diese besagt *nur* etwas über das Verhältnis von den so genannten reellen Zahlen mit- und zueinander aus.

In der Definition einer mathematischen Größe oder eines mathematischen Gebildes werden *a priori nur jene* Bestimmungen aufgenommen, die den betreffenden mathematischen Gegenstand *notwendig und hinreichend* kennzeichnen. Das Beweisverfahren der Mathematik offenbart den logisch-deduktiven Zusammenhang zwischen „Voraussetzungen" und „Behauptungen", d.h. es offenbart die Strukturen in den möglichen Ordnungen der vorausgesetzten wenigen grundlegenden Ordnungseinheiten, z.B. zwischen dem Parallelenaxiom und der Winkelsumme im ebenen Dreieck.

Die Mathematik bringt somit verschiedene logische Beziehungen *aufs Reinste und Bestimmteste* zum Ausdruck. Das bedeutet aber *nicht*, dass der Inhalt der Mathematik rein fiktiv ist. Im Gegenteil: Die Tatsache, dass die Mathematik *anwendbar* ist, widerlegt eine solche Auffassung. Doch *ist die Mathematik nicht der Wahrheit, sondern der Richtigkeit verpflichtet*.

Auf jeden Fall und für uns als entscheidend setzt die Mathematik eine logische Grundlage voraus, die das Mathematische ermöglicht und dessen Geltung sie gewährleistet.

Für die Bestimmung des Begriffs der Zahl z.B. ist es *vollkommen irrelevant*, dass es verschiedene Arten von Zahlen gibt. Vom Standpunkt der *logischen* Grundlage sind alle Zahlen in *derselben* Weise und in *demselben* Sinn „Zahl" und sie werden durch die *dieselbe* Gesetzlichkeit beherrscht.

Die Tatsache, dass – wie auch die Frage warum – es verschiedene Arten von Zahlen gibt, ist allein Sache der Arithmetik bzw. der Mathematik und nicht Sache der Philosophie. *Und das gilt für jede mögliche Quantitätsbestimmung überhaupt*: Was für die Philosophie als umfassende Erkenntnislehre *absolut* relevant ist, ist die Tatsache, dass *jede* Quantitätsbestimmung auf der logischen Grundlage basiert, die die *deduktive Grundordnung des Denkens* bestimmt, und das *vollkommen unabhängig* von der Art der spezifischen Quantitätsbestimmung. Diese deduktive Grundordnung des Denkens ist die *apriorische, notwendige* Voraussetzung einer *jeden* Quantitätsbestimmung *überhaupt*.

16. Im letzten Paragraphen haben wir gezeigt, worin die Möglichkeit des Quantifizierens überhaupt gegründet ist. Dabei haben wir gesehen, dass auf dieser Grundlage auch das Mathematische und die Mathematik als sein konkreter Ausdruck gegründet sind.

Dort haben wir stets betont, dass, obwohl die Logizität des Mathematischen als solchen immer in der logisch-deduktiven Grundordnung des Denkens gegründet ist, ist die Mathematik selbst als Einzeldisziplin *nur* der Richtigkeit, nicht aber der Wahrheit verpflichtet ist.

In Bezug auf die *Erkenntnis der Natur* bedeutet das, dass die Mathematik als Einzeldisziplin, d.h. als spezielle Wissensart, *unbedingt* vom Mathematischen im Sinne der Bedingung für die Konstitution der Natur *unterschieden werden muss*.

Wenn wir mit Galilei sagen, dass das Buch der Natur in mathematischen Buchstaben geschrieben ist, so meinen wir – in Bezug auf die obige Unterscheidung – *nicht*, dass die Mathematik oder genauer das Mathematische im Allgemeinen bloß das geeignete Mittel der Naturwissenschaft in ihrer Erkenntnis der Natur ist. Es liegt nahe, so zu denken, weil sie und ihre Operationen den Charakter des Notwendigen und des Zwangsläufigen haben, oder weil die mathematische Methode von absolut apriorischer und zwingender Natur ist. *Das ist aber nicht der Fall.*

Die Naturwissenschaft kann sich nur kraft des Mathematischen konstituieren: Das Mathematische ist ein Schema, das *konstitutiv* für das Zustandekommen der *Natur selbst* ist, d.h. wie sie erkenntnismäßig aufgefasst ist.

Mit anderen Worten: *Es gibt keine Differenz zwischen der* **naturwissenschaftlich-gemäßen** *bestimmten Natur und ihrer* **mathematischen** *Darstellung*. Das bedeutet, dass *nicht jedes beliebige logische oder mathematische System auf die Natur angewandt werden kann*, was *von vornherein jede* Art von Konventionalismus ausschließt.

Wenn es nun so ist, dass das Denken durch die mathematische Methode das konstituiert, was man unter der materiellen Welt versteht, die dem Denken gegenübersteht, wie lässt sich der Vollzug des Übergangs vom Denken als solchem zum Sein verstehen?

Die Antwort auf diese Frage ist einfach: *Es gibt hier gar keinen „Übergang"*. Hier handelt es sich *nicht* um zwei von vornherein getrennte Sphären. *Die Konstitution des natürlichen materiellen Gegenstandes beginnt **erst** mit seiner mathematischen Darstellung.*

Die *physischen Gegenstände* sind *keine isolierten Gegenstände*, die von ihrer *Erkenntnis*, also von der *mathematischen Darstellung* getrennt sind bzw. getrennt *gedacht* werden können, und das Denken ist kein „Denken an sich", sondern *es ist von Anfang an, und insofern für uns das einzig mögliche Denken, das in die Wirklichkeit einmündet:* **Wirklichkeit bzw. Sein ist nichts anderes als objektiviertes Denken.**

Und die wirkliche, also die **erkenntnismäßig** *erfasste Natur* ist nicht die Welt der Farben, Töne, Gerüche usw., die wir uns in der Regel wahrnehmungsmäßig vorstellen, sondern eine *Welt, die nur in Zahlen und geometrischen Größen, die selbst vollständig in Zahlen ausdrückbar sind, darstellbar ist.*

Wie haben wir uns nun diese Natur vorzustellen? Welche Art von Charakter hat diese Natur, deren Buch in mathematischen Buchstaben geschrieben ist?

17. Wir haben schon darüber gesprochen, dass, wenn das Qualitative der sinnlichen Empfindung ausgeschaltet ist, aus der so genannten äußeren Materie der Welt überhaupt nur die Momente der Zahl (des Auseinanderseins), der Größe und des Maßes bleiben.

Das heißt, dies sind die einzigen Bestimmungen, die *empirisch* nach der Ausschaltung der so genannten sekundären Qualitäten noch in Betracht kommen. Auf dieser Ebene unterscheiden sich die Dinge nur durch Bestimmungen der

Quantität, und die empirische natürliche Wirklichkeit besteht dann aus Quantitäten und ihren Beziehungen: Ausdehnung, Gestalt, Menge, Zeitbestimmungen, Bewegung, Zustand und Zustandsänderungen usw.

Die so verstandene physische Wirklichkeit (Natur) soll also objektiv bestimmbar sein und die *Wissenschaft*, die diese Wirklichkeit in mathematischen Ausdrücken (in Formeln und Gesetzen), die jeden Zustand und jeden Vorgang nach Maß und Zahl in mathematischen Gleichungen ausdrückt, heißt deshalb *„exakt"*.

Ist aber diese Wirklichkeit, also die physische Welt, in der wir Körper, Lebewesen und Wirkungen zwischen ihnen wahrnehmen, schon die wahre Natur oder versteckt sich diese hinter einem Vorhang von „primären Qualitäten", den wir wegziehen müssen, um zu der ursprünglichen Natur vorzustoßen? Die Antwort auf diese Frage ist *„Ja!"*: *Es genügt nicht, einfach von den Bestimmungen der Qualität abzusehen.* Es bleiben dann zwar nur Raum-, Zeit- und Zahlbestimmungen übrig, die auf diese Weise bestimmte begrenzte Züge der empirischen Wirklichkeit erkennen lassen, sie bieten uns aber *nur* einzelne, voneinander völlig unabhängige Gegenstände und Gebilde, die auf eine bestimmte Weise gelegentlich aufeinander „wirken".

Wieso besteht jedoch überhaupt ein Zusammenhang zwischen diesen Gegenständen? *Was* ist überhaupt der Grund der Beziehung zwischen den drei Größen „Masse" (Quantität, also Menge der Materie), „Raum" und „Zeit", mit denen wir die einzelnen Gegenstände und die Zustandsänderung in der Körperwelt mathematisch ausdrücken?

Wenn kein *innerer Zusammenhang* zwischen den so bestimmten Einzelerscheinungen der empirischen natürlichen

Welt besteht, wenn es keinen *inneren Grund* für die Beziehung von Masse, Raum und Zeit und überhaupt für die verschiedenen Bestimmungen der Quantität gibt, dann wäre es *unmöglich,* solche Beziehungen und ihr Bestehen zu *begreifen* – was letztlich bedeutet, dass die Welt des Alltags gar nicht möglich wäre.

Hier geht es um die Einheit und Identität des einzelnen Sachverhalts oder der einzelnen Tatsache der Natur als Wirklichkeitsteil wie auch um die Einheit derselben als Ganzes.

Und da das Problem die Einheit und die Identität ist, muss der Versuch, die Natur zu verstehen, darin bestehen, dass bei jeglicher Erscheinung bzw. bei jeglichem Gegenstand folgende Frage beantwortet wird: Welchen Anteil hat diese Erscheinung bzw. dieser Gegenstand im Rahmen der einheitlichen Natur?

Der Versuch, diese Frage zu beantworten, kann jedoch *nicht* einfach darin bestehen, dass wir die empirische Welt in Quantitätsbestimmungen von Raum, Zeit und Masse ausdrücken. Denn damit kommen wir *nie* aus dem Kreis der *bloßen Auffassung von Zufälligkeiten* heraus.

Das Denken verlangt die Verwandlung des Gegebenen der physischen materiellen Welt in einen durchgehenden gesetzmäßigen Zusammenhang der Natur.

Das kann aber **nicht** durch die Darstellung des Naturzusammenhangs als eines einheitlichen Systems von gesetzmäßigen Abhängigkeitsbeziehungen zwischen den spezifischen, *dem Bild der* **sinnlichen Wahrnehmung** *entsprechenden* Größen von Zeit, Raum und Masse vollzogen werden. Denn diese Bestimmungen des sinnlichen Wahrnehmungsbildes und die Beziehungen zwischen ihnen sind *gar nicht ursprünglich* und können, wie wir bald sehen, auch nicht ursprünglich sein: Das Buch der Natur ist in mathematischen Buchstaben *geschrieben,* vollzieht sich also beim Schreiben dieses Buchs der Natur.

Den Sinn der Wörter kann man doch nicht einfach durch die Bestimmung der Beziehungen zwischen den Buchstaben, auch nicht durch die bloße formale Bestimmung der Beziehungen zwischen den Wörtern erfassen.

Die Zusammenfügung von Wörtern wird zwar durch die Grammatik beherrscht und bestimmt, die Wörter und deren Sinn wird jedoch *erst im Satz* bestimmt und der Satz selbst als Bedeutungseinheit wird in seinen Beziehungen zu anderen Sätzen bestimmt. Und im Allgemeinen: Je mehr wir in das Wesen der Dinge eindringen, umso weiter entfernen wir von der uns gewohnten, durch ein *Subjekt* vorgestellten Umgebung des Alltags, die als „Summe" ihrer Bestandteile erscheint.

18. Das Ersetzen aller spezifischen sinnlichen Qualitäten der Farbe, des Tons, des Geruchs usw. durch bloße Raum-, Zeit- und Zahlbestimmungen kann uns *nicht* an sich zur Erkenntnis der Natur führen. Denn trotz dieser Verwandlung des Gegebenen der erfahrbaren materiellen, physischen Wirklichkeit in einen Zusammenhang von gesetzmäßigen Abhängigkeitsbeziehungen zwischen räumlichen und zeitlichen Größen und Zahlengrößen, die die Zustände und die Zustandsänderungen der Körperwelt mathematisch ausdrücken und darstellen, bleibt der *innere Grund* der Beziehung zwischen diesen Größen und Bestimmungen *ungeklärt.*

Mit anderen Worten: *Damit wird nicht klar, warum die Natur überhaupt als ein **geschlossener Wirkungszusammenhang** betrachtet werden kann, in dem **alle Vorgänge aus den Abhängigkeitsbeziehungen** verständlich sind.*

Genauer betrachtet sind wir gar nicht berechtigt, auf der empirischen Ebene von einem geschlossenen Wirkungszusammenhang namens Natur zu sprechen. Denn die Erfahrung kann uns *gar nicht* über innere Beziehungen der Gegenstände belehren, sondern sie zeigt *lediglich äußere* Beziehungen und Umstände.

Wir haben schon mehrmals gesehen, dass schon jeder triviale Satz *notwendigerweise* weit über die Erfahrung hinausgeht, die er betrifft. Oder genauer formuliert: Das Denken geht in einer solchen Erkenntnis, die im Satz zum Ausdruck kommt, über die Erfahrung hinaus, und zwar unendlich weit: Die Grundlagen der Erkenntnis der Natur stammen *nicht* aus der Erfahrung. *Auszugehen hat also die Erkenntnis der Natur von der gesetzlichen Grundlage aller Erkenntnis überhaupt.*

Der ausgezeichnete Ausdruck für *erstens* dieses Ausgehen von der gesetzlichen Grundlage aller Erkenntnis überhaupt und für *zweitens* die apriorische Grundlage der Naturwissenschaft ist die *Hypothese.*

Die Einsicht, dass die gesamte Natur ein Wechselbeziehungssystem darstellt und die Tatsache, dass der wahre Charakter der Natur nicht der Erfahrung entnommen werden kann, in der uns die Einzeldinge und die Naturvorkommnisse gegeben sind, macht es erforderlich, auf Grund eines Minimums von empirischem Material eine *Theorie* aufzustellen.

Eine Theorie versucht dann die ganze Natur oder einen bestimmten Ausschnitt derselben in ihrer Struktur zu erklären bzw. zu erkennen. Eine Hypothese ist in einem solchen Zusammenhang *keine* Behauptung, die „plausibel" scheint. Eine *Hypothese* stellt eine *vorgreifend angenommene* **Theorie** dar.

Auf dem Hintergrund einer Hypothese wird die Natur als Ganzes, ein bestimmter Gegenstand der Natur, bestimmte Vorkommnisse oder ein bestimmter Ausschnitt der Natur untersucht. Die Hypothese gibt dabei der Untersuchung ihre *Richtung* an.

Jede Hypothese stellt eine *Erkenntnis* dar, die *logisch* aus schon erreichten Erkenntnissen geschlossen wurde. Die *tatsächliche* Bestätigung dieser erkenntnis-logischen Folgerung macht sie zur *wissenschaftlichen* Erkenntnis.

In dem *vorläufigen* Getrennt-Sein von wissenschaftlicher Erkenntnis liegt der Annahme-Charakter der Hypothese. *Jede Hypothese ist zunächst eine Annahme, und jede Annahme ist eine Hypothese.*

Betonen wir vorgreifend die wissenschaftliche Erkenntnis, so sprechen wir von einer **Hypothese**; *betonen wir die noch nicht verifizierte Erkenntnis, so sprechen wir von einer* **Annahme**. In jeder Annahme ist das Hypothetische, und in jeder Hypothese ist das Problematische vorhanden: Eine Annahme machen, bedeutet, eine Frage zu stellen (das Hypothetische ist in ihr als das Gefragte vorhanden), und dies wiederum ist immer schon Ausdruck von schon erlangter Erkenntnis.

Nur aus dieser schon vorhandenen Erkenntnis bzw. Vorkenntnis lässt sich überhaupt erkennen, was an einem Gegenstand (im allgemeinsten Sinne des Wortes) überhaupt ein

Problem darstellt: Ein Problem muss als solches *erkannt* werden und das wird *rein logisch-deduktiv* durch das Denken *geschlossen.*

Eine Hypothese, die eigentlich eine theoretische Lösung eines solchen Problems darstellt, muss in allen ihren Konsequenzen ausgearbeitet werden; dann werden die einzelnen faktischen Behauptungen dieser *Hypothese als Theorie* experimentell geprüft.

Theorie und Experiment bedingen sich also wechselseitig und stützen sich gegenseitig. Es muss aber in diesem Zusammenhang betont werden, dass es sich hier *nicht* um Verschmelzung von zwei rein getrennten Tatsachen handelt. *Das Begriffliche und das Tatsächliche* sind so miteinander verbunden, dass sie *identisch* sind: *Die Gegebenheiten der physischen Wirklichkeit sind nichts als gedankliche Konstruktionen.*

Sie sind Produkte einer wissenschaftlichen Theoriebildung, in der Beobachtungen, theoretische Annahmen und Schlussfolgerungen sich nicht nur gegenseitig stützen, sondern bedingen. *Die **Wirklichkeit einer Konstruktion** kommt dadurch klarer zum Ausdruck, dass diese Konstruktion zum Bestandteil eines immer komplexeren Zusammenhangs oder Gefüges wird, und das Herauslösen dieses Bestandteils zur **Auflösung des ganzen Zusammenhangs oder Gefüges** führen würde.*

So z.B. sind Aussagen über Elektronen, Protonen usw. Aussagen über Tatsachen von sehr komplexer Ordnung, die selbst eine Vielzahl von Beobachtungen und Phänomenen von einfacher Ordnung wie auch theoretische Bestimmungen von einfacher Struktur einschließen.

Wenn der Physiker vom Elektron spricht, so spricht er von einem Etwas als einem *begrifflichen Konstrukt, dessen Wirklichkeit nicht geringer als die eines ganz alltäglichen Gegenstands wie z.B. eines Tisches ist*, und er meint damit eine Tatsache von sehr hoher Ordnung, deren Tatsächlichkeit durch die gegenseitige Anlehnung von experimentellen und theoretischen Bestimmungen gewährleistet ist.

Das Operieren der Naturwissenschaft mit Tatsachen von jeweils komplexer Ordnung und mit Begriffen von jeweils komplexer Struktur gehört zum Wesen der naturwissenschaftlichen Methode: *Es ist der Übergang von der Wahrnehmung, von der Registrierung einer empirischen Tatsache, zur* **konzeptuellen** *Konstruktion.*

Das so konstruierte Netzwerk von konzeptuellen Konstruktionen muss immer wieder der Kontrolle durch die Erfahrung unterworfen werden – *diese Erfahrung hat jedoch mit dem von uns gewohnten subjektbedingten Bild der Erfahrung und der von uns gewöhnten subjektbedingten Vorstellungen unserer Umgebung* **nichts zu tun**: Die Bewährung einer Hypothese ist in der uns bekannten täglichen Erfahrung allein *nicht möglich*, denn *die Tatsachen der Erfahrung sind*, wie schon mehrmals gezeigt, *selbst von einer solch hohen Ordnung geprägt, dass deren Wahrnehmung durch eine ständig wachsende Zahl von konzeptuellen Konstruktionen bedingt ist.*

19. Die Beziehung der Naturwissenschaft zur Erfahrung müssen wir näher betrachten. Die Naturwissenschaft ist eine empirische Wissenschaft, und zwar in dem Sinne, dass sie mit der Erfahrung ihre Arbeit beginnt, und dass sie in der wissenschaftlichen Erklärung der Erfahrung ihr Ziel hat.

Die Erfahrung des Alltags zeigt, dass in ihr *Gleichförmigkeit* und *innere Einheitlichkeit* herrscht. Wir brauchen keine Wissenschaft, um zu lernen, dass Brot ernährt, dass Wasser Durst stillt, dass die Sonne leuchtet und wärmt, dass schwere Körper auf die Erde fallen und so weiter. Wir brauchen keine Wissenschaft, um zu sehen, dass manche Erscheinungen stets und gewöhnlich mit anderen verbunden sind.

Wir brauchen aber Wissenschaft, um **die allgemeine Ordnung (Gesetzlichkeit und Struktur) der Natur** *zu ermitteln.*

Diese Aufgabe kann die Naturwissenschaft durch die Erforschung von besonderen, „lokalen" Ordnungen der einzelnen Naturerscheinungen vollziehen, obwohl das Ergebnis solcher Erforschungen oft nur spontane Verallgemeinerungen darstellt, deren Bedeutung, weil sie andere Umstände nicht berühren bzw. nicht berücksichtigen, sehr begrenzt ist. Sie können aber trotzdem den Anstoß zur Entwicklung einer umfassenden wissenschaftlichen Theorie geben, welche die Erklärung bzw. die Darstellung der Gesamtordnung der Natur anstrebt.

Die Regelmäßigkeit der Natur ist ein Gewebe von unterschiedlichen Fäden, und man kann versuchen, diese dadurch zu verstehen, indem man die einzelnen Fäden in ihrer Funktion im gesamten Gewebe zu verstehen versucht. Um das zu erreichen, ist es oft nötig, einen Teil des Gewebes aufzulösen und die Fäden voneinander zu trennen.

Darin bestehen der Sinn und das Ziel der experimentellen Forschung. Das heißt, ihr dient die theoretische Forschung, deren *Ziel immer schon die Erklärung bzw. die erkenntnismäßige Darstellung der ganzen der Natur* war und ist.

Es muss hier betont werden, dass es letztlich müßig ist zu fragen, „was vorher war: die Erfahrung bzw. das Experiment oder die Theorie". Nachdem eine Theorie begründet worden ist und sich bewährt hat, sodass sie Naturwahrheit darstellt, verlieren die einzelnen Tatsachen an sich, die den Anstoß zur Entwicklung dieser Theorie gegeben hatten, jede Bedeutung: Diese Tatsachen gelten nun als „rein zufällig".

Wichtig einzusehen ist, dass **nur** *im Rahmen einer Theorie* die einzelnen so genannten Erfahrungstatsachen als *Tatsachen einer einheitlichen Wirklichkeit* – in unserem Zusammenhang der *Natur* – verstanden werden können.

Es ist unmöglich, die Wirklichkeit der Tatsachen der Natur von dem theoretischen Rahmen zu trennen, der sie zu Tatsachen einer einheitlichen Wirklichkeit bestimmt.

Mit anderen Worten: Alles, was der Entwicklung einer Theorie *zeitlich* vorangegangen ist (Erscheinungen, gezielte Experimente), was zur Entdeckung bzw. Bestätigung der Theorie führte, ist, was die *Wahrheit* der Theorie betrifft, *bedeutungslos* und hat *nur historischen* Wert.

So z.B. verlor, obwohl (unter anderem) die Ergebnisse des Michelson-Morley-Experiments den Anstoß für die Entwicklung der speziellen Relativitätstheorie gegeben haben, dieses Experiment mit der Bestätigung der Theorie seine ursprüngliche besondere Bedeutung und ist heute nur noch von historischer Bedeutung.

Und nach der Bestätigung der Relativitätstheorie kann das, was in diesem Experiment entdeckt wurde, *nur* im Rahmen *dieser* Theorie als eine physikalische *Tatsche* gelten.

Die physische bzw. physikalisch bestimmte Wirklichkeit ist nicht einfach eine Summe von Einzeltatsachen. *Ihre Bedeutung als Tatsachen der Wirklichkeit kann* **nur** *durch eine*

Theorie verliehen werden. Und indem die physikalische Theorie etwas als Tatsache der Natur bestimmt, d.h., indem sie bestimmte Bedeutungseinheiten in einen bestimmten Gesamtzusammenhang eingliedert, *stellt sie diese auf dieselbe logische Ebene wie eine jede andere Tatsache.*

Das braucht uns aber nicht zu verwundern, denn vom Standpunkt des Denkens, also vom Standpunkt der logisch-deduktiven Grundordnung, wird alles Wirkliche *in einem Akt zugleich* als solches bestimmt, d.h. alle wirklichen Sachverhalte stehen als solche auf *derselben* logischen Stufe. Daher bietet sich unserem Denken *keiner* der wirklichen Sachverhalte als ausgezeichnet dar, der sich aus dem Denken unmittelbar „ableiten" ließe. Mit anderen Worten: *Die Bestimmungen des Denkens bilden einen Kreis und nicht eine Kette.* Und mit dieser Bemerkung gelangen wir zur nächsten Angelegenheit.

20. Die Tatsache, dass *keine* unter den unendlich vielen Bestimmungen des Denkens sich unserem Denken als ausgezeichnet darbietet, d.h. also, die Tatsache, dass alle diese Bestimmungen als wirkliche Sachverhalte auf *derselben* logischen Stufe stehen, verbunden mit der Tatsache der Endlichkeit unseres Denkens, macht es notwendig, um einen Ausgangspunkt für die *Erkenntnis der Natur* zu finden, sich auf die *Erfahrung* zu beziehen.

Zur Erkenntnis im eigentlichen Sinne kann man aber nur im Transzendieren der Erfahrungstatsachen auf die apriorischen konstituierenden Faktoren dieser Tatsachen hin gelangen.

Das heißt, dass die Erfahrung für die Erkenntnis der physischen Wirklichkeit *nur* die Bedeutung eines *auslösenden*

Faktors hat, jedoch *keinesfalls als begründender Faktor* bezüglich der Erkenntnis gelten kann.

In der erkennenden Bestimmung der in der Erfahrung gegebenen Tatsachen hält sich das Denken *immer schon* auf dem Boden der apriorischen gesetzlichen Grundlage aller Naturerkenntnis überhaupt. Insofern bestimmt der Prozess der Bildung von Hypothesen sie als *rationale* bzw. *logisch-deduktive* Konstruktion.

Die Naturwissenschaft gibt keine historische Erklärung der Einzeldinge, sondern sie versucht die *wahre* Natur der Dinge zu erfassen. Man muss hier betonen, dass hinsichtlich des *historischen* Verlaufs der Ereignisse der Natur das Problematische in der Hypothese immer betont bleibt, hinsichtlich der *wahren Natur* der Dinge aber ist die *wahre Erkenntnis* in den Hypothesen betont.

Mit anderen Worten: Natur*historisch* gesehen sind die Hypothesen *immer* problematisch, *sachlich* aber, d.h. vom Standpunkt der *Wahrheit aus*, sind die Hypothesen entweder wahr oder falsch, niemals jedoch bloß problematisch.

Die *Naturwissenschaft* ist in dieser Hinsicht als *empirisch vermittelte Spezifizierung apriorischer Strukturen der so genannten materiellen Welt* zu verstehen. Die *Philosophie dagegen* entwirft den Gedanken einer *apriorischen Bestimmungen der Strukturen* der so genannten materiellen Welt.

Damit ist gesagt, dass die Naturwissenschaft nicht einfach in der Abkehr von der „Spekulation" zur tatsächlichen Erfahrung ihre Eigentümlichkeit hat, wie das oft behauptet wird, sondern ihre Eigentümlichkeit besteht in der größeren Bestimmtheit dessen, was im Zusammenhang mit der physischen Natur als „spekulativ" verstanden wird, was jedoch nur mithilfe der Mathematik möglich ist und somit die Objektivität der Naturerkenntnis gewährleistet.

Absolut gesehen, ist die gesamte Wirklichkeit notwendig gesetzt. Die Unterscheidung zwischen dem *Denken als Wirkliches* und dem *Denken überhaupt* soll *einerseits* den Mangel an Selbstständigkeit des Denkens als Wirkliches wie von jedem Einzelding im Allgemeinen, *andererseits* aber die Abhängigkeit des Denkens als Wirkliches wie der Einzeldinge im Allgemeinen von dem Denken überhaupt zum Ausdruck bringen.

Diese Unterscheidung des Denkens als Wirkliches von dem Denken überhaupt, bedeutet, wie wir betont haben, *keinesfalls ein reales Auseinander*, also mit ihr ist *nicht* die Selbst- und Eigenständigkeit der „beiden Denken" gemeint.

Denn im Denken (überhaupt) ist alles, was Bestand hat, einschließlich des Denkens als Wirkliches *erkenntnismäßig* mit **derselben** *Notwendigkeit* gesetzt, mit der es selbst besteht.

Mit dem Denken selbst ist *alles* Wirkliche vollständig bestimmt; es gibt *absolut kein* Wirkliches, das an sich als unbestimmt gelten kann, auch nicht als bloß möglich oder zufällig betrachtet werden kann und schon gar nicht tatsächlich so ist.

Alles Wirkliche ist als solches notwendig, und was nicht notwendig ist, kann auf gar keine Fall als wirklich verstanden werden, es ist also buchstäblich unmöglich.

Wir aber als *erkennende Subjekte* (hier ist die Ebene des *Denkens als Wirkliches* gemeint) sind nicht in der Lage, die Bestimmung der wirklichen Sachverhalte bzw. der Wirklichkeit in der Ordnung nachzuvollziehen, wie es das *Denken überhaupt* (der *Standpunkt der Wahrheit*) fordert, weil die vom Denken überhaupt hervorgebrachten bzw. gesetzten Bestimmungen unendlich viele sind.[31]

Dass wir auf Erfahrung angewiesen sind, um die Wirklichkeit bzw. die Natur zu erkennen, bedeutet nichts anderes, als dass wir zur wirklichen Ordnung und zur wirklichen Struktur der natürlichen Sachverhalte wie der Natur im Allgemeinen *perspektivisch* stehen.

Deshalb und dadurch ergibt sich für uns ein *verzerrtes Bild* der Verhältnisse in der Natur, und die absolute Trennung zwischen dem Denken als Wirkliches mit seiner Erfahrung und zwischen dem Denken überhaupt ist eine **notwendige** Folge der Perspektivität unseres Erkenntnisstandpunkts oder im Allgemeinen die **notwendige** Folge der **Endlichkeit** unseres Denkens.

Was wir eben in allgemeinen Worten dargelegt haben, möchte ich nun im Einzelnen ausführen.

21. Nach dem Weltbild des Alltags besteht die Welt aus einer Vielheit von uns erscheinenden, voneinander (und von uns) völlig unabhängigen Dingen. Ein Teil dieser Dinge ist lebendig, ein Teil besteht aus lebloser Materie. Jedes dieser Dinge, weil es in einer bestimmten Hinsicht eine Einheit darstellt, wird so verstanden, dass es eine Vielheit von Qualitäten bzw. Eigenschaften besitzt, die es dazu befähigt, mit anderen Dingen in verschiedenen Beziehungen zu stehen, und dass es von anderen Dingen in verschiedener Weise bewirkt werden kann und dabei selbst auf andere Dinge auf verschiedene Weisen wirken kann oder tatsächlich wirkt.

---

[31]Zum Ganzen vgl. System I

Die „Systematisierung" *dieses Weltbilds* stellt die Welt als Wirkungszusammenhang dar, in dem einzelne Gegenstände, gleich welcher Art, immer als eine diskrete Einheit der Kardinalzahl nach und durch bestimmte Qualitäten bestimmt auftreten, und dabei mit anderen nicht einfach in Beziehung stehen, sondern es besteht eine eindeutige *Wechselbeziehung* zwischen ihnen.

Der Gegenstand der Naturforschung ist *demnach* die *Zustandsänderung* von Objekten in der so genannten materiellen, physischen Welt. Das Verstehen bzw. die Erkenntnis der Natur kann sich daher nur so vollziehen, dass man die Dinge, die man erkennen will, aus ihrer Ursache erkennen muss: Will man ein Einzelding in seiner Natur begreifen, so muss man begreifen, auf welche Weise es aus seiner Ursache hervorgeht bzw. hervorgegangen ist.

In dieser Erkenntnis muss die *Zwangsläufigkeit* des Hervorgehens, d.h. die Zwangsläufigkeit im streng geschlossenen Zusammenhang zwischen Ursache und Wirkung feststellbar sein. Nach dem *Weltbild des Alltags* scheint es so zu sein, dass unser ganzes Leben auf der fortwährenden Anwendung dieses „Erkenntnisprinzips" beruht: *Es offenbart das absolute Vertrauen in die Gültigkeit des so genannten Kausalgesetzes.*

Dass das Kausalgesetz, schon wegen der Schwierigkeit in der Definition der Kausalität, *nicht* einfach als *Prinzip der Ordnung* in der Natur und als *Prinzip der Erkenntnis* der Natur gelten kann, was dazu führt, dass, wenn von Ursachen die Rede ist, große Vorsicht geboten ist, das haben schon die Väter der modernen Physik eingesehen.

In Galileis „Unterredung und mathematische Demonstrationen über zwei neue Wissenszweige, die Mechanik und die

Fallgesetze betreffend" wirft Sagredo die Frage auf, welche die Ursachen der Beschleunigung beim so genannten freien Fall sind. Sagredo ist die Dialogperson, die für die Zeitgenossen Galileis steht. Salviati, durch den Galilei seine eigene Meinungen aussprechen lässt, meint dagegen, man solle von den Ursachen der beschleunigten Bewegung lieber nicht sprechen, dagegen die *Eigenschaften* der beschleunigten Bewegung untersuchen und erklären.

Auch Newton ist in seiner Formulierung vorsichtig: Er unterscheidet zwischen einer „causa mathematica" und einer „causa physica". Die erste, wie die Gravitationskraft, die z.B. zwischen den Mittelpunkten von Erde und Mond wirkt, ist für ihn *nur ein Hilfsmittel*, um die Bahn des Mondes zu beschreiben. Die physischen Ursachen und den Sitz der Kräfte zieht er nicht in Betracht. Die Bezeichnung „Anziehung" nimmt er an, jedoch nicht im physischen, sondern im *mathematischen* Sinn: „Man möge daraus nicht etwa schließen, daß ich die physische Ursachen erklären will, oder daß ich den Mittelpunkten wirklicher Kräfte beilege, indem ich sage, die Mittelpunkte zögen sich an".[32]

An die Stelle des kausalen Zusammenhangs tritt ein *funktionaler* Zusammenhang: *Die wechselseitige Beziehung zwischen Naturerscheinungen* und nicht eine Kausalreihe zwischen diesen Erscheinungen ist der Schlüssel zur Erkenntnis der Natur. Warum aber kann die Natur nicht als ein Kausalzusammenhang verstanden werden? Worin besteht eigentlich das Problem in der Bestimmung des kausalen Wirkungszusammenhangs zwischen den Objekten der Natur?

---

[32] Isaak Newton, Mathematische Prinzipien der Naturlehre, übersetzt v. J. Ph. Wolfers, Nachdruck Darmstadt 1963, I, 44

22. Als Hilfe zur Beantwortung dieser Fragen nehmen wir die kantische Definition des Grundsatzes der Ursächlichkeit. Diesen Grundsatz definiert Kant in der ersten Auflage der „Kritik der reinen Vernunft" folgendermaßen: „Alles, was geschieht (anhebt zu sein), setzt etwas voraus, worauf es nach einer Regel folgt".[33] In der zweiten Auflage der „Kritik" heißt es: „Alle Veränderungen geschehen nach dem Gesetz der Verknüpfung der Ursache und Wirkung".[34]

In der ersten Auflage wird also ausdrücklich gesagt, worin das in der zweiten Auflage genannte Gesetz der Verknüpfung von Ursache und Wirkung eigentlich besteht: in einer gesetzmäßigen Verknüpfung der Ereignisse in ihrer *Zeitfolge*.

Das Kausalgesetz drückt also die allgemeine Form aller Naturgesetze aus, in denen die Zeit als bestimmender Faktor vorkommt. Allerdings tragen nicht alle Naturgesetze diese Form. Es gibt auch solche, die festlegen, was zu aller Zeiten gilt.

Die Kausalgesetzlichkeit bezieht sich auf die so genannte materielle Wirklichkeit. Kausal (ursächlich) bedeutet, dass Wirkungen kausalgesetzlich ohne Ausnahme durch Ursachen bestimmt worden sind. Diese Verknüpfung von Ursache und Wirkung bildet eine *Kette*: Es ist die in die Vergangenheit und in die Zukunft *endlos* gestreckte Kette von Ursachen und Wirkungen, eine Kette, in der die Beziehung zwischen Ursache und Wirkung *immer* in der zeitlichen Richtung von der Vergangenheit in die Zukunft bestimmt ist: Zeitlich besteht die Ursache per definitionem *immer und zwangsläufig* vor der von ihr bestimmten Wirkung.

---

[33] KrV A189

[34] KrV B232ff

Der *Gegensatz zu der so verstandenen Kausalität* ist die *logische Begründung*: Wirkung ist die *Auswirkung* einer *Ursache*; Gegensatz: Bestimmung als *Folgerung* aus einem *Grund. Gründe wirken nicht und Ursachen begründen nicht.* Im logischen Begründen spielt auch die Zeit gar keine Rolle.

Die Betonung dieses grundsätzlichen Unterschieds ist sehr wichtig, denn er weist auf die Schwierigkeit hin, die mit dem Ursachenbegriff und mit dem Kausalprinzip im Allgemeinen verbunden sind. Wenn man das Kausalprinzip und den Ursachenbegriff *logisch* zu Ende denkt, endet man in einer *Sackgasse: Sie sind beide nicht nur unmöglich, sondern* **sie heben sich selbst auf**.

Wenn wir von Kausalität sprechen, so meinen wir den Einfluss der Ursache auf ihre Wirkung und die darin bestehende Beziehung. Wir haben hier also die Ursache, die Wirkung und die Beziehung zwischen ihnen. Die Ursache und die Wirkung müssen 1. real von einander verschieden sein; 2. müssen sie in realer Beziehung zueinander stehen, die in ihrer für diese Beziehung relevanten Beschaffenheit zum Ausdruck kommt; 3. muss die Ursache (zeitlich) früher bestehen als ihre Wirkung.

Die Kausalität will jedoch nicht bloß zeitliche Aufeinanderfolge von Dingen, Tätigkeiten oder Zuständen bedeuten, sondern sie bedeutet vor allem auch die *Gesetzmäßigkeit*, mit der die Wirkung von einer Ursache abhängt; oder umgekehrt, die *Gesetzmäßigkeit*, die die Ursache zwingt, ihre Wirkung zu verursachen.

Die Beziehung zwischen Wirkung und Ursache muss so verstanden werden, dass nicht nur jede Wirkung notwendigerweise eine Ursache hat, sondern so, dass, wenn man die *Naturordnung als Ganzes* betrachtet, jede Wirkung eine sehr bestimmte, besondere Ursache hat, die sie (diese bestimmte Wirkung) *auf eine zwangsläufige Weise* herbeiführt.

Die Abhängigkeit eines Geschehens von etwas Anderem, durch das es bedingt ist, ist eindeutig bestimmt oder eindeutig festgelegt; d.h., der Folgezusammenhang zwischen Ursache und Wirkung *muss* von der Art sein, dass, wenn die Ursache gegeben ist, die Wirkung *zwangsläufig* herbeigeführt wird.

Es reicht nicht aus, dass alles, was geschieht, zwangsläufig eine Ursache haben muss; zur Ursache-Wirkung-Beziehung gehört notwendigerweise auch die Tatsache, dass jedem gleichen Geschehen stets die gleiche Ursache zugrunde liegen muss: *Gleiche Ursachen haben* **zwangsläufig** *gleiche Wirkungen*. Nur so kann die *Uniformität* des Naturgeschehens gewährleistet werden.

Bloß die Bestimmung, dass jede Ursache im Kausalzusammenhang zwangsläufig eine Wirkung hat, hat an sich keine Bedeutung. Denn erstens *woher* stammt diese Zwangsläufigkeit, und zweitens, *was* bestimmt die Ursache als Ursache und die Wirkung als Wirkung?

Das Wesen der Kausalität besteht doch gerade darin, dass die Kausalitätsgesetzlichkeit, die sich auf die so genannte materielle, physische Wirklichkeit bezieht, *das gesamte Geschehen in der Natur* bestimmt: Die Kausalkette besteht ja nicht aus einzelnen Gliedern, die nur eventuell kausal bestimmt sein könnten, sondern alle Naturerscheinungen sind in dieser Kausalkette *notwendigerweise* verkettet: Kausalität ist die zwangsläufige Aufeinanderfolge aller einem gegebenen Zustand vorausgegangenen Ereignisse in der so genannten materiellen, physischen Welt.

Ein zufälliges Ereignis besteht nur im subjektiven Sinn, also lediglich relativ zum Kenntnisstand des Beobachters: Alles, was geschieht, geschieht nach dem Gesetz, das besagt, dass der Zustand eines Systems zu einer gegebenen Zeit durch alle früheren anderen Zustände des Systems bestimmt ist.

Das klassische Kausalgesetz beinhaltet das Prinzip der *Kontinuität der Veränderungen*: Jeder Sprung in der Erscheinungskette ist unmöglich und ebenso jede Lücke oder jeder Kluft zwischen zwei Erscheinungen, wobei die Ursachen des Geschehens aus der Gegenwart in die Zukunft wirken: Die späteren Zustände erscheinen als durch die früheren bedingt: *Kausalität* ist als eine *zwangsläufige Folge der* (oder in begrenzten Zusammenhängen von) *Naturerscheinungen in der Zeit* zu verstehen.

Die doppelte Forderung, die im Gesetz der Ursächlichkeit zum Ausdruck kommt, dass jedes Geschehen eine Ursache haben *muss*, aber auch, dass jedem gleichen Geschehen stets die *gleiche* Ursache vorausgehen muss, diese Forderung, und das muss in diesem Zusammenhang betont werden, bezieht sich auf das *Werden* in der Natur und *nicht* auf das *Sein* der natürlichen Welt.

In der Naturforschung geht es darum, für alles Werden oder Geschehen, *nicht* aber für alles Sein, die entsprechende Ursache zu bestimmen. Das Gesetz der Ursächlichkeit sagt *nichts* über den Inhalt, also die innere ontologische Beschaffenheit der in der Kausalkette verknüpften Vorgänge aus. Dieses Gesetz bezieht sich lediglich auf die Tatsache, *dass* etwas geschieht; die in ihm enthaltene doppelte Forderung ist erfüllt, wenn zwei Vorgänge so miteinander verknüpft sind, dass der eine nicht ohne den anderen eintreten kann. Es bezieht sich also nur auf die *Tatsächlichkeit* eines Zusammenhangs, ohne jedoch über das Sosein dieses Zusammenhangs wie auch über das Sosein seiner Bestandteile, d.h. über das, was diese zu dem macht, was sie sind, etwas zu sagen bzw. sagen zu können.

23. Wenn wir nun den Kausalitätsgedanken näher betrachten, so wird uns gleich klar, dass *erstens* die Möglichkeit der Wirklichkeit der Kausalität völlig unverständlich ist und *zweitens*, dass auch, wenn wir sie als wirklich annehmen, dann sie sich *notwendigerweise* selbst aufhebt.

Die Kausalität bzw. die Kausalstruktur, wenn man sie logisch zu Ende denkt, kann weder als Gesetzlichkeit, die die Gesetzmäßigkeit des Geschehens bestimmt, noch können alle Einzelheiten, alle einzelne Daten der Natur als in einer solchen Kausalverbindung stehend betrachtet werden.

Das erste Problem besteht darin, dass es nicht ganz klar ist, was es eigentlich heißt, wenn zwei natürliche Zustände a und b kraft eines Gesetzes als Ursache und Wirkung miteinander verbunden sind. Das bedeutet zunächst, dass der Zustand a immer dem Zustand b vorausgeht: Es besteht hier eine Abhängigkeit zwischen a und b, die durch das bzw. durch ein Gesetz ausgedrückt wird.

Was heißt aber „Zustände" und „Abhängigkeit"? Handelt es sich hier um „Dinge" oder „Ereignisse"? *Die Natur stellt eine Einheit dar*; und wenn wir von Abhängigkeit zwischen einem a und einem b als Ursache und Wirkung reden, wo fängt a an, Ursache von b und b Wirkung von a als dessen Ursache zu sein? Oder vielleicht wäre es richtiger von dem Gesamtzustand A der Welt zu reden, auf den der Gesamtzustand B der Welt folgt?

In dieser Form ist jedoch das Kausalgesetz *vollkommen nichtssagend*. Angesichts der Tatsache, dass die Welt eine Einheit darstellt und abgesehen von praktischen Überlegungen, *gibt es überhaupt eine prinzipielle Möglichkeit, Ursache und Wirkung auszusondern und isoliert auseinanderzuhalten?*

Das zweite Problem entsteht, wenn wir an die Tätigkeit der Ursache denken; das Problem besteht in dem Verständnis des Begriffs des Wirkens: Die Ursache ist etwas (gleich, wie wir dieses Etwas bestimmen oder definieren), das etwas „bewirkt", d.h., es ist ein Etwas, durch dessen Einfluss etwas geschieht oder entsteht („verursacht wird").

Was heißt das aber und wie ist es überhaupt möglich? Im Allgemeinen verstehen wir unter Wirken den Übergang einer Tätigkeit von einem bestimmten Akteur im Ausgangsstadium in einen passiven im Endstadium, also eine Art Bewegung im weitesten Sinne. In dieser Bewegung müssen wir zwei Aspekte unterscheiden: *Erstens,* dass in der Gegenwart etwas besteht, was vorher nicht da war, und *zweitens,* dass zwischen dem jetzt Bestehenden und dem vorher Vorhandenen ein gewisser Zusammenhang besteht. Hätte das Erstere nicht seinen Einfluss ausgeübt, so wäre *nichts* geschehen; wäre das Zweitere nicht zustande gekommen, so wäre *nichts* geworden.

Hier haben wir nicht nur eine zeitliche *Aufeinanderfolge* von bestimmten einheitlichen Ereignissen festgestellt, sondern zugleich eine Divergenz, d.h. eine Verbindung des Späteren mit dem Früheren, wobei wir das Spätere als Wirkung des Früheren als deren Ursache bezeichnen.

Wie vollzieht sich aber dieser Übergang, diese Bewegung als Folge einer Wirkursächlichkeit, also der Übergang von einem So-Sein zu einem Anders-Sein, die Veränderung des bereits vorhandenen Seienden, sei es in der Form der Ortsbewegung oder der qualitativen oder der quantitativen Veränderung?

Man kann versuchen, dies damit zu erklären, dass man behauptet, dass zwischen dem Späteren und dem Früheren eine „innere Beziehung", ein „innerer Zusammenhang" besteht. Worin soll aber diese angebliche innere Beziehung bestehen, ohne dabei die Identität der beiden als zwei getrennte, bestimmte Etwasse zu verletzen? Das ist doch genau das, was wir nicht verstehen können. Sonst hätte doch die Veränderung (das Werden oder das Geschehen) gar kein Problem dargestellt.

Zu sagen, dass die Veränderung (das Werden oder das Geschehen) eine Ursache hat, deutet darauf hin, dass diese entweder eine *innere* oder eine *äußere* sein kann. Im ersten Fall soll das, was sich verändert, sich selbst zur Veränderung bestimmen. Allein dieser Akt des Sich-selbst-Bestimmens ist schon eine Veränderung, die von der Wirkung, welche die Folge der Selbstbestimmung ist, unterschieden werden muss.

So stellt sich nun die Frage nach der Ursache der Initiierung der Veränderung, die bereits in der Tätigkeit des Sich-selbst-Bestimmens liegt. Da in diesem Fall äußere Ursachen ausgeschlossen sind, so muss für den Akt des Sich-selbst-Bestimmens eine tiefer liegende Ursache, also wiederum ein Sich-selbst-Bestimmen angenommen werden.

Von dieser Selbstbestimmung gilt dasselbe, was für das Vorige galt: Sie kann gleichfalls ohne Ursache, d.h. ohne einen anderen, noch tiefer liegenden Initiator der Selbstbestimmung nicht vonstatten gehen – und so weiter, und sofort.

Die Annahme von rein inneren Ursachen führt also zu einer unendlichen Kette von immer tiefer liegenden Stufen der Initiation der Selbstbestimmung; verständlich wird dabei das Geschehen aber nicht.

Da das Hervortreten von einer absoluten Selbstbestimmung, also von einer Bestimmung, die ohne äußere Ursache geschieht, vollkommen undenkbar ist, weil es bedeuten würde, einem Etwas Sein und Nicht-Sein zugleich zuzuschreiben, so bleibt demnach nur noch die Annahme einer äußeren Ursache übrig.

Nimmt man jedoch das Bestehen von einzelnen, voneinander getrennten Sachverhalten an, so ist es schwer zu verstehen, warum überhaupt eine Einwirkung des einen Sachverhalts auf den anderen stattfinden soll. Eine causa transiens ist in diesem Fall undenkbar, weil die Dinge hier gewissermaßen in ihrer Absolutheit geschlossen sind: Was soll denn die Veranlassung von außen bewirken?

Und auch wenn dies denkbar und möglich wäre, dann wäre das, was von außen die Veranlassung zum Wirken gibt, wiederum selbst die Wirkung einer vorausgegangenen Ursache, was zu einer unendlichen Regression führen würde. Und da in diesem Zusammenhang eine innere Ursache ausgeschlossen ist, bleibt nur die leibnizsche Harmonie als Lösung. Da diese aber von einer höheren Instanz gestiftet werden muss, wird die Angelegenheit mit einer solchen Option noch unklarer und verwirrender als zuvor.[35]

24. Die Schwierigkeiten, die wir eben gezeichnet haben, aber auch andere, zeigen, dass die Möglichkeit des Bestehens der Kausalität von vornherein fraglich ist. Was jedoch die Realität der Kausalität von vornherein unmöglich macht, ist, wenn man den Kausalitätsgedanken *logisch* zu Ende denkt, die Annahme der Kausalität selbst.

Stellt man die Natur als einen Zusammenhang dar, in dem Kausalbeziehungen herrschen, so bedeutet das, dass man, wenn man einen Naturzustand oder ein Naturereignis erkennen will, man ihn oder es aus seiner Ursache erkennen muss. Will man ihn oder es begreifen, so muss man begreifen, auf welche Weise er oder es aus seiner Ursache hervorgeht oder bestimmt wird.

In einer so verstandenen Erkenntnis muss die *Zwangsläufigkeit* des Hervorgehens bzw. des Bestimmens, d.h. der *zwangsläufige Zusammenhang zwischen Ursache und Wirkung* erkannt sein. Gerade damit wird aber die Kausalität *aufgehoben: In einer solchen Erkenntnis des Zusammenhangs zwischen Ursache und Wirkung als eines zwangsläufigen Zusammenhangs ist das Auseinander beider aufgehoben*, denn die Wirkung kann aus der Ursache *vollständig* verstanden werden.

Das bedeutet aber nichts anderes, als dass in dem Moment, da ein Zusammenhang als ein Kausalzusammenhang

---

[35] Vgl. dazu: Johan Friedrich Herbart, Sämtliche Werke, hrsg. von Hartenstein, Bd. I, S.205-210; Bd. IV

verstanden wird, er *gleichzeitig aufhört*, Kausalzusammenhang zu sein: *In dem Moment, da die Zwangsläufigkeit des Verlaufs einer Kausalkette als verstanden erkannt ist, ist die Äußerlichkeit und damit die Zufälligkeit der Abfolge aufgehoben und die Bestimmung des gesamten Verlaufs wird durch die in ihm beherrschende innere Ordnung vollzogen.*

Der Weg unserer Naturerkenntnis zwingt uns, unseren Blick auf einen sehr begrenzten Ausschnitt des Naturganzen zu konzentrieren. Die Gesetze der Natur müssen wir aus dem erfahrungsmäßigen Gegebenen schließen. *Die Erfahrung ist aber an sich und ihrem Begriff nach unvollständig.* Es muss uns klar sein, dass *der Naturverlauf an sich vollkommen notwendig ist.* Diese Notwendigkeit der Naturordnung gründet darin, dass *alle Gegenstände der Natur und überhaupt alles Natürliche* **notwendig** *mit dem Denken als Ganzem gesetzt sind und dass sich das Denken selbst* **absolut notwendig** *vollzieht.*

Das eben Gesagte wissen wir; dieses Wissen ist jedoch lediglich abstrakt. Wir erkennen darin noch nicht, wie diese Notwendigkeit *im Einzelnen* zu verstehen ist. ***Daher*** *vergegenwärtigen wir uns diese Notwendigkeit der gesamten Natur so, dass wir sie mit der Vorstellung einer zwangsläufigen äußeren Aufeinanderfolge der einzelnen physisch-materiellen Momente und Ereignisse in der Zeit, wie sie uns in der Erfahrung gegeben sind, verbinden.*

So entsteht die Vorstellung eines streng kausal bestimmten Zusammenhangs von zeitlich aufeinander folgenden Einzelmomenten und Einzelereignissen. In dem Moment aber, da der Zusammenhang von Ursache und Wirkung aller physischen Objekte und Ereignisse erkannt wird, wird die Ordnung der Natur, die anfängliche Fremdheit der Einzelobjekte und der Einzelereignisse ihrem „reinen Wesen" nach aufgehoben.

Die Ordnung der Natur als *erkannte* Natur wäre dann mit dem Inbegriff der einzelnen natürlichen Dinge ihrem Wesen nach *identisch: Die vollständige Erkenntnis der Naturgesetze hebt die Differenz zwischen Natur und erkannter Natur auf.*

Die Vorstellung der Ordnung der Natur als einer unendlichen Kausalkette zwischen physisch-materiellen Einzelobjekten als die Vorstellung der absoluten inneren Bestimmung aller Wirklichkeit wird uns *erst dann* verständlich sein, *wenn* wir sie als *Ausdruck der **Endlichkeit** unserer Verstehensfähigkeit* erkennen: Für uns ist die Struktur der Tatsächlichkeit von determinierten Ereignissen, die wir im Gesetz erkennen, *zufällig.* Daher kann auch die weiteste Ausdehnung des Erfahrungsbereichs diese Zufälligkeit, also das Auseinandersein von Gesetz und Tatsache, nicht aufheben.

Dass wir für die Erkenntnis der einzelnen Ereignisse auf Erfahrung angewiesen sind, ist doch Folge der Endlichkeit unserer Erkenntnisfähigkeit. Damit meinen wir, dass wir von vornherein nicht im Stande sind, alle einzelnen Objekte und einzelnen Ereignisse der Natur *ihrem Wesen nach* zu erkennen, und *deshalb* ist für alles Erkennen, das auf Erfahrung gegründet ist, das Bestehen der Objekte und ihre gegenseitigen Beziehungen *notwendigerweise* von ihrem ursprünglichem Wesen, das sie *notwendigerweise* so bestimmt, wie sie eben sind, verschieden.

Eine Erklärung der Natur, die unbedingt das Kausalprinzip als Erkenntnisprinzip sehen will, kann also *nur in dem Maße zutreffen*, als sie jenen Aspekt der Natur im endlichen

Bereich darstellt, in dem der *Mangel an Bestimmtheit* des empirisch-gegebenen Daseins zum Ausdruck kommt.

25. Worin besteht nun der Fehler, den die Kausalerklärung begeht? Ist eine mangelhafte Definition von Ursache und Wirkung für die Schwierigkeiten verantwortlich, oder ist es der Kausalgedanke selbst?

Der Fehler der Kausalerklärung besteht darin, dass sie die Naturerscheinungen und die Naturgegenstände wie Glieder einer *Kette* nach Ursache und Wirkung rein linear aneinandergereiht verbindet und versucht, sie so zu denken.

Die *Wahrheit* ist aber, dass *kein* Naturgegenstand, und *schon gar kein* Naturereignis, als bloß durch jeweils einen anderen, der Zeit nach früheren kausal bedingt verstanden werden kann: **Jeder** *Gegenstand und* **jedes** *Ereignis hängt* **gleichzeitig** *von vielen anderen Einwirkungen ab, die auch zum früheren Zustand bzw. Ereignis gehören und für deren Folgen relevant sind.*

In diesem Fall wird so gedacht, als ob die Natur bloß *Länge*, aber keine Breite hätte. *Jedes Wirkliche, also jedes wirkliche Dasein steht* **im logischen Sinne von vornherein und gleichzeitig** *mit* **allem** *anderen Wirklichen und mit dem* **Ganzen der Wirklichkeit** *in Beziehung.*

In dieser Wechselbeziehung zwischen den Teilen untereinander und zwischen jedem Teil und dem Ganzen *gibt es* **keine ausgezeichnete, bestimmte** *Beziehung und es kann sie auch nicht geben. Diese Wechselbeziehungen bilden einen dichten Kreis von Bestimmungen und keinesfalls eine Kette: Die „Wirksamkeit" der Beziehungen ist gleichwertig.*

Im konkreten Fall eines *bestimmten* Gegenstands sind die Daten durch die gegebenen Anfangsbedingungen festgelegt. So z.B. kann ein Gegenstand durch Position und Geschwindigkeit zu einem gegebenen Zeitpunkt bestimmt werden. Diese Anfangsbedingungen sind *rein empirische bzw. reine empirische Gegebenheiten*, deren numerische Größe *rein zufälligen Bestand hat, der nichts von der Notwendigkeit eines Gesetzes zeigt*.

Man muss aber die Zufälligkeit dieser Anfangsbedingungen auf eine Notwendigkeit zurückführen. Das kann man aber nicht genetisch, bzw. evolutionsgeschichtlich machen, also dadurch, dass man zeigt, wie die Gegenstände durch bestimmte kausal bedingte Entwicklungen zu dem Zustand gekommen sind, in dem sie sich befinden. Denn das Verhältnis des Ganzen der Natur bzw. des Ganzen der Wirklichkeit zu deren Teilen ist *kein additives* Verhältnis: *Zwischen ihnen besteht eine dauerhafte (logische und nicht zeitliche) Wechselwirkung*.

Das heißt, diese Teile sind *alle gleichzeitig miteinander logisch kontinuierlich verbunden*, so dass keiner von ihnen dem anderen „folgt". *Das Ganze ist also in jedem Einzelnen gleichmäßig wirksam* und kann daher nicht als eine Art arithmetische Summe seiner Teile gedacht werden.

26. Die Bedeutung dieser *deduktiven Ordnung* in Bezug auf die Natur ist klar: Die Vorstellung des zeitlichen Nacheinanders und des räumlichen Nebeneinanders von Objekten sowie ihre „materielle" Eigenschaft als raumfüllend sind *uneigentlich*.

Sie werden durch die **Perspektivität des Standpunkts** der Erkenntnis bedingt. *Das Verhältnis der Objekte zueinander als in Zeit und Raum existierend sowie ihre Materialität sind nicht wirklich*: Wo immer *Erkenntnis von Notwendigkeit des Zusammenhangs* erlangt ist, da ist *immer schon* eine *innere Einheit und Identität gedacht.*

Zeitliche und räumliche Zusammenhänge sind *bloß ein Auseinander*, der erste Zusammenhang ist nur eine bloße Abfolge, der zweite nur ein bloßes Nebeneinander. Daher hebt die Erkenntnis von Notwendigkeit die Zeitlichkeit und Räumlichkeit ihres Objekts auf: *Wo (**wahre**) **Erkenntnis** erlangt ist, da sind Raum und Zeit aufgehoben. Die wahre Erkenntnis der Natur, die Erfassung der Natur als ein logisch-deduktiver Zusammenhang, hebt die Äußerlichkeit der Abfolge und des Nebeneinanders sowie die raumfüllende Materie auf.*

Das bedeutet aber *nicht*, dass die Objekte, die als materiell und als in einer bestimmter Zeit und an einem bestimmten Ort bestehend angesehen werden, *bloßer Schein* sind. Sie können aber als materielle, raum-zeitlich bestimmte Objekte **nur** im Bereich der Erscheinungen gelten. *In dem Moment aber, wo wir sie **begreifen**, hören sie **sofort** auf, mit ihrem Erscheinungsbild identisch zu sein.*

Warum das *logisch-deduktive* **In-Beziehung-Stehen** des natürlichen Gegen-stands als **Raum** (als Ausdehnung des einzelnen Körpers und als Entfernung der Körper voneinander) und warum die *logisch-deduktive* **Antizipation von Beziehungen** *als Zeit* erscheinen, das ist für uns ein Rätsel.

Diese Form des Auftretens in der Erfahrung muss jedoch von uns als Tatsache hingenommen werden. Warum die Natur ausgerechnet so erscheint, warum das einzelne Subjekt (die Ebene des Denkens als Wirkliches) die Welt in seiner Erfahrung ausgerechnet so wahrnimmt und nicht anders – das wissen wir nicht und können es, aus grundsätzlichen Gründen, auch nicht wissen. Denn, auch wenn wir in der Erkenntnis der Wirklichkeit den Standpunkt des Denkens überhaupt annehmen könnten, d.h., wenn wir den Standpunkt der absolut reinen Erkenntnis annehmen könnten, auch dann würde sich systematisch daraus ergeben, dass der Mensch seine Endlichkeit auch in diesem Fall *nicht* überwinden kann: *Der Mensch kann seine Perspektivität* **niemals** *überwinden.*

Die wahre Erkenntnis hebt nicht nur die äußerliche Erscheinung des Auseinanderseins in Raum und Zeit auf (die Abfolge in der Zeit und die räumliche Ausdehnung und das räumliche Nebeneinandersein), sondern *logischerweise* auch die *raumfüllende Materie.*

Die Objekte der so genannten Außenwelt treten uns als materielle Gebilde entgegen, die eine bestimmte Größe und eine bestimmte Entfernung voneinander aufweisen (räumliche Ordnung), aber auch Dauer in der zeitlichen Ordnung zeigen. Die Materie ist jedoch schon längst durch die *Tatsache* „entmaterialisiert", dass das, was uns als Verkörperung des Undurchdringlichen und Harten in seinem kontinuierlichen Bestand, d.h. als starre, undurchdringliche „Substanz" erscheint, nichts als ein *begrifflicher Tatbestand* ist: *Die erscheinende Kompaktheit der Materie löst sich in ein rein begriffliches Gebilde auf.*

Das, was uns als „materielles Ding" erscheint, ist *von einem solch hohen Ordnungsgrad geprägt, dass es nur im Gesamtzusammenhang als wirklich bestehend und als etwas*

Definiertes, das Einheit und Identität besitzt, verstanden werden kann. „Materie" ist etwas *rein Erfahrungsmäßiges* und bezeichnet den Inbegriff von Empfindungen, die dem inhaltlichen Moment nach vereinigt sind.

Die Materie ist nicht etwas an sich Bestehendes, sondern ist Zeichen des *erscheinenden* Daseins des Naturgegenstands. Die punktuelle Örtlichkeit und die so genannten materielle Eigenschaften der Materie sind Zeichen der **eindeutigen und endgültigen logischen Stelle** *in der logischdeduktiven Ordnung der Denkbestimmungen*, d.h. in der letzten, einzig möglichen wirklichen Ordnung, die das voll bestimmte Kontinuum der Denkbestimmungen eindeutig und endgültig festlegt.

__Existenz oder Dasein ist kein einfaches Wahrnehmungsdatum.__ Der Gedanke des **Daseins** *ist nur der* **allgemeinste** *Ausdruck für das objektive Gehalten- und Gebundensein der einzelnen Denkbestimmungen im Ganzen des Zusammenhangs der Denkbestimmungen.* Die Elemente der physischen bzw. der physikalischen Wirklichkeit sind *nichts anderes als gedankliche Konstruktionen*. Die Wirklichkeit einer solchen Konstruktion wird dadurch erhärtet, dass diese Konstruktion zum Bestandteil eines immer komplexeren Gebildes geworden ist, dessen Herauslösen aus diesem Gebilde zur Auflösung des gesamten Zusammenhangs führen würde.

Auch hier stehen wir vor einem Rätsel: Warum erscheint das Bestehen des Naturgegenstands, das nichts anderes als ein Gebilde des Denkens ist, ausgerechnet als materielles Ding? Auch auf diese Frage werden wir nie eine Antwort bekommen, denn, wie schon gesagt, *die Erkenntnis der Wirklichkeit kann uns von unserer Begrenztheit oder Endlichkeit* **nicht** *befreien*. Die Antwort auf diese und ähnliche Fragen ist jedoch auf jeden Fall für die *Erkenntnis* der Wirklichkeit *vollkommen unwichtig und vollkommen irrelevant.*

Fassen wir zusammen: Die Tatsache, dass die Setzung des Wirklichen die Selbstbestimmung des Denkens als seine logische Bestimmung ist, die eine systematische, logisch-deduktive Ordnung festlegt, diese Tatsache lässt von vornherein keinen Platz für „Kausalität", „Raum", „Zeit" und „Materie". Die Forderung einer durchgehenden, strengen Gesetzlichkeit in der Natur hat mit Kausalität *nichts zu tun: Gesetzlichkeit und Gesetzmäßigkeit dürfen* **keinesfalls** *mit Ursächlichkeit gleichgesetzt werden.*

Die Alternative ist nicht Kausalität oder Chaos. Schon die Tatsache des Bewusst-Seins ist der allgemeinste Ausdruck dafür, dass es kein Chaos gibt. *Zufall und Chaos können wir nur als eine bestimmte Art von Ordnung denken.* Auch die *Un-Abhängigkeit von Sachverhalten wird von uns als eine bestimmte Art von Abhängigkeit gedacht.*

Das heißt, letztlich kann *jede* denkbare Ordnung oder Unordnung *nur als logisch-deduktive* Ordnung gedacht werden. „Jede denkbare" Ordnung, denn jede Ordnung (und wie gesagt, jede Unordnung kann nur als eine bestimmte Art von Ordnung gedacht werden), auch die, welche nach bloß regulativen Prinzipien konstituiert ist, basiert auf der Grundlage einer jeden Ordnung überhaupt. Und diese Grundlage kann, wie wir gesehen haben, *nur* das logisch-deduktive System aller Denkbestimmungen sein.

Schließlich ist der Sinn der regulativen Prinzipien die Stiftung einer systematischen Einheit. Die Tatsache, dass die Beziehung zwischen den Gliedern dieser Ordnung von außen

„verordnet" ist, verhindert nicht, dass wir eine solche Ordnung, indem wir sie als *Ordnung denken*, immer auf eine logisch-deduktive Weise denken.

Eine wahre Ordnung aber, d.h. eine Ordnung, deren Bestimmung sich als Einheit durch Prinzipien vollzieht, die der Ordnung selbst innewohnen, kann nur die Wirklichkeit als Ganzes sein: *Nur die Wirklichkeit als Ganzes* kann als eine Ordnung gedacht werden, in der jedes Einzelmoment in die Kontinuität eines durchgängigen, gesetzmäßigen Zusammenhangs eingegliedert ist, d.h. eine solche, die *nichts unbestimmt* lässt.

Eine solche Ordnung lässt wegen des logischen Status der Einzelmomente des Ganzen und ihrer Beziehungen keine Möglichkeit für irgendeine Art von Auseinandersein zu, was bedeutet, dass „Raum", „Zeit", „Kausalität" und „Materie" nicht zu ihr gehören bzw. nicht gehören können.

27. Die Auffassung, dass es keinen anderen Weg als den des Denkens gibt, Erkenntnis zu erwerben, und dass als objektiv nur das gelten kann, was durch das Denken begründet ist, also das, was von den Gesetzmäßigkeiten des Denkens konstituiert und gesetzt ist, diese Auffassung wie die Folgen aus ihr für das Verständnis von „Raum", „Zeit" und „Materie" erwecken zwangsläufig die Frage, wie wir die Beziehung zwischen der so genannten Außenwelt zur so genannten Innenwelt und zwischen dem „Physischen" und dem „Psychischen" zu verstehen haben? Diese Frage haben wir eigentlich in verschiedenen Zusammenhängen gestellt und beantwortet. Nun aber, da wir das Wesen der physischen Natur bestimmt haben, wird es leichter fallen, eine endgültige Antwort auf diese Frage zu geben.

Nach unserer Bestimmung der Beziehung zwischen Denken und Wirklichkeit ist es klar, dass es sich bei der Bestimmung und bei der Unterscheidung der „Außenwelt" und der „Innenwelt" *keinesfalls* um zwei nebeneinander liegende Bereiche handeln kann. Physisches und Psychisches sind *nicht* zwei *ontisch* bestimmte verschiedene Seinsarten bzw. Seinssphären, sondern *zwei verschiedene* **Richtungen der Beziehung** *des einzelnen Denkens zum Ganzen der Wirklichkeit.*

„Außen" und „Innen" sind voneinander nicht unabhängig, sondern sie stellen nur *zwei Aspekte* dar, *in denen sich die Wirklichkeit uns darbietet*, was wir mit den Worten „außen" und „innen" oder „physisch" und „psychisch" bezeichnen.

Als *Aspekte der Wirklichkeit* sind sie *vom Denken objektiv bestimmt*, d.h. sie werden vom Denken als das, was sie darstellen, bestimmt und konstituiert. In diesem Zusammenhang geht es *nicht* um bloß „objektiv" und „subjektiv"; denn beide Aspekte sind in dem *gleichen Maß* objektiv bestimmt.

Diese Spaltung in zwei Aspekte, in der sich uns die Wirklichkeit darbietet, entsteht einmal durch die *Betonung der Wirklichkeit* („außen", „physisch") und einmal durch die *Betonung des Subjekts* bzw. des einzelnen Denkens („innen", „psychisch"). Es ist die *Perspektivität des erkennenden Subjekts*, die es immer dazu führt, eine Spaltung zwischen ihm und der Wirklichkeit zu *erfahren*.

Die so genannte Innenwelt ist im Grunde nichts anderes als das Bewusst-Sein des einzelnen Subjekts zu seiner Perspektivität. Diese Perspektivität des Subjekts, und das heißt in diesem Zusammenhang *die* **besondere** *Perspektive, die* **jedes** *Subjekt darstellt*, ist das, was die **Privatheit** *des Sub-*

jekts bestimmt. Diese Subjektivität, diese Privatheit des Subjekts ist das, was das Individuum (das „Ich") als Individuum bestimmt.

Da die Differenz zwischen dem Denken als Wirklichem und dem Denken überhaupt **grundsätzlich unaufhebbar** *ist, kann auch die Subjektivität, also das Individuum in seinem Bestehen nicht aufgehoben werden.* Denn das Subjekt selbst ist es, das dabei das Subjekt als aufgehoben denken muss: Das Subjekt bleibt hier immer bestehen, denn es ist *immer* ein *bestimmtes* Glied in einem weiteren bzw. in dem weitesten nur denkbaren Zusammenhang.

Die Tatsache, dass je mehr wir an Objektivität gewinnen, desto mehr sich der Bereich der Subjektivität verengt, diese Tatsache ändert nichts an der Tatsache, dass das *Subjekt der Erkenntnis* im Verlauf des Prozesses der Erkenntnis *sich selbst nicht aufheben kann, also vollkommen objektivieren kann.*

Die einzige Möglichkeit, die Subjektivität zu überwinden, besteht in der Annahme eines der Wirklichkeit **transzendenten** *Standpunkts*, eine Möglichkeit, die für uns **vollkommen undenkbar** ist.

Als Schlussbemerkung möchte ich betonen, dass die *erfahrbare* Weise dieser eben erwähnten Differenz zwischen dem Denken als Wirklichem und dem Denken überhaupt, d.h. die Tatsache, dass wir sie in der Form „außen-innen" oder „physisch-psychisch" *erfahren*, diese Tatsache darf nicht als „Problem", nämlich als das so genannte psycho-physische Problem im üblichen Sinne verstanden werden.

Denn hier gibt es *nicht* zwei Erscheinungen, deren Beziehung zueinander an sich ein Problem darstellt. Das heißt, *hier geht es nicht darum*, ob eine „Parallelität", „Identität" (gleich in welcher Richtung) oder eine sonstige derartige Beziehung zwischen den beiden besteht: *Jede Theorie über die Beziehung zwischen dem so genannten Psychischen und dem so genannten Physischen*, sei sie interaktionistische, parallelistische, epiphänomenalistische oder psycho-physische Identitätslehre, *wird sich* **zwangsläufig** *in Antinomien und Paralogismen verwickeln.*

Der Ausgangspunkt zur Erkenntnis bzw. zum Verständnis dieser Erscheinungen *kann nicht in dieser Erscheinungen selbst gefunden werden* – wie überhaupt die Erfahrung bzw. eine bestimmte Einzelheit in der Erfahrung nicht als Ausgangspunkt zum Verständnis der Erfahrung oder dieser Einzelheit dienen kann. *Das* **einzige**, *was als Ausgangspunkt zur Erkenntnis bzw. zum Verständnis dieser Erscheinungen in Betracht kommen* **kann**, *ist* **das Denken** *und die von ihm bestimmte* **Gesetzlichkeit und die mit ihm identische Wahrheit**, *die in der Erkenntnis als* **Wirklichkeit** *bestimmt ist.*

II. Bemerkungen zur Erkenntnis der organischen Natur

1. Die Erkenntnis der organischen Natur ist das, was „biologische" bzw. „bio-wissenschaftliche Erkenntnis" genannt wird. Die Bio-Wissenschaften sind die Wissenschaften, die sich um die Erkenntnis der natürlichen lebendigen Objekte bemühen.

Zunächst, unabhängig von der Frage, ob der Unterschied zwischen dem Organischen und dem Anorganischen grundsätzlich ist oder ob zwischen den beiden nur ein gradueller Unterschied besteht, also unabhängig von der Frage, ob in dem Organismus nur die Kräfte wirksam sind, auf denen das anorganische Naturgeschehen beruht, oder ob hier zu den physikalischen-chemischen Kräften noch etwas Neues, d.h. ein andersartiger Faktor hinzukommt, trotz der möglichen Antwort auf diese Fragen bleibt die Unabhängigkeit des Bereichs des Organischen bzw. des Lebendigen bestehen, denn sie beruht auf der *beobachtbaren* Besonderheit des Organischen bzw. Lebendigen: Dem Erscheinungsbild nach handelt es sich um materielle Körper, die eine besondere Struktur und eine besondere Art von Tätigkeit aufweisen.

Auf der anderen Seite aber, darf diese beobachtete Unabhängigkeit des Organischen *nicht* als Grundlage für den Schluss verstanden werden, dass das Organische die Verkörperung eines besonderen Prinzips darstellt: *Die Einheit der Natur kann nur dann als möglich verstanden werden, wenn eine einheitliche gesetzliche Grundlage vorausgesetzt wird, die den allseitigen Zusammenhang der Natur zu einem einheitlichen, geordneten und gegliederten Ganzen bestimmt.*

Die strenge Gesetzlichkeit, die alle Ereignisse kennzeichnet, beherrscht die *gesamte* Natur. Diese Tatsache wird unsere kurze Überlegung zur Erkenntnis der organischen Natur bestimmen: „Kurze Überlegungen" bzw. allgemeine Bemerkungen, weil die Grundlage zur Erkenntnis der Natur im Ganzen im vorigen Teil schon ausführlich dargelegt worden ist. In dem Zusammenhang dieses Kapitels geht es darum, das Naturhafte am Lebendigen bzw. am Organischen hervorzuheben.

2. Wenn man versucht, die typischen Merkmale des Organischen oder des Lebendigen zu bestimmen, wird sofort klar, dass die wichtigsten Eigenschaften, nach denen man ein Etwas als belebt einordnen kann, wie etwa Entwicklung und Wachstum, Selbstreplikation, metabolische Veränderungen verbunden mit dem konstantem Fluss von Energie, der Ganzheitscharakter des Lebendigen usw., **nur** *mithilfe von* **physikalischen und chemischen** *Ausdrucksmitteln (*„*Sprache")*zu beschreiben sind.

Das Organische ist vom Anorganischen nicht deshalb nicht zu unterscheiden, weil es keine deutlichen Charakteristika oder Kriterien des Organischen, der so genannten belebten Materie im Vergleich zum Anorganischen zu der so genannten leblosen Materie gibt, sondern weil wir, *was immer wir unternehmen, um das Lebendige* **naturwissenschaftlich** *zu* **erkennen**, **immer** *im Rahmen des Bereichs der Wissenschaften (Physik und Chemie) bleiben, die die Vorgänge der so genannten leblosen Materie beschreiben.*

„The expression „living matter" is to be understood as signifying, not a special type of matter, or even ordinary matter specially arranged, *but matter which happens to be situated* *in such a way as to hear a certain relation to a living organism. It is in this sense and this sense alone, that it can be said that the organism confers life on matter, rather than the other way around".*⁴⁹

Die Bio-Wissenschaften, in ihrem Bemühen, das Lebendige bzw. das Organische wissenschaftlich zu erkennen, *berühren gar nicht **das Leben** dieser Phänomene!* Das Lebendige ist zwar der Träger des Lebens im Sinne der spezifischen Seinsweise des Organismus; im Lebendigen oder im Organismus finden wir aber *nichts* als „tote Materie" und bestimmte, wenn auch sehr spezifische Verhältnisse in ihr.

Das fundamentalste Missverständnis, mit dem wir hier zu tun haben, hat seinen Ursprung in der unkritischen Anwendung des Wortes „Leben". Das Wort „Leben" hat zwei grundverschiedene Bedeutungen: Einmal bedeutet es die **Seinsweise** *des lebendigen natürlichen Objekts* und einmal bedeutet es das **Bewusst-Sein des Subjekts** *von seiner eigenen Existenz*, d.h. das *Bewusst-Sein des Subjekts von seiner besonderen Seinsweise* im Vergleich zu anderen Naturobjekten – auch anderes Lebendiges inbegriffen.

*Für die Bio-Wissenschaften ist die **erste** der hier genannten Bedeutungen des Wortes „Leben" relevant:* Sie haben ein natürliches Objekt als Objekt ihrer Forschung, das eine bestimmte Seinsweise aufweist. Diese Seinsweise eines natürlichen Objekts stellt für diese Wissenschaften ein Faktum dar, für dessen Beschreibung und Erklärung als *Naturobjekt* sie keine weiteren begrifflichen Mittel als die Begriffe und die Ausdrucksmittel der physikalisch-chemischen, naturwissenschaftlichen Betrachtung benötigt, wie etwa „Lebenskraft", „Lebensprinzip" usw.

Alle Prozesse und alle Tatsachen, welche die Wissenschaft *am* Lebendigen feststellt bzw. feststellen kann, sind *ausnahmslos* in rein physikalischen und chemischen Ausdrucksmitteln darstellbar und erklärbar. *Diese Reduktion der Physiologie auf Physik und Chemie* (die selbst ausnahmslos physikalisch bestimmt ist) *bedeutet jedoch* **keinesfalls** *die Reduktion des Lebens auf Physik und Chemie!*

Das Wesen des Lebens hat mit dem, was **wissenschaftlich** *am Lebendigen bzw. am Organismus feststellbar ist,* **nichts zu tun**: *Es ist* **immer Erscheinung** *des Lebens und* **niemals das Leben selbst**, was festgestellt und erfasst wird!

Was sich im Organismus bildet, ist kein Produkt einer besonderen Lebenskraft, die sich einfach über die sonstigen Naturgesetze hinwegsetzt. Bei den Prozessen, die das Leben *begleiten*, genau wie bei den physikalischen Erscheinungen, ist nach den Vorbedingungen und Eigenschaften der beteiligten Faktoren, nicht aber nach einer besonderen Lebenskraft zu fragen.

Es besteht *keine* Inkompatibilität zwischen der Tatsache, dass der Organismus ein lebendiges System (im biologischen Sinne) darstellt, und zwischen der Tatsache, dass es gleichzeitig einem physikalischen Mechanismus unterworfen ist und einen solchen darstellt: Zu sagen, dass der Organismus einen solchen Mechanismus darstellt, und zu sagen, dass er lebt, bedeutet keinesfalls, dass man ihm irgendwelche geheimnisvollen, magischen Kräfte zuschreibt, sondern man sagt damit *nur*, dass er bestimmte beobachtbare *Eigenschaften* aufweist, die ihn von anderen physikalischen Mechanismen unterscheiden, die von uns nicht als lebendig oder als belebt betrachtet und als solche eingestuft werden.

Das Problem, das das Leben darstellt, ist nicht das Problem, das die physikalischen und chemischen Prozesse betrifft, die im Lebendigen feststellbar sind, auch nicht das Problem des Ursprungs des Lebens und auch nicht das Problem, das die physikalischen und chemischen Prozesse betrifft, die die Kontinuität des Lebens im Laufe der Generationen ermöglichen: *Das Phänomen des Lebens ist genauso rätselhaft wie ein jedes andere natürliche Phänomen in der Welt.*

Das Problem des Lebens betrifft das Leben im *zweiten* Sinne des Wortes und besteht in der Schwierigkeit, den Sinn **des** Lebens zu begreifen und zu verstehen. Da wir die Pläne der Schöpfung nicht besitzen (zumindest nicht im herkömmlichen Sinne), hat es für uns gar keinen Sinn, zu fragen, welchen Sinn *das* Leben und welchen Sinn das Bestehen eines jeden anderen Objekts in der Welt, das nicht von Menschen produziert wurde, eigentlich hat.

Die für uns sinnvolle Frage ist: Welchen Sinn hat *jedes individuelle, persönliche Leben?* Und das, was unserem Leben, jedem privaten Leben, Sinn verleiht – um es auf eine kurze Formel zu bringen – ist die Selbstverwirklichung und das Selbstsein des Subjekts. Eine andere für uns sinnvolle Frage, die die eben genannte tangiert, ist die nach dem Sinn *im* Leben von jedem von uns. Der Sinn des Lebens eines Menschen unterscheidet sich also grundsätzlich von dem Sinn im Leben eines Menschen.

Mit der Vermeidung von solchen Fragen geht aber der biowissenschaftlichen Forschung *nichts* verloren, denn in dieser Forschung geht es *gar nicht* um Prinzipien *des Lebens* und *schon gar nicht* um die Prinzipien *des individuellen persönlichen Lebens*, sondern um die *methodischen Regeln der biowissenschaftlichen Forschung*, d.h. um die methodischen

Regeln der Forschung und Erkenntnis des *Lebendigen als Naturobjekt*.

3. Die Betrachtung des Lebendigen bzw. des Organischen als Naturobjekt, dem die Naturgesetzlichkeit gehorcht, bedeutet, dass die *erkenntnismäßige Betrachtung der Natur von allen anthropomorphischen Charakteristika frei ist*. Es ist das große Verdienst der modernen Bio-Wissenschaften, dass sie gezeigt haben – und weiterhin zeigen –, dass in allen *Erscheinungen* des Lebens *nur chemisch-physikalische* Prozesse wirksam sind und keine anderen Kräfte wissenschaftlich feststellbar sind.

Es ist die Überwindung jeder teleologischen Betrachtungsweise. *Diese Eliminierung der teleologischen Betrachtungsweise bedeutet, dass die* **Erscheinungen** *des Lebens im Prinzip* **erkenntnismäßig** *in* **naturwissenschaftlichen** *Kategorien vollständig erfasst werden können, die für die gesamte Natur gelten.*

Diese Tatsache hat jedoch manche Wissenschaftler, weil sie zwischen „Leben" und „Erscheinungen des Lebens" und zwischen „Prozessen, die am Lebendigen wissenschaftlich beobachtbar sind" nicht unterscheiden können, zu dem Schluss verführt, eine Auffassung zu vertreten, die besagt, dass das Leben mit den Erscheinungen oder mit den Prozessen des Lebens identisch sind.[50]

Diese Art der angeblichen Lösung des Rätsels des Lebens basiert, wie wir schon bemerkt haben, auf einem *fundamentalen Missverständnis*. Andererseits aber hat gerade die „Ent-Teleologisierung" der Bio-Wissenschaften, d.h. die Tatsache, dass sie die Erscheinungen des Lebens ausschließlich mit streng naturwissenschaftlichen Methoden erforschen, darstellen und erklären, zur Radikalisierung des Unterschieds zwischen „toter" und „belebter" Materie geführt, was wiederum zur Einführung der teleologischen Betrachtungs- und Erklärungsweise, zumindest im regulativen Sinne, geführt hat.

Die Tatsache, dass Bio-Naturwissenschaftler trotz der genannten Ent-Teleologisierung der Bio-Wissenschaften von der teleologischen Betrachtungsweise nicht selten Gebrauch machen, erweckt die Frage, ob und inwiefern diese Betrachtungsweise, also die Verwendung der Begriffe „Zweck", „Zweckmäßigkeit" und „Planmäßigkeit" zur Erkenntnis des Organischen notwendig oder zumindest für sie auf irgendwelche Weise hilfreich ist.

Wesentlich für den Zweck ist die Tatsache, dass er als ein vorausgeschautes und angestrebtes Zukünftiges *erscheint*. Er setzt also ein *Denken und* ein *Wollen* voraus. *Zwecksetzung und Zweckstreben* sind also *nur* als Funktionen eines *vernunftbegabten* Wesens denkbar.

Wo es kein *Bewusstsein* gibt, das einen Zweck *erfassen* kann, und kein *Streben*, das ihn *verwirklichen* kann, kann von Zweckmäßigkeit *im strengen Sinne* gar keine Rede sein. Abgesehen von Denken und Wollen setzt ein zweckvolles Wirken eine Welt voraus, die *kausal* ist, d.h. eine Welt, in der *Kausalität ausnahmslos wirksam* ist: Nur in einer kausal strukturierten Welt hat es überhaupt Sinn, von einer *bestimmten* Wirkung als Endzustand, als „Zweck" zu reden.

Die Zielstrebigkeit an sich reicht jedoch allein nicht aus. Es muss über diese hinaus noch die *tatsächliche Möglichkeit* der Verwirklichung geben, d.h. *die Lenkung der bzw. einer Kausalkette durch ein ordnendes Prinzip in einer bestimm-*

ten Richtung, d.h. die Anpassung der gegebenen Kausalverhältnisse in Hinblick auf einen bestimmten Endzustand als Zweck oder als Ziel der Kausalkette.

Wenn man also von teleologischer Betrachtungsweise oder von Teleologie redet, so meint man *nicht* einfach etwas, das *nur bestimmte* Objekte, gewissermaßen eine bestimmte Region der Natur betrifft. Denn diese Objekte sind *Naturobjekte* und *das Ganze der Natur muss* so konstituiert werden, dass *diese Objekte* als *Naturobjekte*, wenn auch von *bestimmter Art*, überhaupt möglich sind.

4. Angesichts dieser Tatsache stellt sich die Frage, welchen Sinn es überhaupt noch macht, von Teleologie in der Natur zu sprechen? Denn es ist unsinnig, von einem unbewussten Zweck oder Ziel zu sprechen, es ist aber ein noch viel größerer Unsinn, einen Naturbegriff zu bilden, der einerseits das Kausalprinzip selbst darstellt, andererseits aber einen in der Natur wirkenden menschenähnlichen Verstand voraussetzt, um, trotz der Kausalität in der Natur, zweckmäßige Gebilde hervorzubringen.

Wir sind bei der Betrachtung des Organismus einfach *gezwungen*, nach Zweck und Zweckmäßigkeit zu fragen. Denn die Organismen sehen so aus, dass sie als Produkte einer blinden Wirkkausalität *nicht verständlich* sind, sondern so, *als ob* sie Produkte einer Zweckmäßigkeit seien: Wir sind gezwungen, das Verhältnis des Organismus als Ganzes zu seinen Teilen als Ausdruck einer besonderen Art von Gesetzlichkeit zu betrachten: Alle Organe *haben* einen Zweck, der Organismus als Ganzem *ist* der Zweck.

Diese Notwendigkeit hat aber ihren Grund darin, dass unsere Erkenntnis in *verstandesmäßigen* Bestimmungen von *sinnlichen Anschauungen* besteht. Für einen kontemplativen Verstand würde diese Notwendigkeit nicht bestehen. Es ist also *unsere Art* zu erkennen, was Zweck und Zweckmäßigkeit in Bezug auf den Organismus *subjektiv* notwendig macht, was wir jedoch nicht für eine Beschaffenheit der Dinge an sich halten dürfen. Für uns bleibt also das subjektiv bestimmte Verhältnis von nexus finalis und nexus effectivus nicht nur unverständlich, sondern unmöglich.[36]

Bedeutet das, dass dadurch die bio-wissenschaftliche Forschung beeinträchtigt ist? *Nein, keinesfalls!*

Für die Naturwissenschaften kann jedoch diese „objektive" Teleologie niemals etwas anderes sein, als ein *heuristisches* Prinzip. Es wird durch sie *nichts erklärt*, und eine Naturwissenschaft kann nur so weit gehen, als die mechanisch-kausale Erklärung der Natur bzw. der Naturobjekte es ermöglicht. Die Tatsache, dass bei den Organismen diese Erklärungsweise niemals vollständig ausreichen kann, ist nicht so zu verstehen, dass die mechanische Erklärung irgendwo auf eine feste Schranke stoßen könnte, wo die teleologische Erklärung eintreten müsste: *Das Phänomen des Lebens liegt einfach außerhalb des Horizonts des menschlichen Intellekts!*

Theodor Schwann, der (zusammen mit Matthias Schleiden) die Zellforschung und damit die moderne Biologie mitbegründete, schreibt über den Unterschied zwischen der Naturbetrachtung nach Zwecken und der nach Ursachen: „Man kann die erste Ansicht über die Grundkräfte der Organismen

---

[36] Vgl. dazu Immanuel Kant, Kritik der Urteilskraft, Suhrkamp-Werkausgabe, hrsg. v. Wilhelm Weischedel, Frankfurt am Main, 1991, Bd. X, 2. Abteilung S.334ff.

die teleologische, die zweite die physikalische Ansicht nennen. Es ist für die Physiologie von der größten Bedeutung, welcher von beiden Ansichten man folgt, wie sich leicht aus einem Beispiel ergibt. Definiert man z.B. die Entzündung und Eiterung als das Bestreben des Organismus, einen etwa von außen eingedrungenen fremden Körper hinauszuschaffen, oder das Fieber als das Bestreben des Organismus, einen Krankheitsstoff zu eliminieren, beides als Folge des „Autarken Organismus", so sind dies nach der teleologischen Ansicht Erklärungen. Denn da durch diese Prozesse der schädliche Stoff wirklich entfernt wird, so ist der Prozeß, wodurch dies geschieht, ein zweckmäßiger, und, da die Grundkraft des Organismus nach bestimmten Zwecken wirkt, so kann sie entweder unmittelbar diese Prozesse veranlassen oder auch andere Kräfte zu Hilfe nehmen, doch so, daß sie immer das primum movens (das erste Bewegende) bleibt. Nach der physikalischen Ansicht dagegen ist dies ebensowenig eine Erklärung, als wenn man sagte, die Bewegung der Erde um die Sonne ist das Bestreben der im Planetensystem zu Grunde liegende Kraft, auf den Planeten einen Wechsel der Jahreszeiten hervorzubringen, oder wenn man sagte: Ebbe und Flut ist die Reaktion des Erdorganismus gegen den Mond. In der Physik sind alle ähnlichen, aus einer teleologischen Ansicht der Natur hervorgehenden Erklärungen, z.B. der horror vacui (Furcht der Natur vor dem Leeren) und dgl. längst verbannt. In der lebenden Natur dagegen tritt die Zweckmäßigkeit, und zwar die individuelle Zweckmäßigkeit, so stark hervor, daß es schwer wird, sich aller teleologischen Erklärungen zu entschlagen. Man muß indessen bedenken, daß solche Erklärungen, wodurch zugleich alles und nichts erklärt wird, nur die letzten Auskunftsmittel sein dürfen, wenn gar keine andere

Ansicht möglich ist, *und eine solche Notwendigkeit der teleologischen Ansicht liegt bei dem Organismus nicht vor*".[37]

Hier geht es keinesfalls darum, „Reduktionismus" zu betreiben, oder den Unterschied zwischen dem Organischen und dem Anorganischen auf irgendeine Weise zu verwischen. Man will hier nur betonen, dass die teleologische Betrachtungs- und Erklärungsweise nichts weiter als „Freistatt der Unwissenheit" ist, um Spinozas Ausdruck zu gebrauchen.

5. Die teleologische Betrachtungs- und Erklärungsweise, indem sie den Organismus und die organische Entwicklung verstehen oder erkennen wollen, unterscheiden auf eine *absolute Weise* zwischen der *bloßen „Bewegung der Materie"* und der *Organisation der Materie*.

Die Organisation der Materie kann dieser Betrachtungsweise nicht durch die bloße materielle Bewegung und die Prozesse verstanden werden: „Es ist ganz gewiß", sagt Kant, „daß wir die organisierten Wesen und deren innere Möglichkeit nach bloß mechanischen Prinzipien der Natur nicht einmal zureichend kennenlernen, viel weniger uns erklären können; und zwar so gewiß, daß man dreist sagen kann, es ist für Menschen ungereimt, auch nur einen solchen Anschlag zu fassen, oder zu hoffen, daß noch etwa dereinst ein Newton aufstehen könne, der auch die Erzeugung eines Grashalms nach Naturgesetzen, die keine Absicht geordnet hat, begreiflich machen

---

[37] Alexander Schwan, Theorie der Zellen, Berlin 1839, S. 16, von mir betont

werde; sondern man muß diese Einsicht den Menschen schlechterdings absprechen".[38]

Und wenn wir eine ordnende Absicht annehmen werden, würden wir dann die Erzeugung des Grashalms plötzlich doch begreifen? „Und so werden sie nicht ablassen, weiter nach den Ursachen der Ursachen zu fragen, bis man seine Zuflucht zum Willen Gottes genommen hat, das heißt, zur *Freistatt der Unwissenheit*".[39]

Ein Newton des Grashalms wie ein Newton der Himmelskörper werden nie kommen, denn *kein Mensch kann die Formel der Schöpfung finden.* Was ein Newton, sei es der der Himmelskörper oder der des Grashalms doch tatsächlich tat und weiterhin tun kann, ist die Möglichkeit zu entwickeln, die verschiedene *Prozesse der Materie* zu erkennen und somit die verschiedensten Erscheinungen der materiellen Welt zu erkennen – eben auf der Ebene *dieser* Prozesse.

Eins muss uns klar sein: *Es gibt* **keine un-organisierte** *Materie!* Das heißt, es gibt nicht so etwas wie einfache materielle Prozesse, zu denen dann noch die Gestaltung, die „Richtung" der Materie zu einem „organisierten Gebilde" hinzukommt. *Die Trennung zwischen beiden Aspekten (Prozesse und ihre richtungsmäßige Organisation) führt zu Fragen, auf die es keine Antworten gibt und auch nicht geben kann, weil sie Fragen nach dem „Warum des Warums" sind.*

Die Erkenntnis der Natur führt nicht weiter als bis zu der Einsicht, *wie* bestimmte Prozesse und Zustände aus anderen Prozessen und Zuständen folgen und *worin* sie bestehen.

---

[38] Kant, Kritik der Urteilskraft, ebd. S. 337f.

[39] Spinoza, Ethik, S. 44, von mir betont

Was angeblich diese Prozesse steuert und wie sie in gegenseitiger Übereinstimmung miteinander das Ganze der Natur zustande gebracht haben, macht keine sinnvolle wissenschaftliche Frage mehr aus, weil *nur der gesetzliche Zusammenhang der Faktoren, niemals aber ihr isoliertes Auseinandersein einen Gegenstand der Erkenntnis ausmachen kann* – und das gilt für das Organische wie für das Anorganische in gleichem Maß.

Die Hervorhebung des so genannten materiellen Faktors bedeutet hier also keine Reduktion des Lebens auf „materielle Prozesse", sondern sie will *nur besagen*, dass die „Materie" *immer bereits* in einer bestimmten Gestalt gegeben ist, und dass diese Gestalt *immer schon* „materiell" ist: *Der „toten Materie" und der „belebten Materie" ist immer die „Materie" gemeinsam.*

Was das „Warum" betrifft, so gibt es **gar keinen Unterschied** *zwischen den beiden „Materien": Beide sind* **im gleichen Maß rätselhaft***. Was das „Wie" betrifft, so gibt es auch* **keinen Unterschied: Beide sind derselben Gesetzlichkeit unterworfen und zeigen dieselben Gesetzmäßigkeiten auf***,* und dass trotz der Tatsache, dass sie in beiden Bereichen ganz verschiedene Gestalt annehmen.

Der erscheinende Unterschied zwischen dem Organischen und dem Anorganischen ist uns *aufgezwungen*. Ebenfalls *aufgezwungen* ist die Art und Weise, wie wir sie erkennen können, nämlich mit genau *denselben Methoden*, also den *chemisch-physikalischen*: Es gibt keine „organische" Chemie oder „organische" Physik, also Chemie und Physik, die jeweils nur auf das Organische oder nur auf das Anorganische anwendbar sind: *Es gibt grundsätzlich nur Physik und Chemie, die selbst vollständig physikalisch bestimmt ist.*

6. Zum Schluss möchte ich nochmals betonen, dass weder Kausalität noch Finalität die wahre Natur kennzeichnen. Grundsätzlich hätte es gereicht, wenn wir nur darauf aufmerksam gemacht hätten, was wir über Kausalität in der Natur gesagt haben, um einzusehen, dass die Anwendung der Begriffe „Zweck" und „Zweckmäßigkeit" in Bezug auf die Natur ausgeschlossen sein *muss*. Denn sonst müsste die Kausalität als eine notwendige Bedingung der Möglichkeit der Verwirklichung eines Zwecks und der Zweckmäßigkeit gelten. Die Frage jedoch, was zur Kausalität noch hinzukommen müsste, um zweckmäßig zu sein, diese Frage hat *gar keinen Sinn* bezüglich der Erkenntnis der Natur.

Der ständige Versuch, die angeblich erklärende Kraft der Begriffe des Zwecks und der Zweckmäßigkeit auszunutzen, hat es notwendig gemacht, die Angelegenheit näher zu betrachten. Diese angeblich starke „erklärende Kraft" ist Folge des *logischen Fehlers*, den der Begriff der *mechanischen Kausalität* in sich birgt.

Der Gedanke, dass die so genannte mechanische Kausalität nur zur Bildung einer aggregatartigen Einheit führen kann, in der die Verbindung und die Beziehung zwischen den Einzelheiten rein mechanisch, also äußerlich und insofern gänzlich zufällig sind, hat die teleologische Betrachtungs- und Erklärungsweise – zumindest regulativ – notwendig gemacht. Denn wie soll ein „blinder Mechanismus" zur Bildung eines organisierten Systems führen, bei dem die Verbindungen und die Beziehungen zwischen den Teilen – wohl gemerkt „Teilen" und nicht bloß „Einzelheiten" – als innere Verbindungen und als innere Beziehungen verstanden werden und insofern als notwendig gelten müssen?

Die Teile des Organismus haben nur dann Bedeutung, wenn man ihnen eine Funktion in Bezug auf den Organismus als Ganzes zuschreibt, d.h. dass sie, wie es Kant ausdrückt, einen Zweck in Bezug auf den Organismus als Ganzes *haben*, der selbst der Zweck *ist*.

Hier liegt aber eine Verwechselung zwischen zwei Ebenen vor, zwischen denen die Teleologie „vermitteln" soll: Es ist *erstens* die Ebene des so genannten *blinden Mechanismus* und *zweitens* ist es die Ebene des *Ganzen eines Organismus und seiner Funktionen und funktionalen Teile*.

Dabei gebraucht man zwei verschiedene Begriffe von Teleologie: *Einmal* ist von Teleologie als „Vermittler" zwischen diesen zwei oben genannten Ebenen die Rede, d.h. von der Lenkung des an sich blinden Mechanismus des Naturgeschehens in Richtung der Konstitution dieses Organismus. Der *zweite* Begriff der Teleologie bezieht sich *ausschließlich* auf die zweite der genannten Ebenen, d.h. die Ebene des Ganzen des Organismus und seiner Funktionen und funktionalen Teile.

So z.B. können wir den Ochsen nicht beschreiben, ohne davon zu sprechen, dass die Beine zum Laufen, die Augen zum Sehen, die Ohren zum Hören und der Magen zum Verdauen bestimmt sind: Alle Organe haben irgendeinen Zweck, der dem Organismus im Ganzen, der der letzte Zweck *ist*, und dessen Erhaltung dient.

Diese Betrachtungs- und Erklärungsweise scheint sehr plausibel zu sein. „Dies mag auch eine Weile gehen, und der Mensch mag auch in der Wissenschaft eine Weile damit durchkommen. Allein gar bald wird er auf Erscheinungen stoßen, wo er mit einer so kleinen Ansicht nicht ausreicht, und wo er ohne höheren Halt sich in lauter Widersprüche verwickelt. Solche Nützlichkeitslehrer sagen wohl: Der Ochse hat Hörner, um sich damit zu wehren. Nun frage ich aber:

Warum hat das Schaf keine? Und wenn es welche hat, warum sind sie ihm um die Ohren gewickelt, so daß sie ihm zu nichts dienen? *Etwas anders aber ist es, wenn ich sage: Der Ochse wehrt sich mit seinen Hörnern, weil er sie hat.* Die Frage nach dem Zweck, die Frage Warum? ist durchaus nicht wissenschaftlich. Etwas weiter aber kommt man mit der Frage Wie? Denn wenn ich frage: Wie hat der Ochse Hörner? so führt mich das auf die Betrachtung seiner Organisation und belehrt mich zugleich, warum der Löwe keine Hörner hat und haben kann".[40]

Die teleologische Betrachtungsweise versucht alle Erscheinungen des Organischen und sogar die Prozesse der phylogenetischen und ontogenetischen Entwicklungen durch Zielstrebigkeit zu erklären, die sie als ein besonderes Prinzip betrachtet, das im Organischen „am Werk" ist. *Diese Art von „Erklärung" ist nach dem Muster der menschlichen Bewusstseinsvorgänge gestaltet und das ist auch die einzige Weise, wie man diese Art der „Erklärung" überhaupt formulieren kann.*

Die Anziehungskraft der teleologischen Erklärungsweise besteht in der Einfachheit und Klarheit der Verhältnisse, die sie erklären will. Diese Einfachheit und Klarheit der Form verführt aber dazu, von der angeblichen Plausibilität des Inhalts überzeugt zu sein. Jedoch diese angeblich starke Erklärungskraft verdankt die teleologische Betrachtungsweise *ausschließlich* ihrer *anthropomorphischen* Begriffe.

Das Erscheinungsbild des Organischen verleitet dazu, es in einen Raum zwischen der Natur und über sie zu stellen: Es

---

[40] Eckermann, Gespräche mit Goethe, 20. Februar 1831

stellt *einerseits* ein Naturobjekt dar, das durch die Bio-Wissenschaften grundsätzlich vollständig erkannt werden kann, *andererseits* aber scheint es so souverän und selbstständig zu sein, dass es „menschenähnlich" erscheint. Es ist vielleicht diese Spannung im Erscheinungsbild des Organischen, die den besonderen Charakter des Organischen und somit den besonderen Charakter der Bio-Wissenschaften letztlich prägt. *Diese Spannung besitzt jedoch* **weder epistemologische noch ontologische Geltung und Wert.**

III. Schlussbemerkung: Wissenschaft und Spekulation

Wir haben bereits im Rahmen der allgemeinen Einleitung in das System der Philosophie auf das Wesen der wissenschaftlichen Erkenntnis aufmerksam gemacht. Die Grundlage wie auch das Mittel zum Erlangen von wissenschaftlicher Erkenntnis ist die *wissenschaftliche Methode*, von der schon die Rede war.

„Bei der wissenschaftlichen Methode handelt es sich um ein objektives Verfahren der Wissenschaften wie der Physik, um unverfälschte, unvoreingenommene Ergebnisse zu erzielen, aus denen sich wie ein Puzzle das naturwissenschaftliche Weltbild zusammensetzt".[41]

Die Erkenntnismethode, die als Grundlage für die Begründung jeder naturwissenschaftlichen Forschung wesentlich ist, ist das *Experiment*, sind also planmäßige, systematisch durchgeführte wissenschaftliche Versuche. Diese werden gedeutet und als Erkenntnisse begründet. So z.B. kann eine Hypothese oder eine wissenschaftliche Behauptung, die im Rahmen einer entworfenen Theorie aufgestellt wurde, untersucht und durch ein Experiment bestätigt, gestützt oder widerlegt werden. Wesentlich für das wissenschaftliche Experiment ist die Verallgemeinerung der Ergebnisse des Experiments, was die Anwendung und die Übertragung dieser Ergebnisse auf nicht beobachtbare Umstände bedeutet. Wichtige Voraussetzung für den Gültigkeitswert und für die wissenschaftliche Bedeutung eines Experiments ist in der Regel die Wiederholbarkeit des Experiments, denn nur auf diese Weise kann die

---

[41] Andreas Müller, astro-wissen. Die wissenschaftliche Methode, 2007, im Wissensportal: http://www.astrowissen.de/ (11.8.2011, 11:45)

Objektivität von wissenschaftlichen Aussagen gewährleistet werden.

„Das Prinzip wissenschaftlicher Methodik kann zwar bis an seine Grenzen getrieben werden, nämlich dann, wenn Experimente zu einer Theorie nicht mehr umsetzbar sind. Doch kreative Forscher haben sich auch hier alternative bzw. sekundäre Zugänge eröffnet, die Theorien bestätigen können. Die Aussichten, das naturwissenschaftliche Weltbild mosaikartig immer mehr zusammenzusetzen, sind sehr vielversprechend, vielleicht sogar mehr denn je. *Ob es prinzipiell komplettierbar ist, ist eher eine Frage, die sich die Philosophen als die Naturwissenschaftler stellen müssen*".[42]

Von entscheidender Wichtigkeit ist die Unterscheidung zwischen dem, was der Ausdruck *naturwissenschaftliches Weltbild* bezeichnet, und dem, was unter *Welt* bzw. *Weltbild* im Allgemeinen verstanden wird. Das, woraus das naturwissenschaftliche Weltbild zusammengesetzt ist, das wurde oben benannt: *„Bei der wissenschaftlichen Methode handelt es sich um ein objektives Verfahren der Wissenschaften wie der Physik, um unverfälschte, unvoreingenommene Ergebnisse zu erzielen, aus denen sich wie ein Puzzle das* **naturwissenschaftliche** *Weltbild zusammensetzt"*.[43]

So gesehen bewegt sich die Naturwissenschaft auf einer sehr schmalen Spur, deren Rahmen durch die wissenschaftliche Methode selbst *objektiv* bestimmt ist. Auch der *wissenschaftliche Wert* der durch diese Methode gewonnenen Erkenntnis als *Naturerkenntnis* wird durch diese Methode begründet.

---

[42] Ebd. Von mir betont

[43] Ebd. Von mir betont

Die Abweichung von dem oben genannten Prinzip trägt verschiedene Formen, die zum Teil ausgesprochen spekulativ sind oder den Keim der Spekulation in sich tragen.

Mit „spekulativ" und „Spekulation" sind Aussagen, Behauptungen oder Theorien gemeint, die entweder unbewiesen sind oder die grundsätzlich unbeweisbar sind. Solche Aussagen, Behauptungen oder Theorien wecken den Eindruck, dass sie da von Erkenntnissen sprechen, wo es sie in Wahrheit gar nicht gibt oder es sie grundsätzlich nicht geben kann.

So z.B. sind Theorien, wie die vom Urknall oder die vom Ursprung des Lebens, ausgesprochen spekulativ: Sie stellen Anfänge dar, die für die Naturwissenschaft *grundsätzlich absolut unzugänglich* sind und *nicht einmal in der Sprache der jeweiligen Wissenschaft sinnvoll formulierbar* sind.

Eine andere Variante der wissenschaftlichen Spekulation ist die oft mit großer wissenschaftlicher Autorität dargelegte Ansicht von Biologen über das offengelegte „Geheimnis des Lebens", oder die wiederum mit großer wissenschaftlicher Autorität geführte Diskussion von Physikern über „das Wesen der Wirklichkeit".

Der Keim von solchen Spekulationen besteht bei Biologen in der Unfähigkeit, zwischen „Leben" und „Prozessen des Lebens, die am Lebendigen feststellbar sind" zu unterscheiden. Bei Physikern besteht dieser Keim vermutlich in der Notwendigkeit, mathematische Modelle und Gleichungen zu deuten, also zu verstehen, was sich „hinter der Mathematik" birgt, d.h. was , wenn überhaupt, *in der durch die wissenschaftliche Methode bestimmten und erkannten Wirklichkeit – ein Gebilde, das in Wahrheit nur einen Aspekt der Natur ausmacht* – solchen Modellen und Gleichungen entspricht.

Die Möglichkeit der Versinnbildlichung von wissenschaftlichen Spekulationen mit der Hilfe von Computern unterstützt kräftig diese Art der Selbsttäuschung. Ganze Welten werden uns „Life" vorgespielt, so dass man „sieht", dass diese versinnbildlichten Ideen „wirklich" Tatsachen darstellen. So kann man „wirklich sehen", wie die Welt, das Leben und der Mensch entstanden sind, so sind uns das Kleinste und das Größte, das Vergangene und das Zukünftige angeblich zugänglich. Hier wird buchstäblich ein Weltbild geschaffen, das leider mit der wahren, wirklichen Welt oft sehr wenig zu tun hat.

Die wirkliche Welt oder die Wirklichkeit ist aber *immer schon* **unsere** *Welt oder* **unsere** *Wirklichkeit gewesen.* Der gesamte Kosmos ist als das, was er ist, *von uns* als solcher bestimmt. Gerade die naturwissenschaftliche Erkenntnis ist ein herausragender Ausdruck dieser Tatsache: Es gibt keine Natur an sich!

Und wie weit das wissenschaftliche Bild der Welt ein Bild von der Welt oder von der Wirklichkeit selbst ist, zeigt uns *die* zentrale Frage des Menschen in dieser Welt: *die Frage nach dem Sinn des menschlichen Lebens.*

Welche Naturwissenschaft kann diese Frage für uns so ***formulieren und beantworten****, dass Menschen* **dementsprechend ihr Leben führen** *können?*

Die wissenschaftliche Spekulation macht mit wissenschaftlicher Autorität die Welt dem Menschen zugänglicher und insofern menschlicher. Das Bild dieser Welt ist aber ein fiktives Bild. Mag diese Täuschung unschädlich sein, fiktiv bleibt das Bild, das sie vermittelt, trotzdem.

Eine Wissenschaft, die sich um *unverfälschte, unvoreingenommene Ergebnisse* bemüht, also eine, die der Wahrheit über diese Welt verpflichtet ist, darf diese Art der Verfälschung des wissenschaftlichen Weltbilds nicht dulden.

Das Problem ist aber nicht die Wissenschaft; diese wird durch ihre Methodik immer wieder auf den richtigen Weg geführt bzw. zurückgeführt. *Das Problem ist der Mensch, der sich auf der Suche nach seiner Stellung in dieser Welt wie auch nach dem Sinn seiner Existenz in ihr befindet:* **Ihm kann die wahre Beschaffenheit dieser Welt nicht egal sein; ihm kann es nicht egal sein, wie das Leben entstanden und zu verstehen ist; ihm kann es nicht egal sein, wie der Mensch als Mensch zu verstehen ist, woher er kommt und wohin er geht und wie er sein soll.**

Ob die These, die besagt, dass Gott nicht würfelt, d.h. dass die Physik keinen Zufall kennt, stimmt, mag in einem bestimmten Zusammenhang für Wissenschaftler interessant sein. *Für die Welt des Menschen ist sie* **vollkommen** *irrelevant:* **Das Menschliche** *am Menschen ist* **weder physikalisch noch biologisch bestimmt**. Anderes zu behaupten wäre nicht nur das höchste Maß an Spekulation, sondern darüber hinaus auch *dem Menschen gegenüber im höchsten Maße verantwortungslos!*

Die, die angeben, die Wahrheit bzw. die wissenschaftliche Wahrheit sei für sie das Wichtigste, sollen zur Kenntnis nehmen und darüber nachdenken, wie nah wissenschaftliche Spekulation und der höchste Grad der Verantwortungslosigkeit Menschen und Natur gegenüber beieinander stehen.

IV. ZUM VERHÄLTNIS ZWISCHEN RELIGION UND WISSENSCHAFT

1. Die Ergebnisse der bisherigen Darlegungen konnten *keinen* Punkt der Spannung zwischen Religion, dem religiösen Glauben, der Verstandesmäßigkeit und unserem Menschenverständnis zeigen. Im Gegenteil: Das Sich-Selbst-Verstehen des Menschen wie auch die Bestimmung der Stellung des Menschen in dieser Welt, allgemein und individuell, ist *durch und durch rational* orientiert und bestimmt.

Kann die Beziehung zwischen Religion und Wissenschaft die bisherigen Ergebnisse beinträchtigen? Um den Blick zu schärfen, möchte ich drei Stellungnahmen bezüglich der Beziehung zwischen Religion und Naturwissenschaft darstellen: die von Albert Einstein, Werner Heisenberg und Max Plank.

Beginnen wir mit **Albert Einstein**. In einem Text aus dem Jahr 1941 unter dem Titel „Naturwissenschaft und Religion" schreibt er:

„Statt zu fragen, was Religion sei, will ich lieber fragen, wie das Streben eines Menschen beschaffen ist, der auf mich den Eindruck eines religiösen Menschen macht: einer, der sich nach seinem besten Vermögen seiner selbstischen Wünsche befreit hat und erfüllt ist von Gedanken, Gefühlen und Bestrebungen, an denen er hängt um deren außerpersönlichen Wertes willen, der erscheint mir als ein religiös erleuchteter Mensch. Auf die Stärke dieser außerpersönlichen Inhalte und auf die Tiefe der Überzeugung von deren überwältigender Bedeutung scheint es mir dabei anzukommen, unabhängig davon, ob der Versuch gemacht wird, diese Inhalte mit einer göttlichen Person in Verbindung zu bringen; denn sonst dürfte man Buddha und Spinoza nicht zu den religiösen Persönlichkeiten zählen. Ein religiöser Mensch ist demnach in dem Sinn gläubig, dass er nicht zweifelt an der Bedeutung und der Erhabenheit jener außerpersönlichen Inhalte und Ziele, die einer verstandesmäßigen Begründung weder fähig sind noch bedürfen. Sie sind da mit derselben Notwendigkeit und Selbstverständlichkeit wie er selbst. Religion in diesem Sinne ist durch die Jahrhunderte fortgesetzte Streben der Menschen, sich dieser Werte und Ziele vollständig und klar bewusst zu werden und sie zu stets verstärkter und vertiefter Wirkung zu bringen. Fasst man Religion und Wissenschaft im Sinne dieser Definition auf, so erscheint ein Konflikt zwischen beiden unmöglich. Denn die Wissenschaft kann nur feststellen, was ist, nicht aber, was sein soll; Werturteile jeder Art bleiben außerhalb ihres Bereiches. Die Religion aber hat nur mit Wertungen menschlichen Denkens und Tuns zu schaffen; sie kann mit Rechts nichts aussagen über Tatsachen und Reaktionen zwischen Tatsachen. Die wohl bekannten Konflikte zwischen Religion und Wissenschaft in der Vergangenheit sind nach dieser Auffassung lediglich auf eine Verengung des geschilderten Sachverhalt zurückzuführen.

Ein Konflikt tritt zum Beispiel ein, wenn eine religiöse Gemeinschaft die absolute Wahrheit aller Aussagen behauptet, die in der Bibel berichtet werden. Dies bedeutet einen Übergriff der Religion in die Sphäre der Wissenschaft. Hierher gehören der Kampf der Kirche gegen Galilei und Darwins Lehren. Umgekehrt haben Vertreter der Wissenschaft oft den Versuch unternommen, aufgrund wissenschaftlicher Methoden fundamentale Urteile zu gewinnen über Werte und Ziele und sich auf diese Weise der Religion entgegengestellt. All diese Konflikte sind aus fatalen Irrtümern entsprungen.

Wenn demnach die Gebiete von Religion und Wissenschaft an sich sauber getrennt sind, so bestehen doch zwischen beiden starke Wechselbeziehungen und Abhängigkeiten. Wenn die Religion es ist, die Ziele setzt, so hat sie doch von der Wissenschaft im weitesten Sinn erfahren, welche Mittel zur Erreichung der von ihr gesetzten Ziele beitragen können. Wissenschaft aber kann nur geschaffen werden von Menschen, die ganz erfüllt sind von dem Streben nach Wahrheit und Begreifen. Diese Gefühlsbasis aber entstammt der religiösen Sphäre. Hierher gehört auch das Vertrauen in die Möglichkeit, die in der Welt des Seienden geltenden Gesetzmäßigkeiten seien vernünftig, d.h. durch die Vernunft begreifbar. Ohne solchen tiefen Glauben kann ich mir einen wirklichen Forscher nicht vorstellen. Man kann den Sachverhalt durch ein Bild ausdrücken: *Wissenschaft ohne Religion ist lahm, Religion ohne Wissenschaft blind*".[44]

Werner Heisenberg bemerkt: „Schon früher habe ich zu formulieren versucht, dass es sich bei den Bildern und Gleichnissen der Religion um eine Art Sprache handelt, die eine Verständigung ermöglicht über *den hinter der Erscheinungen spürbaren Zusammenhang der Welt, ohne den wir keine Ethik und keine Wertskala gewinnen könnten*. Diese Sprache ist im Prinzip ersetzbar wie jede Sprache; in anderen Teilen der Welt gibt und gab es andere Sprachen, die der gleichen Verständigung dienen. Aber wir sind in einen bestimmten Sprachraum hineingeboren. Diese Sprache ist der Sprache der Dichtung näher ver-

---

[44] Albert Einstein, aus meinen späten Jahren, Frankfurt a.M./Berlin 1993, S. 41-43, von mir betont

wandt als jener der auf Präzision ausgerichteten Naturwissenschaft. Daher bedeuten die Wörter in beiden Sprachen oft etwas Verschiedenes. Der Himmel, von dem in der Bibel die Rede ist, hat wenig zu tun mit jenem Himmel, in den wir Flugzeuge oder Raketen aufsteigen lassen. Im astronomischen Universum ist die Erde nur ein winziges Staubkörnchen in einem der unzähligen Milchstraßensysteme, für uns aber ist sie die Mitte der Welt – sie ist wirklich die Mitte der Welt. Die Naturwissenschaft versucht, ihren Begriffen eine objektive Bedeutung zu geben. Die religiöse Sprache aber muss gerade die Spaltung der Welt in ihre objektive und ihre subjektive Seite vermeiden; denn wer könnte behaupten, dass die objektive Seite wirklicher wäre als die subjektive. Wir dürfen also die beiden Sprachen nicht durcheinander bringen, wir müssen subtiler denken, als dies bisher üblich war".[45]

Und zuletzt **Max Planck**: „Denn so wenig sich Wissen und Können durch wissenschaftliche Gesinnung ersetzen lassen, ebensowenig kann die rechte Einstellung zu den sittlichen Fragen aus rein wissenschaftlicher Erkenntnis gewonnen werden. Aber die beiden Wege divergieren nicht, sondern sie gehen einander parallel, und sie treffen sich in der fernen Unendlichkeit an dem nämlichen Ziel.

Um dies recht einzusehen, gibt es kein besseres Mittel, als das fortgesetzte Bemühen, das Wesen und die Aufgaben einerseits der naturwissenschaftlichen Erkenntnis, andererseits des religiösen Glaubens immer tiefer zu erfassen. Dann wird

---

[45] Naturwissenschaftliche und religiöse Wahrheit, Physikalische Blätter, 29. Jahrgang, August 1973, Heft 8, S. 347f. In: https://onlinelibrary.wiley.com/doi/epdf/10.1002/phbl.19730290801   17.2.2020, 17:00; von mir betont

sich in immer wechselnder Klarheit herausstellen, daß, wenn auch die Methoden verschieden sind – denn die Wissenschaft arbeitet vorwiegend mit dem Verstand, die Religion vorwiegend mit der Gesinnung –, der Sinn der Arbeit und die Richtung des Fortschrittes doch vollkommen miteinander übereinstimmen.

Es ist der stetig fortgesetzte, nie erlahmende Kampf gegen Skeptizismus und gegen Dogmatismus, gegen Unglaube und gegen Aberglaube, den Religion und Naturwissenschaft gemeinsam führen. Und ***das richtungsweisende Losungswort in diesem Kampf lautet von jeher und in alle Zukunft: Hin zu Gott!***"[46]

2. Es wird behauptet, dass die Religion und der religiöse Glaube von „Irrationalität" und „Subjektivität" geprägt, ja durchdrungen und bestimmt sind. Mag das für bestimmte Religionen der Fall sein; für den Monotheismus jedoch nicht! Gerade die Tatsache, dass *der* Grundzug des Monotheismus die Transzendenz Gottes ist, zwingt den Glaubenden die Art der Gültigkeit seines Gottesglaubens zu klären. Eine solche Klärung, wie jede Art der Klärung eines Sachverhalt, kann nur *durch das Denken, also rational* von statten gehen. Die Alternative würde nichts anderes als Selbst-Täuschung heißen. Leider wird allzu oft ein Religionsverständnis vertreten, dass auf den „göttlichen", nicht-rationalen Charakter der Religion besteht, was die ständige Aktualität des Aufklärungs-Gedanken hervorhebt.

---

[46] Max Planck, Vorträge und Erinnerungen, Darmstadt 1979, S. 333, von mir betont

Unsere Überlegungen zeigen also eindeutig, dass die (monotheistische) Religion und der ihr zugrunde liegende religiöse Glaube ihren eigentümlichen Zügen erst dann bekommen, wenn sie rational beglaubigt sind. Die gesamte monotheistische Religion ist auf den rationalen Zugang zu ihrem Wesen begründet. Auch da, wo die Mystik eine zentrale Rolle spielt, kann sie es nur deshalb tun, weil ihre Bedeutung rational begründet ist.[47]

Die oben zitierten Stellen stammen aus der Feder großer Physiker, die durch starke persönliche Unterschiede geprägt sind. Es sind vermutlich keine religiöse Menschen im üblichen institutionellen Sinne, haben aber eines gemeinsam: Nicht nur, dass sie die Religion nicht ablehnen, sie betonen, jeder auf seine eigentümliche Weise, die Wichtigkeit der Religion und die Besonderheit ihrer Bedeutung in oder ohne Verbindung mit der Naturwissenschaft. Waren diese Pioniere der modernen Physik nicht in der Lage, zu erkennen, dass die Religion in ihrem Wesen fiktiv ist und die Philosophie bereits „tot" ist?

3. Versuchen wir das Problem der Beziehung zwischen Religion und Wissenschaft zu lokalisieren, so wird deutlich, dass das Problem *sehr punktuell* konzentriert ist: Es ist das Problem der Beziehung zwischen Naturwissenschaft und Bibel, oder genauer: das Problem der **Art der Betrachtung** der Bibel, besonders aber des *so genannten* **Schöpfungsberichts**.[48]

---

[47] Zum Ganzen vgl. den dritten Teil des Systems

[48] Genesis, 1-3

Die Betonung liegt auf der Naturwissenschaft, besonders auf die Angaben bezüglich der Erschaffung der Welt wie bezüglich der Erschaffung des Menschen. Andere Wissenschaften (etwa die Geschichtswissenschaft) besitzen nicht den Gültigkeitsanspruch (Objektivität, Allgemeingültigkeit, aufgezwungene Gewissheit und Vorhersagbarkeit), der für die Naturwissenschaft konstituierend ist. Abgesehen davon hat die Geschichtswissenschaft keinen Zugang zu den zentralen biblischen Ereignissen, wie etwa Gottes Offenbarung an Abraham und zum Bund Gottes mit ihm und mit seinen Nachkommen, die sogenannten zehn Plagen, die Spaltung des Roten Meeres, Gottes Offenbarung auf dem Berg Sinai usw.[49]

Worin besteht also das Problem? Wie oben schon angedeutet, besteht das Problem in der **Art der Betrachtungsweise** des biblischen Textes und **nicht ursprünglich im Inhalt** des Textes.

Die Problematik mit der erwähnten Betrachtungsweise beginnt damit, dass die Bibelstellen, die uns von der Erschaffung der Welt in Kenntnis setzen, als Bericht verstanden werden, also als eine sachliche Beschreibung des Schöpfungsgeschehens mit deutlich formuliertem Sachverhalt. Schließlich redet die Bibel die Sprache des Menschen. Vielleicht ist es diese sprachlich bedingte Anschaulichkeit des Gesagten in diesen Bibelstellen, die zu einer solchen angedeuteten Betrachtungsweise verführt. In Wahrheit ist jedoch die Sache alles andere als anschaulich und verständlich.

Für uns wird die Bibel, abgesehen von einigen begrenzten punktuellen Stellen im sogenannten Schöpfungsbericht, **erst nach dem Vertreibung der ersten Menschen vom**

---

[49] Vgl. Kap. 1 oben

so genannten Garten Eden („Paradies") sinnvoll und verständlich. Das Verständnis dessen, was „Garten Eden" genannt wird, ist für uns grundsätzlich verschlossen. *Wir haben also erst ab diesem Punkt (Genesis 4) Aussagen, die für uns bezüglich des Menschen sprachlich verständlich sind und somit kritisch prüfend betrachtet werden können und auch so unbedingt betrachtet werden sollen.*

Dabei muss bemerkt werden, dass dieser mit dem Akt der Vertreibung aus dem Garten Eden „Plötzlich-Mensch", der schlagartig als der uns bekannten Mensch da ist, für uns vollkommen unverständlich ist: Für unser Verständnis des Menschen ist die zeitliche Kontinuität des Menschlichen wesentlich. Jeder Mensch hat menschlichen Hintergrund, menschliche Vergangenheit bzw. Vorgeschichte: Eltern, Familie, Gemeinschaft, Tradition, Kultur, Religion. Diese weisen deutlich darauf hin, wie menschliche Vorgeschichte und menschlicher Hintergrund für das Verständnis des Menschen wesentlich sind. Gleich wie weit wir in die Menschheitsgeschichte zurück blicken, wir werden *immer* dem Menschen im vollständigen Sinne des Wortes, *immer* dem Menschen in der Totalität seines Mensch-Seins begegnen.

Mit textuellen Verständnisschwierigkeit werden wir gleich im ersten und im zweiten Bibelvers konfrontiert: „Bereschit schuf Gott den Himmel und die Erde;/ und die Erde war Tohu Wawohu und Finsternis über den Tehom und Gottes Geist schwebt über der Wasseroberfläche".[50]

Es hört sich an als eine sinnvolle Aussage, die etwas über den Anfang der Welt berichtet. In Wahrheit aber haben wir

---

[50] Genesis 1, 1-2; Pentateuch, mit deutscher Übersetzung von J. Wohlgemuth und J. Bleichrode, Basel 1997

hier vor uns Aneinanderreihung von Einzelwörter und Einzelheiten, die zwar nach den grammatischen und syntaktischen Sprachnormen mit einander zu einer sprachlichen Einheit verbunden sind, diese aber an sich ganz unverständlich, also für uns ohne sinnvolle Bedeutung ist.

Die Rede ist von einem „Zeitpunkt", wo nichts von dem, was wir uns vorstellen können, als vorhanden verstanden werden kann. Was könnten folgende Worte bedeuten: *„Bereschit"*, „schuf", „Himmel", „Erde", *„Tohu Wawohu"*, „Dunkel", *„Tehom"*, „Gottes Geist", „schwebt-über" und „Wasseroberfläche". Einige der Worte habe ich im Original belassen, denn, der unterschiedlichen kompetenten Versuche, diese Ausdrücke in unterschiedliche Sprachen zu übertragen zum trotz, wer kann ernsthaft behaupten, dass er/sie weiß, was diese bedeuten?? Und die anderen Worte: Sind „Himmel" und „Erde" die uns bekannten? Und „schaffen" im Sinne des Entstehens aus dem „Nichts"? Und „Finsternis", „über...schweben", „Wasseroberfläche", von dem schwebenden „Gottes Geist" ganz zu schweigen?

Die nächsten drei Verse bringen diese Verlegenheit noch deutlicher zum Ausdruck (Gen. 1, 3-5): „Da sprach Gott: Es werde Licht! Und es ward Licht./ Und Gott sah, dass das Licht gut war./ Und Gott schied zwischen dem Licht und der Finsternis./ Und Gott nannte das Licht Tag, und die Finsternis nannte er Nacht. Und es ward Abend, und es ward Morgen, ein Tag".

Gott spricht, dabei schafft er, er sieht und „gleichzeitig" bestimmt er urteilend. Haben wir es hier mit einer Art Demiurg, einem mythologischen „Produzenten", „Anfertiger"[51] zu tun? Nein! „Menschlich, allzu menschlich!"[52]

Finsternis ohne Licht, und wenn das Licht, das als „gut" bestimmt wird, da ist, muss es von der Finsternis getrennt werden; waren sie davor „zusammen"? Dann bekommen sie ihre besondere Bedeutung, und zwar schon vor der Schöpfung des sogenannten vierten Tages, wo erst die Himmelskörper und die Gestirne geschaffen worden sind.[53]

4. Es ist nicht nötig, dem biblisch Gesagten bezüglich der Erschaffung der Welt weiter zu folgen, um einzusehen, dass wir es nicht verstehen können: *Es ist nicht nur nicht unsere Welt,* ***es ist überhaupt gar keine Welt!!*** Hier gibt es keinen besonderen Zeit- und Raumbegriff: **Hier hat es gar keinen Sinn von Zeit und von Raum zu reden!** Die Schöpfung der Welt könnte, wenn wir **unseren** *Zeitbegriff* benützen wollen, Milliarden von Jahren, oder weniger dauern. Das können wir grundsätzlich nicht wissen. Auch der Versuch den sogenannten Urknall der Erschaffung der Welt gegenüber zu stellen, führt uns nicht weiter: Die *Welt*, die wir kennen, ist die Wirklichkeit als Ganzes; es ist ein ganz anderes Welt-Verständnis. Die Welt, von der *wir* reden, ist die Welt des Menschen: **Der Mensch ist nicht einfach in der Welt, der Mensch hat eine Welt!**

---

[51] Wikipedia, demiourgos, 27.3.2020, 9:00

[52] Friederich Nietzsche in einem ganz anderen Zusammenhang

[53] Gen. 1, 14-19

Die Welt ist von Anfang an eine begriffliche, erkenntnismäßige Konstruktion des Menschen; die Rede von „reiner, an sich und für sich bestehender Welt" ist eine vollkommen leere Rede.

99 Prozent der Aussagen des „Schöpfungsberichts" sind für uns grundsätzlich verschlossen! Die Schrift lässt uns nur durch einen sehr schmalen Schlitz blicken; sie lässt uns nur einige sehr grundsätzliche Aspekte des Menschlichen entnehmen. Dazu gehören die Gottesebenbildlichkeit des Menschen, etwas, was an sich zwar ein Geheimnis ist, aber uns die Bedeutung der sogenannten Würde des Menschen wie den unermesslichen Bedeutung und Wert des Leben eines Menschen vermittelt; dazu gehören auch seine grundsätzliche Freiheit und Verantwortung wie auch die Gleichheit aller Menschen und die Einheit der Menschheit wie auch die besondere Gleichheit und Identität von Mann und Frau.

Wie schon hervorgehoben, **die Rede von *unserem Welt-Verständnis und unserem Selbst-Verständnis als Menschen* beginnt erst nach bzw. mit der Vertreibung der ersten Menschen vom sogenannten Garten Eden Sinn zu haben**.

Da das Selbst-Verständnis des Menschen eine zentrale Bedeutung für uns und für unsere Welt hat, soll die weitere Abhandlung dem Menschen und seinem Selbst-Verständnis gewidmet sein.

In diesem Paragraphen möchte ich noch kurz das biblisch Gesagte bezüglich der Erschaffung des Menschen betrachten. Das nächste Kapitel wird den Menschen und seine Welt näher betrachten.

Bis zur Vertreibung vom *vollkommen rätselhaften* Garten Eden ist zunächst von Adam wie auch von Chawa an drei Stellen die Rede: Genesis 1, 27-30, Gen. 2, 7-8 und 15-24. Die erste Stelle ist eine Art kurze Fassung im Rahmen des Gesagten über den sogenannten sechsten Schöpfungstag. Das einzige, was wir aus diesem Gesagten entnehmen können, ist die biblische Feststellung, dass Adam im „Ebenbilde" Gottes geschaffen worden ist, und zwar männlich und weiblich. Ihnen ist die Erde anvertraut, in deren Rahmen sie sich vermehren und sie füllen sollen.

Was diese Kreaturen namens Adam und Chawa sind und was ihre „Gottes-Ebenbildlichkeit" beinhaltet, können wir grundsätzlich nicht wissen. Wissen können wir **nur und ausschließlich**, dass diese besonderen Kreaturen, die **hier** „männlich" und „weiblich" genannt sind, eine Sonderstellung innerhalb des Schöpfungswerks haben.

Die zweite Stelle (Gen. 2, 7-8) erzählt, wie Adam „eigenhändig" von Gott geschaffen worden ist und dass Gott ihn in den „Garten Eden" setzte. In der dritten Stelle (Gen. 2, 15-24) wird erzählt, wie aus Adam eine weitere Kreatur geschaffen worden ist. Hier wird Adam als „Isch" bezeichnet und die durch Gott von seiner „Rippe" geschaffene Kreatur wird „Ischa" genannt wird.

Wichtig hervorzuheben ist die **Tatsache,** *dass diese beiden* **gar keine Ähnlichkeit mit den uns bekannten Mann und Frau haben**. Das einzige, abgesehen von ihrer „Gottesebenbildlichkeit", was diese Kreaturen mit uns gemeinsam haben sollen, ist eine fundamentale Art der Freiheit. *Alles andere ist uns grundsätzlich verschlossen.*

Diese Textstellen geben uns zwar genug Stoff zum *nachdenken*; damit kommen wir aber diesen beiden ersten besonderen Kreaturen **keinen Millimeter näher**.

Klarer Hinweis darauf, was diese besagte *Unzugänglichkeit* bedeutet, zeigt die Umwandlung, die Adam und Chawa vollziehen müssen: ***Erst mit der Vertreibung aus dem sogenannten Garten Eden und die Versperrung des Weges zurück in ihn hinein, bekommen beide die Gestalt dessen, was uns als Menschen, weiblich und männlich, bekannt ist.***

Erst ab diesem Punkt ist die Rede von Welt, vom Menschen und von der Welt des Menschen sinnvoll!

5. Der Mensch, mit dem wir ab diesem Punkt zu tun haben, ist der Mensch in der uns bekannten Gestalt von Mann und Frau. Was davor war, ist in Dunkelheit verhüllt. Weder Religion noch Wissenschaft besitzen das Mittel, Licht in dieser Dunkelheit zu streuen.

Man kann darüber *spekulieren*, eins können wir nicht tun: ***Das Menschliche schon - und wenn nur andeutungsweise - in einer Art vormenschliche Phase zu erkennen***: Jeder Hinweis darüber setzt die **Totalität des Menschen**, so wie er uns bekannt ist, voraus!

Ein „Teilweise-Mensch" ist ein reines Produkt menschlicher Vorstellungskraft, gleich wie unvoreingenommen das Nachdenken darüber, das dahinter birgt, sein kann. Angebliche Ansätze des Menschlichen, die aus „Ähnlichkeiten" im Rahmen von bestimmten Tiergruppen „erkennbar" sind, sind *spekulativ* in ihrem Wesen. Naturmäßig gehört der Mensch zur Familie der Säuge-Tiere; **der Mensch sprengt** *aber die Grenzen der Natur: Der Mensch stellt in seinem Bestehen kein „höheres Tier" dar, er ist kein Tier – er ist eben ein Mensch!*

Der Ausdruck des ersten Satzes des deutschen Grundgesetzes „Die Würde des Menschen ist unantastbar" bezieht sich **nicht** auf ein Tier namens „Mensch", sondern auf ein Wesen, das trotz seiner Natur-Haftigkeit mit seinem Mensch-Sein der uns wissenschaftlich erkannten und erkennbaren Natur nur **bedingt** angehört: Dieser Ausdruck bezieht sich eben auf die **Totalität des Mensch-Sein des Einzelmenschen**.

Hier handelt es sich *nicht bloß* um Haltungs- oder Einstellungsfragen. Hier geht es *nicht einfach* darum zwischen „Bibel" oder „Natur" zu entscheiden. **Hier handelt es sich um zwei Arten der Gültigkeit bezüglich des Verständnisses des Menschlichen wie auch um die Gültigkeit und die Verbindlichkeit von Normen bezüglich der Zwischenmenschlichen-Beziehungen im Allgemeinen und des Umgangs des Menschen mit der Natur im Besonderen.**

Der Mensch ist uns - wie auch in der gesamten uns bekannten Menschheitsgeschichte – in dieser oben genannten Totalität des Mensch-Sein bekannt. Gleich welche Indizien - oder angebliche Indizien - uns auf diese oder auf jene Vorgeschichte des Menschen hinweisen: Eine Vorgeschichte, ob biblisch oder natürlich, ist *für unsere Erkenntnis-Möglichkeit verschlossen*. Wir können uns nicht von der Welt abstrahieren und schauen, wie wir entstanden sind; **die Welt bleibt immer unsere Welt und der Mensch ist immer der ganze Mensch**.

Was das bedeutet, möchte ich im nächsten Kapitel klären.

V. DER MENSCH UND SEINE WELT

I. Einführendes

1. Wenn wir nach dem Menschen fragen, wenn wir sein Wesen, also seine Eigentümlichkeit, als das, was er ist, bestimmen wollen, müssen wir dort ansetzen, wo der Mensch angetroffen wird, d.h., in der Erfahrung. Denn der konkret lebende Mensch ist für uns zunächst als Teil unserer Erfahrungswelt bekannt.

Hier kann jedoch *nur der Ansatz* gemacht werden, und zwar nicht nur deshalb, weil die Erfahrung grundsätzlich nicht empirisch-sensualistisch gedeutet werden kann. In diesem Zusammenhang ist es hauptsächlich deshalb, weil der Mensch aus ihr gar nicht stammt und aus ihr gar nicht stammen kann: Der Mensch als Mensch, d.h., als Person und Individuum ist zwar Tatsache der Erfahrung, jedoch *kein* „Produkt" der Erfahrung.

Als Person und Individuum ist der Mensch aber *genauso wenig* ein Produkt der Natur. Andererseits kann der Mensch als Mensch auch *nicht* durch den Hinweis auf seine angebliche göttliche Abstammung und auf seine Gottes-Ebenbildlichkeit erkenntnis-mäßig *verstanden* werden.

In der *philosophischen* **Wesensbestimmung** des Menschen, die übrigens *für uns die einzige mögliche*, und insofern die *einzige gültige* ist, handelt es sich nicht um die „Enträtselung" des Geheimnisses, das Mensch heißt. Wir können weder mit biologisch-physiologischen noch mit psychologischen Kategorien den Menschen als solchen erreichen: Es mag an sich sehr interessant sein, zu wissen, was der Mensch in physischer oder psychologischer Hinsicht genau ist; zur Bestimmung des *Wesens* des Menschen als solchen werden wir jedoch dadurch nicht geführt.

Auch das „Philosophieren" über die Fragen: „Woher stammt der Mensch?", „Wozu ist er da?", „Wohin geht er?" werden uns nicht zum Wesen des Menschen führen – zumindest solange als wir keinen Zugang zum „göttlichen Plan des Universums" bekommen haben; darauf können wir jedoch noch lange warten.

Zum Menschen kann man *nur* durch die Bestimmung eines *besonderen Verhältnisses des Menschen zum Wirklichkeitsganzen* kommen. Hier, in diesem Verhältnis und in der damit verbundenen „zweiten Schöpfung" des Menschen (Wieland) ist die letzte Antwort auf die Frage zu suchen und zu finden, was unter *Mensch-Sein* zu verstehen ist.

2. Die Wahrheit als der Einheit stiftende Faktor des Systems der Erkenntnis spielt eine zentrale Rolle in der Erkenntnis der Wirklichkeit. Konkret heißt das, dass es zwischen Wirklichkeit und Wahrheit erkenntnismäßig *gar keine Differenz* gibt und geben kann.

Für das Bestehen des Menschen und für den Sinn dieses Bestehens hat die Wahrheit eine besondere Bedeutung. Denn der Mensch kann auch anders sein als das, was er als Person sein soll. Die Tatsache des Wachstums und die Tatsache der Freiheit verleihen *der* Wahrheit eine zentrale Rolle im Leben eines Menschen.

Und in diesem Zusammenhang wird *die* Tatsache hervorgehoben, in der *die Wahrheit und die Wirklichkeit des Menschen* zum konkreten Ausdruck kommt: **das Leben**.

Das Leben weist das gleiche Charakteristikum wie die Wahrheit und die Wirklichkeit auf: die *unauflösbare, totale, umfassende Einheit.*

Genauso wie die einzelnen Wirklichen in ihrer Wahrheit Momente eines Ganzen sind, so haftet das Leben zwar an einzelnen Wirklichen, ist aber Moment dessen, was wir als das Leben im Ganzen nennen können.

Das Leben ist gewissermaßen eine zweite Art der Natur innerhalb der Natur. Im Lebendigen, dem Träger des konkret bestimmten Lebens, geschieht etwas, das zwar in Prozessen der so genannten leblosen Natur stattfindet, jedoch als das, was es ist, nämlich Leben, das mit keinen naturwissenschaftlichen Kategorien erfassbar und bestimmbar ist.

Und das menschliche Leben ist eine zweite Art des Lebens innerhalb des Bereichs des Lebendigen. Das Menschliche ragt nicht bloß über die leblose Natur hinaus, sondern besonders über das im Bereich des Lebendigen bestehende Pflanzliche und Tierische, die beide auch Teil der Natur sind.

Der Mensch ist zwar Teil der gleichen umfassenden Natur, sprengt aber durch das Menschliche und durch das Persönliche an ihm die Grenzen der Natur. Sein Selbstbewusstsein stellt ihn der Natur gegenüber als eigenständige Entität, die sich dieser Eigenständigkeit nicht nur bewusst ist, sondern zutiefst in ihrem persönlichen Wesen von ihr geprägt ist: *Das menschliche Leben ist von Wachstum und von Sinn geprägt.*

Dabei unterscheidet sich der Mensch auf eine grundsätzliche Weise von den Tieren, zu deren Bereich er als Säugetier zoologisch gehört. Der Mensch muss sich, wie wir im Band II des Systems gesehen haben, gewissermaßen *neu erschaffen*, was eben *durch Wachstum* vollzogen wird.

Das Leben des Tiers unterscheidet sich grundsätzlich vom Leben des Menschen: Das Tier, gleich welches, lebt sein Leben. Die Natur sorgt für seine Entwicklung. Das Tier hat weder bewusste Vergangenheit hinter sich noch hat es bewusste Zukunft vor sich. Das Leben des Tiers vollzieht sich ausschließlich in der Gegenwart, es wird durch Ort, Zeit und durch die Lebenskraft in ihm bestimmt. Damit ist das Leben des Tiers stets vollkommen. Begehrt es etwas, so befriedigt es sich; spürt es kein Begehren, dann hat das für es keine Bedeutung. Zusammenhangslose Begierde, bloß bewusstseinsmäßige, kennt es nicht. Innere wie die äußere Konstitution des Tiers sind darauf gerichtet, sein artmäßiges Bestehen so vollkommen wie möglich zu erhalten und zu verwirklichen.

Vom Tod ist sein Bestehen nicht bewusst überschattet und von der Frage nach dem Sinn seines Bestehens und seines Lebens ist sein Leben nicht geprägt. Von der Natur und von seiner Zugehörigkeit zu ihr wie auch vom Entferntsein von ihr kann *nur und ausschließlich der Mensch* reden.

Diese Tatsache der Art des Bestehens der Tiere macht uns klar, wie weit der Mensch, trotz seiner festen Zugehörigkeit zur Natur, lebensmäßig von der Natur entfernt ist, und wie grundsätzlich das Wachstum und die Frage nach dem Sinn seines persönlichen Lebens für den Vollzug seines Daseins wie auch für die Bestimmung seiner persönlichen Identität und für die Gestaltung seines Soseins entscheidend sind.

Der Mensch weiß – und spürt nicht bloß –, dass sein gesamtes Bestehen in der Welt, und insofern der Sinn dieses Bestehens, von der Art der persönlichen Eingliederung ins Ganze der Wirklichkeit bedingt ist. Das Bewusstsein zur Wahrheit seines Bestehens in der Wirklichkeit wirft nicht nur die dringliche Frage nach dem Sinn des *persönlichen Lebens* auf, sondern betont *gleichzeitig* die *persönliche Verantwortung* für sein Leben und für die Wirklichkeit im Ganzen, in der das persönliche Leben wurzelt und wächst.

Diese Entdeckung der Wirklichkeit, mit der das Philosophieren beginnt, führt zum systematischen Begreifen der hermetisch geschlossenen Einheit aller Aspekte („Erscheinungen") der Wirklichkeit. Die Wahrheit der Wirklichkeit, die erkenntnismäßig mit der Wirklichkeit identisch ist, hat wesentliche Bedeutung für das konkret geführte Leben.

Der Weg der Erkenntnis der Wirklichkeit und der Weg der Erkenntnis seiner selbst ist der Weg der Verwirklichung der Freihielt des Willens und so der Weg zur Verwirklichung des besagten persönlichen Lebenssinns.

II. Die Frage des Menschen nach sich selbst und die Bestimmung seines Wesens

1. Es wird von Diogenes erzählt, dass er auf dem Markt in einem hellen Tag mit einer brennenden Kerze in der Hand herumlief und diese vor die Nase eines jeden Menschen setzte, den er traf und dabei in seinem Gesicht einen scharfen Blick richtete. Als man ihn fragte, was er eigentlich tue, antwortete er: „Ich suche einen Menschen!"

Ich weiß nicht, was Diogenes suchte, als er einen Menschen suchte. Was er aber tat, war einen frontalen Angriff auf das Selbstverständnis des Menschen, eine Art Ohrfeige dem Menschen, der seine „Menschlichkeit" so pflegt und hegt, dass er dabei *vergisst, Mensch zu sein.*

Es ist jedoch keinesfalls der Mangel an „Theorie", was dem Menschen daran hindert, sich selbst und die Wirklichkeit, in der er lebt, in den richtigen Proportionen zu sehen und die Enge seiner Naivität zu verlassen.[54] Denn auch dort, wo der Mensch wirklich glaubt, dass er theoretisch seine Naivität überwunden hat, auch da hört er praktisch, also lebensmäßig nicht auf, sich selbst als „Zentrum der Welt" zu sehen und seine Position als solcher auch leidenschaftlich zu behaupten: Es ist diesen *falschen Individualismus*.[55]

---

[54] Vgl. System I, S. 55

[55] Vgl. System II

Das Problem besteht darin, dass der Mensch, statt sich selbst zu *erkennen* und so seine *wesens*mäßige *Verwirklichung* zu bestimmen und tatsächlich zu vollziehen, *sich interpretiert* und dementsprechend ein „Bild" von sich macht und danach handelt und lebt.

Oder anders formuliert: Das Problem des Menschen besteht darin, dass er sich als gegeben, als „fertig" versteht, und glaubt zu wissen, was er „eigentlich" schon ist: Er tut so, als ob er schon ein sicheres Wissen um sein individuelles Menschsein und um das besäße, was er aus sich selbst machen kann und soll, wo er in Wahrheit danach fragen sollte.

Jedoch nicht einfach nach sich selbst sollte der Mensch fragen, sondern dieses Fragen so darstellen, dass er einerseits *die Enge seiner momentanen Bestimmtheit* und *die Flüchtigkeit seiner Individualität* im *naiven* Zustand, andererseits aber auch *seine individuelle und menschliche Bestimmbarkeit* bewusst wird.

Dieses obengenannte doppelte Bewusst-Sein, das vom Menschen verlangt wird, offenbart die Spannung zwischen *persönlicher Vergangenheit* und *persönlicher Zukunft*, zwischen dem *bereits Seienden als Bestimm**heit*** und dem *Werdenden als Bestimmbar**keit***.

Diese ist die Art des Fragens, die uns zu der Einsicht führt, dass es *in unserer Hand* ist, *das sogenannte blinde Schicksal in **persönlicher Bestimmung** umzuwandeln.*

Denn mit dieser Einsicht wird uns auch klar, worum es hier eigentlich geht: *Nicht darum*, irgendwelche äußere Hindernisse zu überwinden, um dadurch, d.h., durch die bloße Überwindungsarbeit zur „Selbstbestimmung" zu gelangen. *Nicht darum, „mit sich oder aus sich etwas zu machen", sondern es geht darum, zur Selbst-Erkenntnis* und dadurch zur *Selbst-Verwirklichung* und *echtes Selbst-Sein* zu gelangen.

Es geht hier also *nicht darum*, etwas zu *gelten*, sondern die **Lebensaufgabe** des Menschen besteht darin, **in sich und für sich** etwas zu **sein**, eben **Selbst-Sein**.

Das eben Gesagte bedeutet letztlich nichts anderes als zu sagen, dass die Bestimmbarkeit des Menschen darin besteht, dass ihm eine *spezifische Wesensbestimmung* zukommt, die er im Rahmen Wirklichkeitsordnung, in der er sich befindet, insgesamt zu **verwirklichen** hat.

Wohlgemerkt: *Wirklichkeitsordnung insgesamt* und nicht bloß „Erde". Denn abgesehen davon, dass die Erde selbst Bestandteil einer höheren Ordnung ist, nämlich der Wirklichkeitsordnung insgesamt, ist die Abstammung des Menschen, gleich wie man sein Wesen begrifflich bestimmt und trotz der Tatsache, dass er „Sohn der Erde" ist, weder als bloß „irdische" noch „außerirdische" oder gar als „überirdische", sondern diese *Abstammung* kann (für uns) **erkenntnismäßig** nur und ausschließlich als **schlechthin menschliche** gelten.

Alle Definitionen des Menschen, die das eigentümlich Menschliche in einem einzigen Begriff zu erfassen versuchen, und alle so genannte Menschenbilder, die mit Hilfe von Wissen und Einsichten die Wesensbestimmung des Menschen zu vollziehen versuchen, *setzen* letztlich **alle** *das Menschliche* des Menschen *voraus*: Sie sprechen alle von dem, *was* und *wie* der Mensch *ist*, wo es im Grunde darum geht, *was den Menschen zum Menschen* macht, d.h., was dem Menschen ermöglicht, *das zu sein*, was er *seinem Wesen nach* ist, oder was er *seinem Wesen nach* sein kann und auch *sein soll*.

Das ist zweifellos richtig, dass, um das Wesen des Menschen zu bestimmen, ein bestimmtes „Etwas" zum *Maßstab des Menschlichen* erhoben werden muss. Dieser Maßstab *muss* aber *dem Menschen immanenten Maßstab* sein.

Das ist zweifellos richtig, dass die Klärung der Frage nach dem Menschen schon von einer bestimmten Position ausgehen muss. Diese Position darf aber nicht einfach „wissenschaftlich begründet" sein, sondern sie *muss* eine solche sein, die zur Deutung des *Menschlichen als solchen* führt, und nicht bloß zum Entwurf von so genannten Menschenbildern.

Wenn wir also das Sein und das Wesen des Menschen begrifflich bestimmen wollen, so bedeutet das *keinesfalls*, dass wir eine bestimmte Form oder einen bestimmten Aspekt des Mensch-Sein als dessen Wesen bestimmen wollen. Diese Bestimmung bedeutet auch *nicht*, dass wir ein bestimmtes „Menschenbild" als allgemeingültig bestimmen. Und sie bedeutet schon *gar nicht* die Sammlung und die Klassifizierung von erfahrungsmäßigen, vielleicht geschichtlich überlieferten Selbstdeutungen des Menschen.

Es geht hier weder um einen bloß abstrakten Begriff noch um eine begriffliche Vereinigung von „humanwissenschaftlichen Tatsachen". Hier geht es *einzig und allein* um die *philosophisch-systematische* Bestimmung des Wesen des Menschen mittels eines *dem Menschen immanenten* Maßstabs, der alle vielfältige Ausprägungen des Menschlichen zugrunde liegt, zu denen das Mensch-Sein in seinen verschiedenen Ausdrücken fähig ist.

2. Der Mensch ist uns von unserer Erfahrung bekannt und als solcher ist er für uns zunächst eine Erfahrungstatsache. *Er stammt aber nicht aus der Erfahrung!* Das, was ihm zum Menschen macht, nämlich sein *Denken* (im breitesten systematischen Sinne des Wortes)[56], ist weder spezifisch „irdisch" noch „außer"- oder „überirdisch". Dementsprechend kann seine Abstammung *erkenntnistheoretisch* weder als bloß „irdisch" noch als „göttliche" gedeutet werden.

Das Problem besteht doch gerade darin, dass der Mensch ursprünglich noch gar nicht das darstellt, was er seinem Wesen nach sein soll: Sich selbst kann er nur durch sich selbst werden: **Nur der Mensch selbst kann sich selbst zum Menschen im eigentlichen, echten Sinne machen!**

---

[56] Vgl. System I

Wenn wir vom Menschen als Erfahrungstatsache sprechen, so meinen wir den Menschen, wie er im so genannten Weltbild des alltäglichen Lebens vorkommt, also als einer, der durch die qualitative bildmäßige Art des Gegeben-Seins seines Bestehens gekennzeichnet ist.

Der Mensch, wie jedes Ding oder Lebewesen, erscheint hier als von seiner Umgebung isoliert, für sich bestehendes Wesen zu sein. Das Weltbild des alltäglichen Lebens stellt die Wirklichkeit als ein Neben- und Nacheinander von Einzeldingen, Einzellebewesen und Einzelvorgängen in Raum und Zeit dar.

Der Einzelmensch erfährt sich als Mensch durch sein Selbst-Bewusstsein, das auf „natürlicherweise" körperlich individuell ist. Empirisch erfahrbar wird der einzelne Mensch durch sein Körper und seine Haltung und durch seine menschliche Artikulation: Sprache, differenzierte Zwecksetzungen wie sein Benehmen und Handeln und der gleichen.

Was jedoch bei diesem ersten Schritt der Betrachtung des Menschen auffallend ist, ist die Tatsache, dass unser Versuch, dem Menschen zu nähren, auf eine Weise geschieht, die uns zur Feststellung seiner „Besonderheiten" führt, Besonderheiten, die ihn von anderen Lebendigen bzw. anderen Lebens- und Seinsformen („Materie", „Transzendenz") auszeichnen.

Diese Besonderheiten betreffen sowohl den Einzelmenschen als auch das menschliche Zusammenleben. Diese Rede von „Besonderheiten" des Menschen soll uns jedoch nicht zu der

Ansicht verführen, wir hätten hier mit positiven Bestimmungen des Wesens des Menschen zu tun – auch wenn derart Charakterisierung des Menschen notwendige Ausdrücke seines Wesens aufführen vermag, wie etwa Sprache, Intentionalität und Handeln: Hier haben wir mit *Abgrenzungen* in verschiedenen Hinsichten zu tun, also mit *negativen Bestimmungen*.

Wir haben hier *nicht* mit dem Wesen des Menschen, d.h., mit einem dem Menschen immanentes Moment zu tun, sondern mit den Bestimmungen von Unterschieden zwischen der menschlichen Lebensform und anderen Lebens- bzw. Existenzformen zu tun. Dabei geht es eigentlich darum, wie es überhaupt *denkbar*, dass die menschliche Lebens- und Existenzform als solche von anderen Lebens- und Existenzformen unterscheidet.

Mit anderen Worten: Es geht *nicht* um die Charakterisierung der *Bestimmtheit* des Menschen und um das Bemühen, von dieser Bestimmtheit als Grundlage Wesensmäßiges am Menschen typologisch zu definieren, was eigentlich nichts als Abgrenzung ist, sondern es geht darum, was *die Besonderheiten des Menschen notwendiger Weise bedingt, die die Bestimmtheit des Menschen als solche* kennzeichnen. Es geht auch nicht einfach um die Bestimmung der menschlichen Seinsweise, sondern zunächst darum, wodurch diese Seinsweise *mit Notwendigkeit als eine menschliche* bestimmt ist.

Das Problem mit der Aufzählung der so genannten Besonderheiten des Menschen besteht darin, dass sie das voraussetzt, was eigentlich gesucht wird, nämlich das Wesen des Menschen. Bei dieser Aufzählung tut man so, *als ob* man *schon* im Besitz des Kriteriums für das wäre, was am Menschen, wie wir ihn aus unserer Erfahrung kennen, wesentlich sei – wobei das Problem gerade darin besteht, einen solchen Kriterium zu finden.

Denn sowohl der „Mensch" wie auch der „Einzelmensch" – von der „Menschheit" ganz zu schweigen – *kommen in Wirklichkeit gar nicht vor*: In Wirklichkeit kommen nur Menschen vor, die innerhalb eines bestimmten „Kulturkreises", in einem bestimmten Ort und in einer bestimmten Zeit leben. Neben diesen „Kulturkreis", in gleicher Zeit, aber in verschiedenen Orten, gibt es jedoch noch viele andere und sehr verschiedene „Kulturen", in denen sich Menschen entwickeln und wirken.

Das bedeutet, der „Mensch" oder der „Einzelmensch", wie er kulturell-geschichtlich-*empirisch* erfahrbar ist, ist nur in seiner Verflochtenheit in das „Kulturgeschehen" in verschiedenen bestimmten Orten und in verschiedenen bestimmten Zeiten als solcher fassbar und als solcher zu verstehen.

Jedoch dieser empirisch gefaste Begriff des Menschen muss wiederum *das* Wesen *des* Menschen voraussetzen. Denn was ist allen Menschen aller Zeiten und Epochen, allen Menschen aller ethnischen Ursprünge, allen Menschen in allen nur erdenklichen Zivilisationen und Kulturen wie auch den Menschen aller Altersgruppen *gemeinsam*, abgesehen von ihrer empirisch festellbaren Angehörigkeit zur Gattung des Menschen?

Was ist das Etwas, das alle diese Menschen mit einander verbindet? Kurz: *Was ist dieses Etwas, das den Menschen eben zum Menschen macht?*

Vom eben Gesagten sollen wir aber *nicht* zum Schluss kommen, der Mensch sei für uns doch keine Erfahrungstatsache, sondern ein „theoretisches Gebilde": Der Mensch ist für uns eine Tatsache aus unserer Erfahrung, und wir haben keine andere Möglichkeit außer unserer Erfahrung, den Menschen zu begegnen. Wir sollen aber den *Begriff* des Menschen, der im Erfahren und Hinsehen in verschiedenen vorgegebenen Zusammenhängen in verschiedenen Zeiten und in verschiedenen Orten und Kulturkreisen entstanden ist, *nicht* mit dem Begriff des Menschen *verwechseln*, der durch das dem Menschen immanenten Moment, d.h., durch sein Wesen bestimmt ist.

Mit anderen Worten: Wir müssen den Begriff des Menschen, der durch Abstraktion von allen erfahrbaren Elementen und Erscheinungen des menschlichen Lebens entstanden ist, nicht mit dem *Begriff des Menschen* verwechseln, der *die Möglichkeit dieser erfahrbaren Tatsachen und überhaupt die Möglichkeit ihrer Erfahrung begründet.*

3. Wenn wir nun ständig vom „Wesen des Menschen" reden, müssen wir zunächst klären, was mit „Wesen" gemeint ist und welche Bedingungen müssen erfüllt werden, damit es überhaupt als das Wesen von etwas gelten kann.

Dann muss geklärt werden, was als das Wesen des Menschen infrage kommen kann. Erst dann werden wir in der Lage sein, zu klären, wie und inwiefern dieses Wesen das spezifische Menschliche, aber auch den wesensmäßigen Vollzug des Menschseins, also die Seins-Weise des Menschen bestimmt.

Im Wesen (einer Sache) müssen wir *zwei Momente* unterscheiden: Es bestimmt *erstens* die *Wirklichkeit* einer Sache als solche (das *ist* ein Mensch), und *zweitens* bestimmt es diese Wirklichkeit in ihrem Auftreten als *Einzelding* und damit in ihrer *individuellen Bestimmtheit* (*dieser* Mensch *ist* A).

Das Wesen bezeichnet also das, was eine konkrete Sache, als das, was sie ist, *verständlich* macht: Eine Sache wird uns erst dann verständlich, wenn wir einsehen, worin die Wirklichkeit (das „Sein") dieser Sache besteht und wie diese Wirklichkeit konkret-individuell getragen wird.

Die *Wirklichkeit* von etwas, das wissen wir von der Darlegung der Grundlagen des Systems, ist eine *erkenntnistheoretische* Bestimmung: Nichts ist uns einfach als wirklich gegeben – *nicht einmal wir selbst*. Alles Wirkliche muss als solches vom *Denken* bestimmt werden, und es kann erst dann als wirklich gelten, insofern es vom Denken als wirklich legitimiert ist: Das Denken ist die *einzige mögliche*, ja die *einzige denkbare* Instanz, die das begründet, was als wirklich gelten kann und auch tatsächlich wirklich gilt. Mit anderen Worten heißt das, dass als wirklich nur das gelten kann, was von der Gesetzmäßigkeit des Denkens in seiner Wirklichkeit konstituiert und gesetzt worden ist.

So z.B. ist die systematische Bestimmung der Tatsache der Erfahrung und die Bestimmung ihrer Struktur eine apriorische Bestimmung: Diese Bestimmung ist Folge der Differenz zwischen dem Denken überhaupt und dem Denken als Wirkliche.[57] Diese Differenz führt zu der Bestimmung des Subjekts, und die Fragmentarität des Subjekthorizonts bestimmt die Tatsache seiner Erfahrung. Diese Folge von Bestimmungen ist a priori, denn diese Bestimmungen folgen *ausschließlich aus dem Begriff des Denkens*.

Die bloße Tatsache des Bestehens des einzelnen Subjekts, also des einzelnen denkenden Glied der Wirklichkeit, bestimmt nun von vornherein zwei Gesamtzusammenhänge: Die Sphäre des Subjekts als Subjekt und alles, was mit ihm als solches verbunden ist, und die Sphäre alles dessen, was nicht Subjekt ist, also was nicht zur *Identität* des Subjekts als solches gehört, mit ihr verbunden ist und zu deren Konstitution oder Bestimmung beiträgt. Diese zwei Zusammenhänge sind nicht bloß zwei, sich gegenüber stehenden Sphären. Jede dieser Sphären bedingt die Konstitution der Identität und der Einheit der anderen.

In dieser ursprünglichen „Subjekt-Objekt-Spaltung" wird aber die Struktur der Erfahrung *nur ansatzweise* bestimmt. In ihr unterscheidet sich zwar das Subjekt vom „Rest der Welt", seine eigene Bestimmung als Wirkliches, d.h., die Bestimmung seines Wesens und der Weise seiner Verwirklichung werden jedoch dabei *noch nicht* offenbart.

---

[57] Vgl. dazu System I

Diese Bestimmungen können *nur* durch die Beziehung des Subjekts *auf sich selbst* vollzogen werden. In dieser Rück-Beziehung des Subjekts auf sich selbst wird die *Rationalisierung* des Subjekts vollzogen, d.h., hier geht es um die *Objektivierung* dessen, was das Subjekt als Subjekt ausmacht und ausdruckt.

Das Subjekt, von dem hier die Rede ist, ist jedoch nicht ein bestimmtes, konkretes und insofern zufällig ausgewähltes Individuum, sondern das *Subjekt schlechthin*. Der Ausdruck „Subjekt schlechthin" bezeichnet jedoch kein mysteriöses Gebilde, sondern es **bezeichnet das einzelne denkende Glied der Wirklichkeit, wenn er als Bezugspunkt betrachtet wird, der sich selbst, kraft seines Bewusstseins bzw. seines Selbstbewusstseins gegeben ist: *Es ist die logische erkenntnismäßige Struktur des konkreten Individuums*.**

Das heißt, dieser Ausdruck bezeichnet die logische Struktur eines *jeden* existierenden Individuums überhaupt. Das ist das, was das konkrete Individuum in *allen* seinen Prägungen möglich macht, jedoch mit ihm als solches *nicht* identisch ist. Es ist also die Grundausstattung eines jeden Individuums als solchem.[58]

Uns geht es nun um die konkrete Gestalt des Individuums als Menschen im Allgemeinen und um die Konstitution des einzelnen, konkreten Menschen im Besonderen.

---

[58] Zum Ganzen vgl. System I

4. In Berücksichtigung des eben Gesagten, besonders aber in Berücksichtigung der Grundlage des Systems ist offenbar, dass überhaupt *jede* Bestimmung von *Wirklichkeit gänzlich vom Denken* vollzogen wird. Die Bestimmung von etwas als wirklich ist dabei unabhängig von der Entscheidung der Frage, wie und wer dieses etwas zur Wirklichkeit brachte, also geschaffen hat.

Anders verhält es sich jedoch mit der *Bestimmung des Wesens* von etwas. Hier spielt doch die Tatsache eine entscheidende Rolle, *wer* dieses etwas *mit welcher Absicht* (*warum*) geschaffen hat: *Das erkennende Subjekt bzw. der Mensch kann nur sein eigenes Wesen und das Wesen seiner Produkte bestimmen.*

Nicht dass die andere Sachen, die keine Produkte des Menschen sind, kein Wesen haben; *wir* können es jedoch nicht bestimmen. Das heißt, bei diesen Sachen können wir nur bestimmen, dass sie wirklich und keine fiktive Gebilde sind. Was aber das Wesen diese wirkliche Sachen ist, das können wir nicht bestimmen und können nicht einmal wissen, in welcher Richtung wir schreiten müssen, um die Frage nach ihrem Wesen beantworten zu können: Was ist z.B. das Wesen des Steines, des Vogels, des Baums, des Pferdes?

Das Problem mit diesen „Sachen" besteht nicht einfach darin, dass wir bei der Erkenntnis des Vogels oder des Baums und der gleichen ihre Natur noch nicht „tief genug" durchgedrungen sind. Das Problem besteht eher darin, dass wir Schwierigkeiten mit der Bestimmung der Eigentümlichkeit deren

Status als Einzel-Sein dieser „Sachen" haben. Uns fehlt die Information über die *Absicht des Bestehens* dieser Sachen.

Selbstverständlich sind diese, wie wir sie von unserer Erfahrung kennen, *je der Zahl nach Einzelsachen*. Selbstverständlich, dass wir diese Sachen auf genauster Weise wissenschaftlich beschreiben können und die Gesetzlichkeit ihrer Funktion auf genauster Weise wissenschaftlich bestimmen können. Warum sie aber überhaupt da sind, und warum sie räumlich und zeitlich genau da sind, wo sie sind, die Gründe dafür bleiben uns ewiglich verborgen.

Die Natur stellt ein streng hermetisch geschlossenes Ganzes dar. Die Eigentümlichkeit, Einzelheit und Einzigkeit einer Einzelsache folgt mit *Notwendigkeit* aus ihrem Wesen. Da wir aber bei den oben genannten natürlichen „Sachen" keine Einsicht in ihr Wesen, in ihrer ursprünglichen Eigentümlichkeit haben, haben wir Schwierigkeiten, sie klar auszugrenzen und sie in ihrer Eigentümlichkeit, Eigenständigkeit und Einzigkeit zu bestimmen.

Bei einem Tisch oder bei einer Uhr haben wir dieses Problem nicht, denn *wir* sind diejenigen, die ihr *Wesen* bestimmen, und *daher* auch wissen, was mit *Notwendigkeit* aus diesem Wesen folgt, nämlich die klare Umgrenzung und Eigenständigkeit, die Einzelheit und Einzigkeit dieser Gegenstände.

Wenn wir die Angelegenheit näher betrachten, so werden wir sehen, dass die *Vereinzelung* von all dem, was zur Natur gehört, d.h., von dem, was nicht vom Menschen Geschaffenes, dadurch vollzogen wird, dass *wir ihnen* in unserer Betrachtung und in unserer Beobachtung besondere Aufmerksamkeit schenken und so ihre von uns bestimmte Eigentümlichkeit bestimmen.

Das heißt, diese bekommen ihre Einzelheit *erst dadurch*, dass *Menschen sie einzeln betrachten*. Mit anderen Worten: Letztlich sind es nicht diese „Sachen", die an sich selbst als Einzelsachen bestehen, sondern es ist der Betrachtende, der sie von seinem Standpunkt aus ihre Eigentümlichkeit bestimmt und sie als einzeln versteht, also von außen ihnen ihren Status als sehr bestimmte Einzelne verleiht. Analog dazu können wir die übliche medizinische Betrachtung des Menschen nehmen: Keiner der Organe ist wirklich „an und für sich" da, sie werden aber so behandelt, als ob sie eigenständige Gebilde darstellen, die eine eigenständige Medizinbereiche bestimmen. Als Gegensatz zu dieser Art der Betrachtung des Menschen besteht die sogenannte Ganzheitsmedizin.

Anders verhält es sich mit den *Produkten des Menschen* (jedoch mit der Ausnahme der Kunstwerke). Diese sind von Anfang an klar umgrenzt und eigenständig und zwar deshalb, weil jedes dieser Produkte nur dann sich selbst darstellt, also nur dann ihre vollständige Identität erhalten, indem sie das darstellen, *wozu* sie produziert worden sind. Das heißt, sie sind alle nur in dem Maß konkrete, durch ihr Wesen bestimmte Einzeldinge, indem die dem Zweck entsprechen, für den sie gedacht und produziert wurden.

Mit anderen Worten: Diese sind nur in dem Maß bestimmte Einzeldinge im eigentlichen Sinne, indem sie ihr *Wesen* entsprechen. Die Eigentümlichkeit, die klare Abgrenzung und die klare Eigenständigkeit dieser Gegenstände sind deshalb möglich, weil das Wesen dieser Dinge von vornherein bestimmt ist: Ihr *Wesen* besteh in der Regel in einer bestimmten *Funktion*, die sie zu erfüllen haben, damit sie als das, was sie sind, als *wirklich* gelten können.

Das Problem besteht nicht einfach darin, ein Stück Materie als wirklich zu bestimmen, sondern es besteht vielmehr in der Bestimmung der *eigentümliche Einzigkeit* und daher nicht die bloße *nummerische Einzelheit* dieses Stucks Materie. Das können wir nur dann leisten, wenn *wir* dieses Stuck Materie von seiner Umgebung abgrenzen und es in seiner Eigenständigkeit als ein bestimmtes Etwas erkennen. Das können wir wiederum *erst dann* leisten, wenn wir *Einsicht in das Wesen* einer Sache haben, also in das, was diese zu dem macht, was sie ist.

Wenn jemand von einem Stuhl noch nie gehört und einen nie gesehen hatte, so wird er gar nicht wissen, obwohl er vor sich ein Stück geformte Materie hat, wie man mit dieser Sache umgeht, wo sie anfängt und wo sie aufhört, das zu sein, was sie ist. Er wird nicht wissen, in welcher Beziehung dieses Stück Materie zu ihrer Umgebung steht. Er wird nicht wissen, was die Einheit (im Unterschied zur Einzigkeit) und die Identität dieses Stucks stiftet. Insofern kann er gar nicht wissen, ob dieses Stuck Materie eigenständig ist, wo und wie es abzugrenzen ist.

Derart Bestimmungen sind nur durch Einsicht in das Wesen einer Sache als eine bestimmte Sache („Stuhl") möglich. Diese Einsicht in das Wesen einer Sache ist auch für die Bestimmung der einmaligen Situation hier und jetzt dieser konkret vorhandenen Sache („Der Stuhl, an dem ich gerade sitze") wichtig.

Das heißt, das Wesen bestimmt *nicht nur* die *allgemeine Natur* einer Sache, sondern *gleichzeitig* auch ihre *Einzigkeit und Einzelheit* als bestimmte konkrete Sache, die einer sehr bestimmten Art gehört. Bei den Sachen, die (abgesehen von den Kunstwerken) der Menschenhand ihrer Wirklichkeit verdanken, können wir Einsicht in das Wesen haben, denn **wir bestimmen dieses Wesen** und **wir** sind der Grund der Wirklichkeit dieser Sachen. Bei allen anderen „Sachen" können wir keine Einsicht in deren Wesen haben. Wir können zwar ihre Wirklichkeit bestimmen, d.h., mit Sicherheit Feststellen, dass sie kein fiktives Gebilde darstellen. *Den Grund dieser Wirklichkeit* kennen wir jedoch nicht und können sie daher auch nicht klar von ihrer Umwelt abgrenzen: Wir können also nicht einmal ihre Einzelheit eindeutig bestimmen.

5. Die eben besprochene Unmöglichkeit der Einsicht in das Wesen der natürlichen „Dingen" ist grundsätzlich, hat jedoch eine große Ausnahme, die die Regel nur bestätigt: **Der Mensch**.

Was den Menschen von allen anderen Lebendigen auszeichnet, ist die Tatsache, dass er ein denkendes, also ein *selbstbewusstes* Wesen ist. Das Bewusst-Sein des Menschen besteht darin, dass er sich seine Erfahrung (im Sinne des Inhalts des Bewusstseins) auf *denkende* Weise vermittelt. *Sein Bewusst-Sein ist mit dem Selbst-Bewusstsein identisch.*

Das bedeutet, dass seine Erfahrung mit seiner Wahrnehmung *nicht identisch* ist und *nicht identisch sein* **kann**: Das menschliche Bewusstsein schließt *von vornherein* die Möglichkeit von *jeder Art* von *unmittelbaren* Erfahrung aus, d.h., von *jeder Art* von *un-mittelbaren* Gegenwart, von *jeder Art* von *un-mittelbaren* Hier und Jetzt.

Konkret bedeutet das, dass der *Mensch als solcher* seine Stellung *immer in einem breiteren Zusammenhang* als bloß im Hier und Jetzt bestimmen *muss*. Das Bewusstsein bedeutet nicht einfach die grundsätzliche Unmöglichkeit des unmittelbaren Hier und Jetzt und so die grundsätzliche Unmöglichkeit des unmittelbar Erlebten, sondern das Bewusstsein als Selbst-Bewusstsein setzt den Menschen gleichzeitig in einem viel breiteren Zusammenhang: *Der Mensch befindet sich* **nicht** *einfach* **in** *der* **Welt –** *der* **Mensch und nur er hat eine Welt**.

Und da menschliches Bewusstsein *notwendigerweise* Selbst-Bewusstsein ist, ist **der Mensch allein ein Einzelne im eigentlichen Sinne**: *In der Welt ist Einzelheit im eigentlichen Sinn etwas ausschließlich Menschliches*: Nur der Mensch ist ein Individuum im eigentlichen Sinne, *nur der Mensch besitzt Individualität*, die eigentümliche Eigenschaft seiner *Persönlichkeit*. Und wenn die Einzeldinge, von denen wir oben gesprochen haben, tatsächlich einzeln sind, so sind sie es *nur deshalb*, weil *der Mensch* sie so bestimmt hat.

Diese Eigentümlichkeit des Menschen kommt zum herausragenden Ausdruck in seinem geschichtlichen Bewusstsein: Ist ein Mensch ohne *Vorgeschichte* vorstellbar? Jeder Mensch trägt in sich nicht nur die gemeinschaftliche Geschichte der Menschheit, sondern besonders seine eigene Familiengeschichte und seine persönliche Geschichte, die irgendwie, je nach Person, wenn auch nicht oder nicht ganz bewusst, beide anderen Geschichtsabläufe in sich enthält.

Die Tatsache, dass der Mensch sich nicht einfach in der Welt befindet, sondern dass er eine Welt *hat*, deutet darauf, dass es bei ihm *keine* instinktive Eingliederung in diese Welt gibt. Mit „Instinkt" bezeichnet man die angeborene, naturgegebene Fähigkeit eines Lebewesens zur Durchführung einer bestimmten Tätigkeit auf eine genaue und gewissermaßen automatische Art als Reaktion auf einem sehr spezifischen Reiz.

Wichtig zu beachten, ist die Tatsache, dass diese Fähigkeit in die Morphogenese des Organismus selbst eingegliedert ist, also sie ist eine *angeborene und ererbte* Fähigkeit. Das heißt, diese Fähigkeit kann weder als Produkt von Erfahrungen noch als Produkt von Lehrvorgängen betrachtet werden, obwohl diese beide zur Spezialisierung dieser Fähigkeit nötig sind.

Mit „Instinkt" meint man also die Fähigkeit eines Lebewesens, ohne klar bestimmte Absicht, nach Naturgesetzen zwangsläufig, also nach innerem Zwang, gewissermaßen automatisch bestimmte, immer wiederholende Situationen genau auf die gleiche Weise zu begegnen, oder auf eine gleiche

Weise bestimmte, immer gleiche, wiederholende Gebilde hervorzubringen. Eine innere Nötigung zwingt das Lebewesen, für sich als Einzelexemplar sowie für seine Art „das Richtige" zu tun.

Es ist wichtig in diesem Zusammenhang der Erörterung der Frage nach dem Wesen des Menschen einzusehen, dass das menschliche Bewusstsein als Selbstbewusstsein *keinen Verlust an Unmittelbarkeit* darstellt, weder in der Möglichkeit der Erkenntnis noch in der Möglichkeit des Verhaltens des Menschen.

Bewusstsein bzw. Selbst-Bewusstsein wie auch Mensch-Sein sind **ursprüngliche** und *keine dem Tier-Sein des Menschen hinzu kommende Faktoren.* Der Mensch ist nicht „Tier + Selbstbewusstsein" oder „Tier + Denken". *Es gibt keine Möglichkeit*, zwischen Mensch-Sein und Selbst-Bewusstsein zu unterscheiden. Der Mensch ist aber kein Selbst-Bewusstsein, der Mensch hat nicht bloß Selbst-Bewusstsein: **Der Mensch ist ursprünglich selbst-bewusst.**

Das ist auch der Grund, warum das menschliche Bewusstsein *nicht als Produkt* einer *evolutionären Entwicklung* gelten kann. Ich weiß nicht, welche entscheidenden Ereignisse es in der Geschichte der Primaten gab. Eines bin ich sicher: Die „Entwicklung" des menschlichen Bewusstseins kann es nicht gewesen sein. Und auch *wenn* es tatsächlich so gewesen wäre, auch *dann* würde ein solcher Übergang *für uns unbegreiflich* gewesen: **Für uns, als Erkennende, ist der Mensch als Mensch entweder ganz oder gar nicht da.**

Was Bewusstsein eigentlich bedeutet und warum es *logisch* nicht als Produkt einer evolutionären Entwicklung gelten kann, das ist schon in den grundlegenden Teilen des Systems klar geworden: Bewusstsein ist Teil einer „Zaubereinheit", die in sich insgesamt *Denken, Bewusstsein, Sprache, Erfahrung* und *Subjekt* umfasst.

Wir haben im grundlegenden Teil des Systems I betont, dass die Beziehung zwischen „Denken" (in beiden dort ausgeführten Aspekten), „Bewusstsein", „Sprache", „Erfahrung" und „Subjekt" nach dem Grundsatz „Alles oder Nichts" bestimmt ist: Das Fehlen des einen lässt die anderen schlagartig verschwinden.

Diese sind nicht einfach notwendige Momente einer umfassenden Einheit, sondern **jeder von ihnen trägt die gesamte Einheit** und **die gesamte Einheit prägt von voneherein die Eigentümlichkeit von jedem von ihnen**.

Das ist auch der Grund, warum sie alle eine „Zaubereinheit" bilden, *die in jedem von ihnen immanent* vorhanden ist: Mit der Aufhebung eines jeden von ihnen wird die ganze Einheit aufgehoben, was unter anderem zu der „Lösung" des Problems der selbstständigen Erscheinung dieser Momente nach einer Entwicklungstheorie verleitet und verführt.

Menschliches Bewusstsein ist, wie wir schon wissen, *immer und notwendigerweise* Selbst-Bewusstsein. Konkret heißt das, dass *der Mensch zugleich Erkenntnis-Subjekt und Erkenntnis-Objekt ist*.

Das bedeutet *nicht nur* die Fähigkeit, **sich selbst zu bestimmen** *und zugleich auch die Fähigkeit* **bestimmbar zu sein**, sondern es bedeutet, dass die *Bestimmtheit* des Menschen *in jedem momentanen Stadium seiner Existenz* seine Bestimmungs*tätigkeit* als *Subjekt* und gleichzeitig seine *Bestimmbarkeit* als *Objekt* dieser Bestimmungstätigkeit *voraussetzt.*

Mit anderen Worten heißt das: *Indem und insofern der Mensch sich selbst bewusst ist, ist er sich selbst in seinem Dasein ständig voraus.* Oder anders formuliert: Das Sich-Vollziehen der *Bestimmtheit* des Menschen, d.h., das momentan gegebene Dasein eines faktischen Ichs, eines vereinzelter und einmaligen Menschen, ist von der Bestimm*barkeit* dieses Menschen und von dem *Vollzug* der Bestimmungs*tätigkeit nicht nur* nicht zu trennen, sondern *gar nicht zu unterscheiden.*

Die Bestimmbarkeit kommt hier der Bestimmtheit nicht hinzu: Diese Bestimmbarkeit ist immer schon in der Bestimmtheit des menschlichen Dasein wirksam!

Und diese Tatsache bedeutet, in letzter Konsequenz, dass es *grundsätzlich keine vollendete Bestimmtheit des Menschen in seinem konkreten Dasein geben kann*, obwohl er dazu strebt, diesen Zustand zu erreichen: Das ist das, was mit dem *Streben nach Glück* gemeint ist.

Diese Tatsache macht es klar, warum der Mensch als Mensch entweder ganz oder gar nicht da sein kann und warum der

Grund für die Erzeugung und Abstammung des Menschen nicht bloß Natur und sein Tier-Sein sein kann, sondern Denken (im systematischen Sinne) und die von ihm bestimmte persönliche Individualität: *„Der Mensch ist an sich seiende Glied der Natur, in dem das Fürsichsein aufbricht, so daß es sich über sein Ansichsein frei erheben kann".*[59]

Wenn wir also das Wesen des Menschen, das spezifisch Menschliche bestimmen wollen, so ist es nicht in einem „Faktor" zu suchen, der der Natur und dem Tier-Sein des Menschen hinzukommt, sondern in der *ursprünglichen Bestimmtheit* des Menschen zu suchen, also in der *zweiten* „Zaubereinheit", die *„Bestimmtheit-Bestimmbarkeit-Bestimmungstätigkeit"* heißt.

Und das heißt, dass diese Bestimmtheit sich nicht auf etwas zurückführen lässt, was sie selbst nicht ist: Sie ist in sich durch eine *grundlegende Beziehung und Beziehungssetzung* bestimmt, sie ist also *Denk-Tätigkeit.*

Konkret bedeutet das, das das Individuum nicht „ableitbar" ist: Das Individuum, wie es sich vorfindet, kann sich *nur aus sich selbst* in seiner *Einmaligkeit* verstehen. Oder anders ausgedrückt: Ein Individuum ist erst dann ein Individuum im ursprünglichen und im eigentlichen Sinne, wenn seine *konkrete Bestimmtheit durch seine permanente Bestimmbarkeit*

---

[59] Wolfgang Janke, Fichte. Sein und Reflexion. Grundlagen der kritischen Vernunft, Berlin 1970, S. 60, von mir betont

und durch seine Selbstbestimmungstätigkeit wesentlich geprägt ist. Diese seine Bestimmtheit *ergibt sich* dann aus der Beziehung des Bestimmbaren zu seiner Bestimmung, die *nur* unter der Voraussetzung *dieses* Bestimmbaren *denkbar* ist.

So gesehen ist das Dasein des Menschen von vornherein durch eine Diskrepanz zwischen seiner gegenwärtigen und seiner – noch nicht bestehenden – vollendeten Bestimmtheit geprägt und charakterisiert. Diese vollendete Bestimmung wird er zwar in seinem Leben nie erreichen können, sie ist aber trotzdem seine *ontologische*, also seins-mäßige Bestimmung als dieses einmalige konkret lebende Individuum. *Darin besteh auch der Sinn seines Lebens* – im Unterschied zu einem Sinn, der es selbst in seinem Leben punktuell bestimmen kann (Arbeit, Hobby und dergleichen).

Diese oben genannte Zwiespalt und das Streben, ihn zu überwinden, ist Ausdruck des menschlichen Wesens, das in der zweiten „Zaubereinheit" besteht – oder genauer gesagt: In der ersten „Zaubereinheit", die die zweite in sich *logisch-deduktiv* enthält. Und in dem Maß, in dem der Mensch bestrebt, diesen Zwiespalt zu überwinden, verwirklicht er sein Wesen und erfüllt damit zugleich seine ontologische, d.h., seine seins-mäßige Bestimmung, die er für sich nicht beliebig bestimmen kann.[60]

In diesem Zusammenhang ist es wichtig einzusehen, dass die hier besprochene Unterscheidung zwischen Bestimmtheit

---

[60] Vgl. dazu System I

und Bestimmbarkeit in Bezug auf den Menschen wie auch der Übergang von dieser Bestimmbarkeit zur Bestimmtheit nicht einfach mit der Unterscheidung zwischen „Möglichkeit" und „Wirklichkeit" gleichzusetzen ist.

Der Unterschied zwischen Möglichkeit und Wirklichkeit einerseits und zwischen Bestimmbarkeit und Bestimmtheit andererseits ist gleich dem Unterschied zwischen *Entwicklung* einerseits und *Wachstum* andererseits: Die menschliche Entwicklung ist der tierische Träger des menschlichen Wachstums.

Der Übergang von der Möglichkeit zur Wirklichkeit betrifft den Menschen als menschlichen *Lebewesen*. Die „Zaubereinheit" „Bestimmtheit-Bestimmbarkeit-Bestimmungstätigkeit" betrifft den Menschen als *Menschen*.

Abgesehen davon, ist es für das Verhältnis Möglichkeit-Wirklichkeit wesentlich, dass man in jedem Stadium der Entwicklung zwischen beiden als Möglichkeit und als Wirklichkeit deutlich unterscheiden kann.

Bei dem Verhältnis zwischen Bestimmtheit, Bestimmbarkeit und Bestimmungstätigkeit ist es anders: Das *Sich-Vollziehen der Bestimmtheit* ist von der *tatsächlichen Bestimmbarkeit* und dem *Vollzug der Bestimmungstätigkeit* **nicht zu unterscheiden**.

Das heißt, die Bestimmbarkeit übergeht nicht durch die Bestimmungstätigkeit zur Bestimmtheit über und damit aufhört Bestimmbarkeit zu sein.

Die Bestimmbarkeit ist *immer schon* in der *Bestimmtheit* latent *wirksam* und umgekehrt: *Die Bestimmbarkeit drängt mit Notwendigkeit zur Bestimmtheit.*

6. Wie schon erwähnt, ist das Wesen des Menschen, also das spezifisch Menschliche, in der *ursprünglichen Bestimmtheit* des Menschen zu suchen, also in der *zweiten* „Zaubereinheit": „*Bestimmtheit-Bestimmbarkeit-Bestimmungstätigkeit*".

Und das heißt, dass diese Bestimmtheit sich nicht auf etwas zurückführen lässt, was sie selbst nicht ist: Sie ist in sich durch eine *grundlegende Beziehung und Beziehungssetzung* bestimmt, sie ist also **Denk-Tätigkeit**.

So haben wir hier mit einer *ursprünglichen Einheit* zu tun, die einerseits, so wie ist, in sich hermetisch geschlossen ist, andererseits aber in ihrem Wesen auch durch ihre **eigentümliche Wirklichkeitshaftigkeit** bestimmt. *Diese Einheit stellt das menschliche Wesen dar.*

Dabei müssen wir die Bezeichnung des Menschen als *Individuum* von seiner Bezeichnung als *Person* unterscheiden: Die Bezeichnung „Individuum" betont den Unterschied des Einzelmenschen von allen anderen Menschen („Individuen") wie auch seine Einzigkeit gegenüber der Menschengattung, also betont die Singularität eines jeden Einzelmenschen in seinem Einzeldasein, wobei die Bezeichnung „Person" betont die besondere Seins-Weise des Menschen als **Selbst-Sein**. „Person" betont somit den Einzelmenschen in seinem Zusammenhang mit dem Wirklichkeitsganzen. Die Person ist der einheitliche Beziehungs- und Bezugspunkt aller Handlungen und Tätigkeiten des Menschen als deren Ursprung und als deren letzter aktiver Grund. Es ist das, was der Mensch meint, wenn er „Ich" sagt. Persönlichkeit ist das, was einem individuellen Menschen in jeder Hinsicht eigen ist. Diese Bezeichnung bezieht sich somit auf den Inbegriff all dessen, was der Person wesentlich ist; der empirische Ausdruck der Persönlichkeit ist der Charakter.

Die Verwirklichung der Individualität ist *nur im Rahmen dieses Zusammenhangs* möglich und überhaupt verständlich. Es ist die ursprüngliche Bestimmtheit des Selbst-Seins des Menschen, die ihn in seiner Individualität in der Bestimmungstätigkeit als bestimmbar bestimmt, ja erzeugt: *Das ist der Mensch als ein für sich selbst und um seinem selbst willen bestehendes Wirkliche im Gesamtzusammenhang der Wirklichkeit in seiner eigentümlichen Einmaligkeit.*

Diese eigentümliche Einmaligkeit des Menschen ist keine äußere, wie es bei allen anderen Einzelnen – ob Dinge oder Lebewesen: Der Mensch hat ursprüngliches Wissen um sich selbst, das ihm zur *Selbst-Verwirklichung* auffordert, ja drängt: Es ist die Aufforderung, *nach dem eigenen Glück zu streben!* Und Glück ist nichts anderes als die *dauerhafte* Situation, in dem das Innere eines Menschen mit dem, was er in seinem Leben zum Ausdruck bringt, in Einklang steht. Darin besteht die oben genannte *eigentümliche Wirklichkeitshaftigkeit* des Individuums.

Wenn wir hier vom Menschen reden, so ist der *ganze* Mensch gemeint. Wir haben schon im Band I des Systems bei der Erörterung des sogenannten Leib-Seele-Problems bzw. des Psycho-Physisches-Problems gezeigt, dass eine Trennung zwischen dem Körper und der Seele oder der Psyche erkenntnistheoretisch nicht zulässig ist. Der Mensch ist nicht Körper + Geist oder Seele. Der Mensch stellt für uns eine *ursprüngliche Einheit* dar: Der Mensch stellt *von Anfang an* eine ursprüngliche Ganzheit dar.

Der Körper eines Menschen ist ein *wesentlicher Moment* seiner *Persönlichkeit* und somit seiner *persönlichen Identität* – genauso wie seine Psyche oder seine Seele. Hätte ich andere körperliche Beschaffenheit und andere körperliche Konstitution, so hätte ich *notwendigerweise* eine andere Persönlichkeit und somit andere persönliche Identität gehabt. „Notwendigerweise", denn mein Selbst-Sein und somit mein Selbst-Bewusstsein, also die Relation innerhalb der sogenannten zweiten Zaubereinheit (Bestimmtheit-Bestimmbarkeit-Bestimmungstätigkeit) anders gewesen wäre. Der *Charakter* eines Menschen drückt dabei die besondere Eigenart der Person aus.

Wenn wir vom Menschen reden, so ist es wichtig einzusehen, dass die Einheit des einzelnen Menschen und seine persönliche, individuelle Ausdrücke *zunächst* als Erscheinung der Erfahrungswelt wahrgenommen werden. In seine handelnde Lebendigkeit setzt sich der Mensch als tätige, handelnde Einheit, die ihre eigene Individualität bestimmt und sie auch gleichzeitig bewusst ist und somit sich als Person setzt.

Diese Selbst-Setzung der Person wird *in Freiheit* vollzogen: In einem Akt der Selbst-Bestimmung: Durch das Verhältnis zu sich selbst integriert sich das Individuum in die Einheit der Gesamtwirklichkeit und bestimmt dabei sich selbst als Selbst-Sein, d.h. als Person. Und das ist der Mensch – ob es wir selbst sind, oder andere –, den wir als *identisches Ich* in unserer wechselnden, alltäglichen Erfahrung als denkende, fühlende und wollende Person wahrnehmen.

Dabei erfährt der Mensch seinen *identischen Kern*, sein *persönlichen Selbst-Sein*, als Etwas, was nicht in diesem seinen persönlichen Kern von äußerlichen Zufälligkeiten bestimmt wird und als etwas, was er sich grundsätzlich von allen Zufälligkeiten, die er selbst oder anderen verursachen, unterscheidet, was sich in seiner *Freiheit* und in seiner *Eigenverantwortlichkeit* ausdrückt.

So *begegnet* sich der Mensch in seiner Erfahrung nicht nur als ein identisches Ich („Ich arbeite", „Ich schreibe", „Ich trinke", „Hier bin ich als zehnjähriger Junge" und so weiter und so fort), sondern er *erkennt* sich als solches. Dabei weiß er, dass jede seiner momentanen Entscheidungen ihn, als ein *ganzer Mensch*, nicht nur für das gegebene momentane Leben, sondern auch für sein zukünftige Leben, also für das, was er sein wird, von Bedeutung ist.

In diesem Zusammenhang spielt die Identität der Person eine große Rolle. Diese Identität ist insofern von besonderer Art, als die Identität der Person durch ihr ganzes Leben bewahrt wird: *Die Person bleibt **dieselbe** durch das **ganze** Leben hindurch.*

Diese Identität der Person bewirkt das ursprüngliche Beziehen aller möglichen Tätigkeiten, Vorgänge, Zustände und Dispositionen auf die *Person, die an sich in ihrer einzigartigen,* **dynamischen Einheit lebenslang in ihrem Kern konstant** bleibt.

In der zeitlichen, fliesenden Änderung des Bewusstseins bleibt die Person, bleibt das Selbst des Menschen erhalten. Es ist diese wundersame **Identität der Person**, die das menschliche Leben zu einer **in der Welt einzigartigen selbst-bewussten Einheit** macht. Diese Identität der Person ist der herausragende Ausdruck der sogenannte zweite Zaubereinheit: Bestimmtheit-Bestimmbarkeit-Bestimmungstätigkeit.

7. Wenn wir die bisherigen Darlegungen in Band I des Systems bis zu diesem Punkt in einem Gesamtausdruck formulieren wollen, so können wir dies als die **Relativitätstheorie** bzw. als die **Verhältnismäßigkeitstheorie des Menschlichen** beschreiben.

Das Menschliche, abgesehen vom Phänomen des Lebens und von der Wirklichkeit als Ganzes, ist die *einzige* Größe in unserer Wirklichkeit, die als *absolute* Größe bestimmt ist. Alles anderes ist in dieser oder jener Hinsicht im Verhältnis zu diesen Größen bestimmt bzw. bestimmbar.

Das Menschliche, wie die Lichtgeschwindigkeit, ist absolut in dem Sinne, dass *es sich in keinem Umstand verändert*: Die Größe „das Menschliche" oder „die Menschlichkeit des Menschen" und insofern „der Mensch" ist von der Art, dass **es keine Möglichkeit gibt, diese Größe zu bedenken, ohne sie dabei in ihrem vollem Umfang vorauszusetzen.**

Mit anderen Worten: Es gibt *keine Möglichkeit*, über den Menschen *sinnvoll* zu sprechen, ohne ihn dabei *so wie er ist*, **ganz vorauszusetzen**.

Diese Tatsache verleiht dem Menschen seine *privilegierte Stellung* im Kosmos bzw. in der Welt: Diese Tatsache verleiht dem Menschen sein **absolutes Wert**, was nichts anderes als die **Würde des Menschen** bedeutet, eine Bestimmung, die ihrem Wesen nach *absolut* ist.

Diese Bestimmung hat *sehr konkrete und sehr bedeutende* Folgen: Man kann die Menschlichkeit eines Menschen nicht in Frage stellen, ohne dabei *gleichzeitig* (zeitlich und grundsätzlich) die *Menschlichkeit überhaupt* und somit die *eigene* Menschlichkeit in Frage zu stellen.

Denn die Menschlichkeit an sich wird zwar individuell verwirklicht und getragen, sie ist aber, genauso wie die Naturhaftigkeit oder die Wirklichkeit einer Sache, keine „private" Eigenschaft einer Sache bzw. eines Menschen, sondern sie sind ursprünglich *un*persönlich, allgemein und absolut in ihrer Gültigkeit. Mit anderen Worten heißt das, dass **das Absprechen der Menschlichkeit eines Menschen die gleichzeitige absolute, totale Aufhebung der Menschlichkeit bzw. des Menschlichen überhaupt bedeutet!**

Wenn es klar ist, dass man die Naturhaftigkeit und die Wirklichkeit einer Sache nicht in Frage stellen kann, ohne dabei die gesamte Natur bzw. die gesamte Wirklichkeit wie die Gesetzlichkeit, die sie zu dem bestimmt, was sie tatsächlich sind, *ganz aufzuheben*, so scheint es bei dem Menschen leider nicht selbstverständlich zu sein, wie uns die geschichtliche Beispiele der Sklaverei und der Schoa (des Holocaust) zeigen.

Besonders die nationalsozialistische Ideologie hat diese perverse, absurde Idee zur theoretischen und weitgehend auch zur konkreten Vollendung im Endlösung-der-Judenfrage-Projekt zum vollen Ausdruck gebracht.

Die Idee, dass die Juden „ihrer Natur nach" keine Menschen, sondern Untermenschen sind, die von einer Art sind, die das Bestehen der gesamten Menschheit wie die des deutschen Volkes gefährdet, war keine unverbindliche Vorstellung, sondern eine Lehre, die nazi-wissenschaftlich nicht nur formuliert, sondern sehr intensiv geforscht und „begründet" wurde. Dies war eben deshalb so wichtig, weil, wenn Juden tatsächlich, also wissenschaftlich begründet, ihrem Wesen nach, ihre Stellung außerhalb des Bereichs der Menschlichkeit haben und darüber hinaus eine konkrete Gefahr darstellen, so lässt sich dabei ihre Vernichtung ethisch endgültig begründen. So kann man auch das menschliche Gebot schlechthin formulieren und von den „Übermenschen" die psychische und die physische Anstrengungen verlangen, diesen Feind der Menschheit endgültig zu eliminieren. Und so ist es auch geschehen. Insofern *handelt es sich in diesem Fall nicht bloß um einen Zivilisationsbruch, sondern um einen* **tiefen Riss in der Menschheitssubstanz**.

8. Wir haben oben die Würde des Menschen erwähnt und die Tatsache deren besonderen Gültigkeit betont. Im ersten Artikel, Absatz 1 des Grundgesetzes für die Bundesrepublik Deutschland ist diese besondere Bedeutung der Menschenwürde folgendermaßen formuliert: „Die Würde des Menschen ist unantastbar. Sie zu achten und zu schützen ist Verpflichtung aller staatlichen Gewalt". Worin besteht das Wesen dieser besonderen Würde des Menschen, die nach dieser Art von Schutz verlangt?

Grundsätzlich zeigt sich die Würde oder die Ehre eines Menschen in dem Maß, in dem anderen Menschen ihm gegenüber ihre *Wert-Schätzung* zeigen. Die Quelle und der Maß dieser Wertschätzung sind sehr unterschiedlich je nach Kultur, gesellschaftliche Normen und persönliche Einstellung: Geschlecht, Alter, Macht, gesellschaftlicher Rang, Geld, Amt, Weisheit und so weiter und sofort. Auch die Art, wie diese Wertschätzung zum konkreten Ausdruck kommt, variiert sich nach Zeit, Ort, Kultur, Gesellschaft und Person.

Grundsätzlich besitzt jede Sache und jede Entität einen bestimmten Wert. Dieser Wert gründet sich aber nicht bloß im Wesen einer Sache oder einer Entität, sondern im Bestehen einer *wertenden Person* wie auch in der persönlichen Einstellung dieser wertenden Person zu dieser Sachen oder Entitäten. Die Fülle und die Vielfältigkeit der menschlichen Gefühlsweisen, Bedürfnissen und Eistellungen ist der Grund der Vielfältigkeit und der Verschiedenartigkeit der Wert-Schätzungen, von ganz negativen bis zu ganz positiven wie auch der Grund für die Abwägung den Wert verschiedener Sachen und Entitäten untereinander. Insofern ist es *der Mensch*, der der Dinge und Entitäten ihren Wert *verleiht*. Dementsprechend sind sie jeweils nach urteilender Person mehr oder weniger wert-voll.

Bei dem Versuch, den Maßstab für die Bestimmung der Wert-Schätzung („Wichtigkeit") des **Menschen als solcher** festzulegen, ändert sich dieses Bild *vollständig*.

Zunächst muss betont werden, dass Wert-Schätzung immer eine Persönliche Bestimmung eines Einzelmenschen ist, auch wenn eine solche Bestimmung institutionalisiert und so zu einer gesellschaftlichen, nationalen, rechtlichen, religiösen, moralischen oder sonstigen Norm werden kann. Zum Zweiten betrifft die Wert-Schätzung alles, was in seiner Bedeutung isoliert werden kann und so mit dem Maßstab der Wertschätzung gemessen werden kann.

Mit dem Menschen verhält es sich jedoch grundsätzlich anders. Die Person ist zwar Trägerin des Menschlichen überhaupt oder der Menschlichkeit schlechthin, sie kann sich aber vom Menschlichen an ihr nicht distanzieren und es messen. Das käme dem Absprechen des Menschlichen gleich. **Das Menschliche am Menschen steht außerhalb der Reichweite einer jeden möglichen Be-Wertung!**

Der Ausdruck „Würde des Menschen" bezieht sich auf die absolute Eigentümlichkeit des Menschen als solcher und er will die Tatsache der **absoluten Besonderheit und der absoluten Einzigartigkeit** des Menschen als solcher **im Rahmen der Wirklichkeit** betonen.

Wenn die herkömmliche zugeschriebene Würde den *Unterschied* zwischen Menschen betont, betont die Würde des Menschen das, was allen Menschen *ohne Ausnahme gemeinsam* ist: ihre Menschlichkeit. *Alle Angehörige der Menschheitsfamilie besitzen als solche einen absoluten Status, der* **universal in seiner Gültigkeit** *ist, also ein Status, der immer, in jedem Ort und* **ohne Ausnahme** *gilt.*

Man kann natürlich die Besonderheit des *Menschen als Menschen* dadurch zeigen und betonen, indem man den Menschen mit den Tieren vergleicht. Damit kann man aber *nichts mehr als die Tatsache zeigen und betonen, dass* **der Mensch als solcher sich von den Tieren absolut unterscheidet.** *Worin* diesen Unterschied besteht, das kann man damit nicht zeigen.

Die Besonderheit und die Einzigartigkeit des Menschen als solcher sind eben *absolut*. Das heißt, diese Besonderheit und diese Einzigartigkeit werden *nicht durch einen Vergleich unter Gleichen bzw. Ähnlichen* bestimmt, wie es üblicherweise bei *inner-weltlichen* Bestimmungen von Besonderheit und Einzigartigkeit der Fall ist. Mein Kugelschreiber, mit dem ich schreibe, kann nur im Vergleich mit anderen Kugelschreibern oder mit ähnlichen anderen Schreibmitteln als besonders und/oder einzigartig bestimmt werden. Ansonsten hat der Vergleich keinen Sinn.

Mit der Menschlichkeit des Menschen bzw. mit dem Menschlichen verhält es sich ganz anders. Die Besonderheit und Einzigartigkeit des Menschen bestehen doch gerade darin, dass der Mensch die *einzige* Entität in dieser Welt ist, die die Grenzen der Natur sprengt und sich, **als das was sie ist und als das, was sie sein soll,** in einem Akt der **Selbstbestimmung** in den **Gesamtzusammenhang** *der Wirklichkeit setzt.*

Das heißt, die Besonderheit und die Einzigartigkeit des Menschen besteht eben darin, dass er, *als das was er* **ist** *und als das, was er sein* **soll**, ohne einen möglichen Vergleich mit etwas anderem das ist, was er ist. Der Mensch entwickelt sich nicht bloß, sondern er **soll** durch **Selbst-Bestimmung** wachsen und reifen.

9. Mit der obengenannten Bestimmung kommen wir zur weiteren Aspekt der Besonderheit und Einzigartigkeit des Menschen. Der Mensch agiert nicht bloß, sondern der Mensch erkennt sich als *willentlich bewusster Urheber* **seiner** Handlungen und **seines** Tuns.

Jede willentliche Handlung und jedes willentliche Tun des Menschen haben ihre Quelle in der Person als Urheber. Konkret heißt das, dass der Mensch, also die Person (das „Ich") nicht bloß Ursache von Handlungen und Taten ist, sondern dass sich *in seiner Handlungen und in seinen Taten einen freien Willen* ausdrückt. **Selbst**-Bewusstsein ist immer **Freiheit**s-Bewusstsein und als solches immer **Urheber**-Bewusstsein.

Diese Bindung der Freiheit an dem Selbst als Urheber bedeutet, dass hier *nicht Freiheit im Sinne von Willkür* gemeint ist, sondern *Freiheit im Rahmen der Wirklichkeitsordnung insgesamt*, in der der Mensch seine *ursprüngliche Stellung hat bzw. verwirklichen soll.*

Freiheit im ursprünglichen, echten Sinne ist ein konstituierendes Moment des Menschlichen, das nur im Rahmen der Ordnung des Wirklichkeits-Ganzen zum Ausdruck kommen kann.

Das ist der seins-mäßige Ausdruck der sogenannten zweiten Zaubereinheit: Bestimmtheit-Bestimmbarkeit-Bestimmungstätigkeit. *Nur in dieser Bestimmungs-Denk-Tätigkeit ist Freiheit überhaupt möglich und verständlich und der Begriff der Freiheit überhaupt einen wirklichen Sinn hat.*

Das erklärt auch, warum *die Person im Strom der Zeit und im Strom des Bewusstseins und des Lebens als Ganzes* **immer dieselbe** bleibt. Selbst-Bewusstsein ist immer schon breiter in seinem Umfang als ein bloßes Gegenwart-Bewusstsein: Es ist von Anfang an gleichzeitig Vergangenheits-Bewusstsein, Gegenwarts-Bewusstsein und Zukunfts-Bewusstsein *in einem einzigen einheitlichen Bewusstsein*, es ist eben **Selbst**-Bewusstsein einer mit sich selbst *identischen Person*.

Frei ist also der Mensch, der in der Lage ist, *sich selbst als solcher zu bestimmen*. Diese Selbst-Bestimmung des Menschen vollzieht sich als *Freiheit des Willens* als *herausragender Ausdruck der Persönlichkeit einer Person*. Es ist auch verständlich, wenn wir bedenken, dass das Menschliche sich immer in der Gestalt eines Einzelmenschen oder einer Einzelperson verwirklicht ist.

Worin besteht nun das Wesen dessen, was „Wille" genannt wird? *Der Wille ist nichts anderes als das Potenzial, das gewissermaßen durch die Differenz zwischen „beiden" Denken – das Denken überhaupt und das Denken als Wirkliche – entsteht.*

Der Wille ist gewissermaßen die treibende vermittelnde Kraft zwischen dem Denken als Wirkliche und dem Denken überhaupt. *Der Wille ist insofern ursprünglich frei*, indem er sich neigt, das Denken als Wirkliche soweit wie möglich dem Denken überhaupt näher zu bringen, also „beide" Denken soweit wie möglich in Harmonie zu bringen.

Insofern ist der Wille, wie „die Distanz" zwischen beiden „Denken", *immer individuell*. Der Wille ist eine Art Kraft-Zentrum, das einerseits die Individualität und andererseits die Persönlichkeit des Einzelmenschen als Freiheit durchdringt und so das Persönliche zum Ausdruck bringt.⁶¹

Der Wille ist also ursprünglich persönlich, und das Ich, die Einzelperson, ist ursprünglich frei. Und da Freiheit *immer und ohne Ausnahme* nur im Rahmen des Wirklichkeitsganzen bestand hat, ist der Wille in seinem Wesen ursprünglich **ethisch**: *Die Freiheit, in ihrem Wesen als ursprüngliches Moment des Menschlichen im Allgemeinen und der konkreten Person im Besonderen, dehnt als solche die Bedeutung und die Wirksamkeit des Bestehens der Person weit über die Grenzen dieser Einzelperson hinaus.*

Diese ursprüngliche Freiheit des Menschen ist also, als Ausdruck des Willens der Person, von Anfang an *Wirklichkeits-Faktor*. In ihr ist die Tatsache begründet, dass *die Verwirklichung des Menschlichen, also des Einzelmenschen, eine in seinem Wesen begründete ursprüngliche* **Wirklichkeits-Verantwortung** bedeutet.

Diese Verwirklichung des Menschen bedeutet also, dass er seinem Wesen nach *doppelseitig* ist: Er stellt *einerseits das hermetisch geschlossene Einheit des Individuums, andererseits aber die notwendige Wirklichkeits-Offenheit der Person* dar. Das Private und das Öffentliche bilden eine *ursprüngliche Einheit*, also eine, die nicht einmal analytisch auseinandergenommen werden kann. *Das Private und das*

---

⁶¹ Zum Ganzen vgl. System I

Öffentliche sind zwei ursprüngliche Momente des Menschlichen.

Konkret heißt das, dass die Verwirklichung des Menschen als Person immer in zwei Sphären, die private und die öffentliche, geschieht. *Die Individualität des Menschen ist von Anfang an eine, die in eine Welt **ist**, die der Mensch **hat**.*

Die **Verantwortung**, die der Mensch in seinem Bestehen seiner dynamischen Wesen nach trägt, bedeutet, dass der Weg der Selbst-Erkenntnis, also die selbst-verwirklichende Klärung der individuellen, persönlichen Beschaffenheit eines Menschen, *notwendigerweise* Teil des Weges der Welt-Erkenntnis ist, die (die Welt) der Mensch hat. *Darin ist die* **Ethik** *als die Regelung der Beziehung des Einzelnen und seiner Welt mit der herausragender Stellung des Anderen in ihr begründet.*

So bestimmt und begründet das Wesen des Menschen *a priori* den gesamten Bereich der Menschheit: *Mensch-Sein ist grundsätzlich immer als Bestandteil des Rahmens der gesamten Menschheit zu verstehen.*

Als die obengenannte Regelung bedeutet Ethik die besondere Art der Bestimmung des Willens und des Handelns des Menschen hinsichtlich der Berücksichtigung seines eigenen Wesens wie auch hinsichtlich der Berücksichtigung des Wesens seiner Welt mit der Hervorhebung der Berücksichtigung des Wesens seines Gleichen, also der anderen Menschen.

Die **Ethik** ist also in ihrem Wesen **Verantwortungs-Lehre**[62], die Verantwortungslehre des Menschen im umfassendsten Sinne des Wortes. *In der Verantwortung wird der Mensch konkret*, in der Verantwortung konkretisiert er seine verborgene Motivation und Absicht und wird so als *wirkliche, echte Person* sichtbar: In der Verantwortung bewährt sich der Mensch als Individuum und überhaupt als Mensch. *Der Mensch ist seinem Wesen nach, also ursprünglich sittlich.*

Verantwortlich-Sein bedeutet so in ihrem Wesen die Fähigkeit zwischen Wirklichkeit und Schein, zwischen Wahrheit und Unwahrheit (Lüge, Täuschung) deutlich zu unterscheiden. Darin, in dieser Unterscheidung, gründet die Unterscheidung zwischen **Gut und Böse**.

Die Fähigkeit zur Verantwortung wie das Verantwortlich-Sein bedeuten bzw. ermöglichen dementsprechend einerseits den Zugang der Person zur Wirklichkeit und andererseits die Bindung der Person an die Wirklichkeit. Und genau im gleichen Maß wie die Wirklichkeit mehr ist als die vielen möglichen uns gegebene Fragmente von ihr, und auch viel mehr als die durch Reflexion vollzogene Zusammensetzung der vielen einzelnen Bestimmungen von Tatsachen ist, so ist auch *Verantwortung mehr als die Umgangsweise des Menschen* mit den vielen konkreten, ihm jeweils gegenwärtig begegneten Menschen und gegenwärtig ihm gegebenen Situationen und Umstände.

---

[62] Vgl. dazu System II

Die Tatsache, dass *Verantwortung* in ihrem Wesen und in ihrer Verwirklichung *nie* als etwas „abstraktes" gilt und gelten kann, sondern immer *die Verwirklichung des Individuellen und des Menschlichen* bedeutet, macht das Individuelle und das Menschliche zu etwas, was in seinem Bestehen und in seinem Vollzug immer und unaufhörlich als tätige Kraft verstanden werden kann – solange der Mensch lebt.

Es handelt sich also um eine Kraft, die von einem Individuum ausgeht und auf sich selbst aber auch auf andere und dadurch eventuell wiederum auf sich selbst einwirkt, und zwar auf eine Weise, die für sich selbst und für anderen wesentlich, ja *existentiell wichtig* ist oder sein kann.

Insofern ist **Selbst-Sein und Selbst-Verwirklichung nichts anderes als Freiheits-Verwirklichung**. Diese Tatsache hat weitreichende Folgen, was *den Menschen angemessenen Lebensrahmen* betrifft.

VI. SCHLUSSWORT: ZWISCHEN „INDIZIEN", „PLAUSIBILITÄT", „RICHTIGKEIT" UND „WAHRHEIT"

1. In Zusammenhang mit der Frage nach dem Verhältnis zwischen Religion, rationalem Denken und Wissenschaft spielt der Unterschied zwischen den Begriffen „Indizien", „Plausibilität", „Richtigkeit" und „Wahrheit" eine entscheidende Rolle. Hier geht es nicht bloß um eine genaue, theoretisch zufriedenstellende Erklärung dieser Begriffe, sondern um die **Gültigkeit der Bestimmung** dessen, was wir unter dem *Menschen, Menschen-Leben* wie auch unter den verstehen, was *persönliche Lebensführung* heißt; es geht aber gleichzeitig darum, zu verstehen, welche Art der **Verbindlichkeit** wir mit dieser Gültigkeit des Menschenbildes verbinden. *Es geht also um nichts Geringeres als die Kantische Frage: „Was ist der Mensch?".*

Ich denke, dass schon das Stellen diese Frage uns auf die Besonderheit des Menschen und auf die Besonderheit der menschlichen Existenz in der Welt klar hinweisen dürfte. Und das heißt, dass die Tatsächlichkeit der menschlichen Existenz wie auch die Bedeutung der Verwirklichung dieser Existenz **keine aus von uns erkannten bzw. erkennbaren Naturgegebenheiten ableitbar ist.**

Der Mensch, so wie wir ihn aus unserer Erfahrung kennen, ist ohne *menschliche* Vorgeschichte nicht verständlich. Ein geschichtlicher Vorgang, der zur Entstehung des von uns bekannten Menschen führt, ist für uns grundsätzlich in totaler Dunkelheit verhüllt. Es ist verständlich, dass in einer solchen Situation die Motivation entsteht, das Bild des Menschen und das Verständnis der Menschheitsentwicklung so zusagen zu

„ergänzen" und dafür die passende Begründung zu entwickeln.

Ein eindeutiges Zeichen dafür, dass wir weder in einer „Evolutions-Ideologie" noch in einer „Gotteslehre-Ideologie" die erwünschten „Ergänzungen" finden, besteht in der Tatsache, dass *keiner* der beiden – aller möglichen Widerstände zum trotz - das *letztgültige, verbindliche Wort* sprechen *kann*.

Wir haben oben die Bestimmung der Gültigkeit des Menschenverständnisses wie auch die Art der Verbindlichkeit betont, die damit verbunden sein soll. Welche Instanz kommt nun in Frage, die die **Eindeutigkeit** der Bestimmung dieser Gültigkeit und die **Durchsetzung** dieser Verbindlichkeit – insgesamt mit dem Etikett **„Menschenwürde"** versehen – **garantieren kann**? Was steht uns zur Verfügung, um eine klare, eindeutige Antwort auf diese dringliche Frage zu geben?

Die zwei Gültigkeitsbereiche, mit denen wir es hier zu tun haben, sind Religion und Naturwissenschaft. Beiden liegt das Denken – in seiner logischen Struktur und in seiner Fähigkeit, rational gefasste Inhalte zu bestimmen –, also unsere Erkenntnisfähigkeit zu Grunde. Der Gültigkeitsbereich der Naturwissenschaft ist an sich per definitionem bestimmt: Hier geht es darum, Wissen in Bezug auf die Natur zu erlangen und damit die Tatsächlichkeit – also die Wirklichkeit – der Naturphänomene zu bestimmen. Die Kategorie der Qualifizierung der Gültigkeit der erkenntnismäßigen naturwissenschaftlichen **Aussagen** ist **Richtigkeit**: Entweder sind solche Aussagen richtig oder falsch. Auch Aussagen, die richtige Elemente beinhalten, können in Bezug auf die angestrebten Erkenntnisse der Natur falsch sein.

Dem *Wesen* nach lassen sich zwei verschiedene Wahrheitsauffassungen unterscheiden. Die *erste Auffassung* sieht das Wesen der Wahrheit in der Übereinstimmung, Entsprechung oder Angleichung von zwei unterschiedlichen Faktoren, deren Charakterisierung begrifflich verschieden sein kann: Der eine Faktor kann als Subjekt, Denken, Bewusstsein, Erkenntnis, Sprache, Urteil, Aussage, System von Aussagen usw. charakterisiert werden. Der zweite Faktor kann als Objekt, Sein, Welt, Wirklichkeit, Dinge, Tatsache usw. charakterisiert werden. Charakteristisch für diese Auffassung ist die Tatsache, dass die zwei Beziehungsglieder der Übereinstimmung, der Entsprechung oder der Angleichung als zwei unterschiedliche, voneinander vollkommen unabhängige Faktoren verstanden werden. Die zwei Faktoren, der Erkennende und das Erkannte, werden vorausgesetzt, und die Wahrheit besteht nun in deren Übereinstimmung, Entsprechung oder in deren Angleichung.

Die eben geschilderte Auffassung von der Wahrheit definiert Wahrheit als Übereinstimmung von Denken oder Erkenntnisvermögen und Wirklichkeit. Diese Definition ist vielleicht die bekannteste Definition der Wahrheit und sie ist in der Philosophie auch die meist verwendete Definition der Wahrheit. Eine nähere Betrachtung dieser Auffassung wird jedoch zeigen, dass das, was diese Auffassung als Wahrheit definiert, *gar keine Wahrheit sein kann: Das, was diese Auffassung definiert, ist in Wirklichkeit das, was man „Richtigkeit" zu nennen pflegt.*

Die *zweite Auffassung* von der Natur der Wahrheit basiert auf der Voraussetzung der *Immanenz des Bewusstseins* und identifiziert Wahrheit mit Wirklichkeit. Nach dieser Auffassung besteht das Problem der Übereinstimmung, Entsprechung oder der Angleichung von vornherein nicht, denn *die*

Bedingungen der Feststellung eines objektiven Sachverhalts sind nach dieser Auffassung *dieselben Bedingungen der Konstituierung dieses Sachverhalts.* Das Denken, das den Gegenstand der Erkenntnis konstituiert, ist dasselbe Denken, das mit diesem Gegenstand übereinstimmen soll. Insgesamt heißt das, dass die logische Struktur des Denkens mit der logischen Struktur der Wirklichkeit oder der Welt als Kosmos *identisch* ist.

Erkenntnis (und Erkenntnis bedeutet immer *wahre* Erkenntnis) bedeutet also nicht einfach oder nur die Auffassung der Wirklichkeit, sondern *zugleich deren erkenntnismäßige Konstituierung.* Wahrheit bedeutet hier **Tatsächlichkeit**, d.h. die feststellbare Wirklichkeit (die *einzig mögliche*) und die Wahrheit der Erkenntnis der Wirklichkeit besteht in der erkenntnismäßigen Konstituierung der Tatsächlichkeit dieser Wirklichkeit.

Diese zwei Auffassungen von der Natur der Wahrheit sind im Grunde genommen die *einzig möglichen*: Die unterschiedlichen sogenannten Wahrheitstheorien lassen sich der einen oder der anderen Auffassung zuordnen. Die Auffassungen, die besagen, dass das Wahre beziehungsweise die Wahrheit etwa das Göttliche oder die Idee ist, sind problematisch, denn diese Faktoren sind für das Subjekt transzendent, was die Feststellung dieser Wahrheit zum Problem macht.[63]

Da die Natur einen Moment des Ganzen der Wirklichkeit darstellt, hat die Naturerkenntnis wesentlichen Bezug zur **Wahrheit**. Die Wahrheit, als mit der Wirklichkeit erkenntnismäßig identisch verstanden, ermöglicht die Richtigkeit

---

[63] Vgl. System I, S. 70-71; 73

einzelner wissenschaftliche Aussagen, in denen Naturerkenntnisse zum Ausdruck kommen.

2. Was uns von dem rechten Weg der Erkenntnis auf den Holzweg führen kann, sind Überlegungen, die uns mit Hilfe von so genannten Indizien zu gültigen Erkenntnissen führen sollen. Hinzu kommt auch die Plausibilität als eine Instanz in Frage, die die Richtigkeit von Vermutungen bezüglich eines Sachverhalts als „einleuchtend", ja als „offenkundig" bestimmt und so die Gültigkeit einer Aussage bezüglich dieses Sachverhalts angeblich begründet.

Das grundsätzliche Problem mit Indizien wie mit der Plausibilität besteht darin, dass sie uns, jede auf ihre Weise, zur Überzeugung *verführen*, dass statt der zwingenden Art, die Tatsächlichkeit eines Sachverhalts zu belegen, dessen Wahrscheinlichkeit für die Bestimmung dieser Tatsächlichkeit ausreicht. Statt der gebotenen Objektivität und Allgemeingültigkeit werden, gleich aus welchem Grund und gleich mit welcher Autorität, punktuelle, perspektivische Bestimmungen bezüglich der Tatsächlichkeit von Sachverhalten als legitim und so als begründet verstanden.

Die Sachzusammenhänge, bei denen von Indizien, wie auch mit der Plausibilität auf eine sinnvolle Weise die Rede sein kann, sind sehr begrenzt. In den exakten Naturwissenschaften, wie etwa der Physik oder der Chemie bzw. der Biophysik und der Biochemie, wird die Natur, früher oder später, für die nötige Korrektur sorgen. Je mehr wir uns vom Zentrum der exakten Naturbestimmungen entfernen, desto stärker wächst die Gefahr der Legitimität, mit Indizien und mit Plausibilität zu operieren. Dabei entsteht eine spekulative Schicht von Bestimmungen, die nun als Ergebnis eines gültigen wissenschaftlichen Erkenntnis-Verfahrens und so in ihrem Gehalt als wirklich, also als tatsächlich dargestellt werden.

Die Frage ist, ob die Bestimmung der wahrscheinlichen Tatsächlichkeit eines Sachverhalts nicht schon diese Tatsächlichkeit selbst voraussetzt, „rückwirkend" feststellt? Wie kommt man von Hinweisen und Andeutungen über angeblich glaubwürdige und angeblich nachvollziehbare Schlussfolgerung zur Bestimmung der Tatsächlichkeit, also des wirklichen Bestehens eines Sachverhalts?

Wir haben die Vorhersehbarkeit als einen wesentlichen Charakterzug der exakten Naturwissenschaften am Beispiel der Physik betont. Das bedeutet auch, dass man den Werdegang eines bestimmten Sachverhalts zurückverfolgen kann, und das zum Teil mit großem Erfolg. Entscheidend für diesen Erfolg ist die Klärung folgender Fragen: Um welchen Sachzusammenhang handelt es sich? Wie breit ist der betroffene Sachzusammenhang und von welcher Art sind die Bestandteile dieses Zusammenhangs? Welche Bedeutung hat jeder dieser Bestandteile für das Tragen des Bestehens des Gesamtzusammenhangs?

3. Im Laufe dieser Arbeit hat sich herausgestellt, dass das Hauptproblem nicht die Gültigkeit der Rationalität der Religion, sondern eher ein punktuelles Problem darstellt, das durch die Betrachtungsweise bestimmter biblischer Texte entsteht. Es handelt sich um das Gesagte bezüglich der Erschaffung der Welt wie auch bezüglich der Erschaffung des Lebens und des Menschen.

Betont haben wir, dass es dabei nicht um die Frage gehen kann, wer von beiden, Religion oder Wissenschaft, „Recht" hat. Es kann auch nicht um die Entscheidung der Auseinandersetzung zwischen „Evolutions-Ideologie" und „Gotteslehre-Ideologie" gehen. Solche Haltungen treten genau das mit Füssen, was sie begründen und bewahren wollen, nämlich die angebliche Wahrheit ihrer Bestimmungen.

Hier geht es einzig und allein darum, zu verstehen, dass für uns keine Möglichkeit besteht, die Vorgeschichte der Welt – und das heißt, der gesamten Wirklichkeit – des Lebens und des Menschen zu beleuchten. Nicht, dass diese Vorgeschichte nicht besteht: Wir haben grundsätzlich gar keinen Zugang zu ihr.

Hätten wir einen Zugang gefunden und einen Blick in die Vorgeschichte der Welt, des Lebens und des Menschen erlangen können, hätten wir es mit einer Wissenschaft und nicht mit einer Religion zu tun. Tatsachen, also Sachverhalte, deren Wirklichkeit nicht in Frage gestellt werden können, brauchen keinen religiösen Rahmen, um in ihrer Wirklichkeit zu bestehen und als solche erkannt zu werden. *Die Wirklichkeit als Ganzes, das Phänomen des Lebens wie auch des Menschen brauchen keine Religion, um als Tatsachen festgestellt zu werden!*

Die eigentliche Frage ist die Frage nach der Bedeutung dieser Tatsachen und demensprechend die Frage nach der verantwortungsvollen, verbindlichen Art des Umgangs mit diesen Tatsachen.

Es ist kein Zufall, dass in der Wissenschaft von Wissen die Rede ist, also von der aufgezwungenen Gewissheit der Kenntnisnahme des Bestehens von Sachverhalten, so wie diese von der Wissenschaft ermittelt wurde.

Es ist auch kein Zufall, dass in der Religion von *Glauben* die Rede ist. **Die Religion verlangt von dem Menschen** *die persönliche Auseinandersetzung mit sich, mit dem Leben und mit der Welt und das* Bekenntnis *zu dem, was er als Wahrheit – nicht bloß als seine „private", sondern als* die *Wahrheit – erkennt und zu dem, dass er zu dieser Wahrheit mit seiner Person und mit seinem Leben steht.*

Die Feststellung der Naturtatsachen verlangt kein Bekenntnis. Bekenntnis hat, *was die Naturerkenntnis betrifft*, weder Sinn noch Bedeutung. Die Natur und die Gesetzlichkeit, die ihr Bestehen bestimmt und sie trägt, sind uns aufgezwungen, gleich wie wir die Natur verstehen und wie wir mit ihr umgehen.

Bei einigen Sachen spielt es aber eine gewaltige Rolle, wie wir sie verstehen, welche Bedeutung wir ihnen beimessen und ob wir ihrem Bestehen Sinn zuschreiben. Dazu gehört das Phänomen des Lebens und das Phänomen des Menschen und seiner Welt, was von uns eine besondere Art des Umgangs mit ihnen verlangt.

4. Angesichts der **Tatsache**, dass die Vorgeschichte des Lebens, des Menschen und seiner Welt für uns grundsätzlich Verschlossen ist, sind wir gerufen, eine ***grundsätzliche, schicksalhafte Entscheidung*** bezüglich des Lebens, des Menschen und seiner Welt zu treffen.

> A. **Sind wir davon überzeugt**, dass ***das Leben und der Mensch reine Naturprodukte*** sind, das heißt, dass weder das Phänomen des Lebens noch der Mensch die Grenzen der Natur sprengen, dann hat das direkte konkrete Folgen für das Leben- und für das Menschen-Verständnis: Das Leben ist bloß ein Natur-Phänomen wie jedes andere und ***der Mensch***

ist nur und ausschließlich ein Teil der Tierwelt mit den entsprechenden Folgen für die Art des Umgangs mit dem Leben und mit dem Menschen.

B. Sind wir davon überzeugt, *dass das Leben und der Mensch die Grenzen der Natur sprengen*, das heißt, *dass sowohl das Leben als auch der Mensch auf gar keinen Fall als bloße Naturprodukte verstanden werden können*, dann wird die dringende zweiteilige Frage aktuell, was das *Wesen* dieser Phänomene bestimmt, und *welche die Normen, Werte und Maßstäbe sind, die den wesensmäßigen, angemessenen Umgang mit diesen Phänomene bestimmen und die uns dazu verpflichten, danach zu handeln.*

Es handelt sich hier um eine radikale, also bis hin zu den Wurzeln gehende Entscheidung! Eine dritte Option gibt es nicht! Mit der **Entscheidung A** verlieren die Grundbegriffe „Würde des Menschen", „Liebe", „Freiheit", „Wille", „Verantwortung", „Entscheidung", „Gerechtigkeit", „Schuld", „Glück", „Menschen-Rechte", „Werte", „Ethik" und so weiter und sofort ihre verpflichtende, verbindliche, ja absolut geltende Bedeutung!

Diese A-Entscheidung entwertet alles Normative und lässt das Leben, den Menschen und die Welt im Stich: Sie sind so bloß Objekte einer willkürlichen zwischenmenschlichen „Verständigung" oder fallen eventuell einer menschenverachtenden Ideologie zum Opfer. Wer bestimmt, welches Menschenbild allgemeingültig und verbindlich ist?

Wird mit einer solchen A-Entscheidung – gleich welche starken „Indizien" zu ihr führen und gleich

wie „plausibel" ihre Begründung erscheint – nicht die schwer und hart erkämpfte westliche Kultur über Bord geworfen??

Die Geschichte der letzten 120 Jahre kann uns einige Beispiele zeigen, wie eine Gesellschaft aussieht, in der Mensch das Maß aller Dinge ist: Stalinismus, Nationalsozialismus, Maoismus, Nord Korea. Reicht das noch nicht aus?? **Welche Argumente haben Vertreter der A-Entscheidung diesen verbrecherischen Ideologien anzubieten, um sie dazu zu bringen, zu verstehen, dass sie extrem menschenverachtend sind?**

Oder anders formuliert: **Haben die Vertreter der A-Entscheidung überhaupt das Vokabular, um mit gefühlsmäßigen und normativen Bestimmungen umgehen zu können??**

Die Geschichte hat uns gelehrt: Es sind leider nur Gewalt und Krieg, die solche Ideologien verdrängen können. Und wenn sie endlich verdrängt worden sind, wachsen ständig neue Sprösslinge, die diese Ideologien vertreten und dabei durch Ausnutzung, ja Missbrauch wirksamer demokratischer Mittel versuchen, ihre Botschaft zu verbreiten und das, wie wir wissen, leider nicht ohne Erfolg.

Die **Entscheidung B** zu treffen, muss keine Entscheidung für die Religion sein: Sie ist aber auf jeden Fall **eine Entscheidung für das Leben und für den Menschen!!** Es ist Ausdruck der Wahrheit, dass der Mensch *nicht* als Natur-Objekt *verstanden werden **kann***, sondern von Anfang an eine *autonome, freie Person **ist***, also nicht bloß natur-bestimmt, sondern ein Wesen, das seine Identität bedenken kann und dementsprechend sein Leben gestalten und führen kann: *Es ist ein Wesen, dessen Leben in der Welt* Sinn *hat.*

Die Erfassung des Sinns des Lebens eines Menschen wird ihm nicht vor-geschenkt: Das Bedürfnis danach und die Suche nach diesem Sinn zeichnen ihn als Menschen aus!

Nicht die Suche und das Verlangen nach einem ereignisreichen Leben charakterisieren das Leben des Menschen, sondern das Selbst- und das Leben-Bedenken, die ihn dazu bringen, seine Stellung in der Welt zu bedenken und zu bestimmen und dementsprechend sein Leben zu führen: Es gibt keinen Menschen, dessen Leben sinn-los ist, bar jeglichen Sinn-Zusammenhangs.

Es geht hier nicht um eine persönliche, subjektive Bestimmung von Sinn, es geht nicht darum, für sich einen Sinn *im* Leben zu finden, sondern den Sinn dieses persönlichen Lebens zu erfassen. Der Sinn *des* Lebens eines Menschen – im Unterschied zum Sinn *im* Leben – bedeutet, dass **das Individuum Teil der Gesamtwirklichkeit ist** und nicht bloß ein Zufallsobjekt irgendwo in Raum und Zeit.[64]

5. Wir haben am Anfang unserer Überlegungen auf die zentrale Bedeutung des Aufklärungs-Gedankens hingewiesen. Es geht um den Mut, vor sich selbst zu stehen und dabei zu gestehen, *dass man selbst nicht mündig ist,* aber auch um den Mut, *den Schritt des Ausganges aus diesem Zustand zu wagen.* Darin besteht das Bedürfnis, den Sinn des eigenen Lebens zu ergründen und zu bestimmen. Dadurch zeichnet sich

---

[64] Vgl. dazu System III, S. 69f.

ein mündiger Mensch aus: **Der Mensch entdeckt sich selbst:** *"So entsteht ein neues Verhältnis, nicht nur des Menschen zu sich selbst, sondern auch zu Gott und der Welt. Der Mensch entdeckt, dass er eine Verantwortung trägt. Er ist nun selbst verantwortlich für Erkennen, Handeln und Politik".*[65]

Der Aufruf der Aufklärung ist kein Aufruf zum „persönlichen Solipsismus" – eine Art von- sich-selbst-besessen-sein – und zum egozentrischen Individualismus, zur selbstbetrügischen Selbst-Zufriedenheit und Selbst-Genügsamkeit! *Genau in solchen Einstellungen sich selbst gegenüber besteht die selbst-verschuldete Unmündigkeit!*

Die Selbst-Entdeckung des Menschen, also seine Mündigkeit beinhaltet **nicht** *die Kultivierung seines Selbst-Bezugs und des Ego-Zentrismus mit ihrem konkreten Ausdruck der in sich abkapselnden Eigen-Liebe, des Rechthaberisch-Seins und des Selbst-Gerecht-Seins.*

Aufklärung bedeutet nicht die Selbst-Abkapselung der Person, die von ihrer Unfehlbarkeit überzeugt ist und dabei alles negiert, was sie in ihrem **Selbst-Bewusstsein einschränkt** und sie dazu führt, sich gegen „Autoritäten" zu positionieren bzw. aufzulehnen.

---

[65] Isabelle Schleich, Immanuel Kant und die Aufklärung, München 2008, S.3, von mir betont

Interessant, dass in diesem Zusammenhang die Religion als der Inbegriff der Einschränkung des Lebens des Menschen verstanden wird, wobei der Aufklärung und mit ihr der Wissenschaft eine befreiende Funktion bezüglich des gesamten menschlichen Lebens, nicht zuletzt im Hinblick auf die Religion, zugeschrieben wird.

Was bedeutet in diesem Zusammenhang „Einschränkung des Selbst-Bewusstseins"? Bedenkt man nur die unterschiedlichen Einschränkungen, die der weltliche, sich als aufgeklärt betrachtende Mensch bereit ist, auf sich zu nehmen! Was tut er nicht alles, um als etwas zu gelten, nach etwas auszusehen? „Mode", „Körperkultur", Esskultur" und noch mehr „Kulturen". Schränkt dieser Mensch sich nicht auch stark ein, um moralisch zu sein, um ethisch zu handeln – und das mit ähnlichen Regeln und Normen, wie sie die Bibel formuliert?

Um Einschränkung im üblichen Sinne kann es sich also nicht handeln! **Die eigentliche Einschränkung besteht in der Nicht-Relativierbarkeit der Normen und der Regeln der Religion.** Die Instanz, die sie bestimmt hatte, ist absolut in ihrer Geltung und so sind auch ihre Bestimmungen.

Interessant ist die Tatsache, dass *der Verstand als solcher von der gleichen Art ist: Auch er ist absolut in seiner Geltung und so auch das, was aus ihm ableitbar ist.*

Beide Instanzen – Gott und der menschliche Verstand –, auch wenn sie sich von einander so extrem unterscheiden, sind nicht relativierbar!

Wenn das Mensch-Sein eine nicht relativierbare Einheit darstellt, dann ist die Art des Umgangs mit ihm genauso nicht relativierbar.

In dieser Hinsicht unterscheiden sich die Religion und die (europäische) Aufklärung gar nicht von einander! Genau diese Tatsache verleiht dem Aufklärungs-Aufruf Sinn und Gültigkeit!

Dieser Aufruf darf nicht als Freibrief für die persönlich-willkürliche Bedienung des Verstandes gelten!

Den Verstand zu „Individualisieren" hebt ihn als Verstand auf – damit aber auch das Menschliche als eine universelle, mit verbindlichem Gehalt und Gültigkeit bestimmte Kategorie! Das gilt auch für die Religion: Sie zu „Privatisieren" bedeutet ihre Aufhebung mit den entsprechenden Folgen!

6. Ein mündiger Mensch ist ein freier Mensch, er ist per definitionem ein aufgeklärter Mensch, der die Bedingungen des Ausgangs aus der selbstverschuldeten Unmündigkeit erfüllt. Er ist dazu entschlossen, „sich seines Verstandes ohne Leitung eines anderen zu bedienen"[66] – und hat auch den Mut,

---

[66] Was ist Aufklärung? S. 9, im Original betont

seinen Entschluss in die Tat umzusetzen und sich aus „seiner selbstverschuldeten Unmündigkeit" zu befreien.

Was bedeutet aber der Entschluss, „sich seines Verstandes ohne Leitung eines anderen zu bedienen"?

Dieser Aufruf ist der Beweis dafür, dass **die Aufklärung die Isolierung des Individuums beenden und es in den Bereich der Wahrheit, also in den Bereich der Allgemeingültigkeit führen will.**

Das betrifft jedoch nicht nur die Selbst-Bestimmung des Individuums, sondern im gleichen Maß auch die Bestimmung des gesellschaftlichen Rahmens, der dem Menschen und seiner Würde angemessen ist.

Wir dürfen nicht vergessen: Alle Menschen, unabhängig von Zeit und Ort, sind ohne jegliche Ausnahme in ihrem Mensch-Sein *identisch*; andererseits *können* alle Menschen, unabhängig von Zeit und Ort, *niemals* in Ihrer Individualität oder in ihrem Person-Sein *identisch sein*. Der Aufruf der Aufklärung will genau dieser Tatsache und dieser Besonderheit des Menschen Rechnung tragen.

Hier geht es um die Welt- und Selbstbetrachtung mit Hilfe einer Instanz des Individuums, die in ihrer Bestimmungs- und Urteilsfähigkeit wie auch in ihrer Fähigkeit zur Selbst-Distanzierung den Rang der Allgemeingültigkeit und Objektivität erlangen kann. Jeder von uns benötigt die Hilfe der anderen, um zu dem Moment in seiner Entwicklung zu kommen, an dem er in dem Sinne frei von anderen und in sich reif ist, dass er in der Bestimmung seiner selbst und in der Bestimmung seines persönlichen Lebenswegs Eigenständigkeit erlangt.

Diese besteht aber nicht in einer glanzvollen Selbst-Genügsamkeit der Person; die Möglichkeit dieser Eigenständigkeit verlangt einen gesellschaftlichen Rahmen, in dem sie bestehen kann und in ihr als solche respektiert wird.

Gemeint ist nicht die so genannte kluge Lebensführung. Diese berührt gleichsam nur die Oberfläche des menschlichen Daseins. Die Aufklärung dagegen will dem Menschen das tragende Fundament der Person und seiner persönlichen Identität bewusst machen und ihn dazu bewegen, von diesem Fundament aus zur Führung des persönlichen alltäglichen Lebens überzugehen und es dementsprechend zu gestalten.

Der Weg der Erkenntnis ist so kein Weg der Isolierung des Individuums, sondern der Weg dessen Integration in der Welt, so dass *es **nicht einfach in der Welt da ist**, sondern so dass **er eine Welt hat***.

Betrachten wir nun vor diesem Hintergrund die gewaltige Bedeutung, die die Naturwissenschaft für den Menschen hat, so ist besonders die vielfältige Art der Anwendungen dieser Wissenschaft hervorzuheben. Diese Anwendungen haben eine ganz neue Lebenswirklichkeit geschaffen, in der immer neue

Möglichkeiten der oben genannten Anwendung sichtbar werden, die in den naturwissenschaftlichen Erkenntnissen schlummern.

Diese wichtige Bedeutung der Naturwissenschaft für das menschliche Dasein in dieser Welt erzeugt oft den Eindruck, dass sie, auf der Grundlage ihrer Erkenntnisse, dem Menschen in seinem Leben Orientierung geben kann. Interessant dabei ist, dass dies Wissenschaft es **gar nicht kann** und es **gar nicht will!** *Sie tut doch alles, um jede normative Bestimmung und jegliche Wertung von Tatsachen zu vermeiden bzw. aus ihrem Rahmen zu entfernen!*

Naturerkenntnisse sind ***streng wert-frei*** und die ***Naturgesetzlichkeit*** ist ***streng frei von jeglicher normativen und gefühlsmäßigen Bedeutung***. Es ist doch **genau das**, was die moderne Naturwissenschaft, im Unterschied zur Naturphilosophie, auszeichnet!

Es ist insofern klar, dass es sinnlos wäre, die Naturwissenschaft als per se „aufgeklärt" zu verstehen: Der Weg der Naturerkenntnis ist uns „ohne Sentimente" aufgezwungen. Der Ruf der Aufklärung gilt aber in vollem Umfang und uneingeschränkt allen Wissenschaftlerinnen und Wissenschaftlern, und all denen, die bestimmte Anwendungsmöglichkeiten verlangen, aber auch all denen, die die Anwendung der Wissenschaft, gleich in welchem Bereich, in die Tat umsetzen.

Diese Spaltung zwischen Wissenschaft, Person und Anwendung hat uns die Vergangenheit deutlich gezeigt: einerseits

Nazi-Topwissenschaftler, die trotz ihrer ideologischen Überzeugung lupenreine Naturwissenschaft betrieben haben; andererseits Wissenschaftler, die versucht haben, die Naturwissenschaft zu ideologisieren und zu nationalisieren. Hinzu kommt die nüchterne Anwendung wissenschaftlicher Erkenntnisse im Rahmen des Versuchs, die „Wahrheit" der Nazi-Ideologie zu begründen, wie auch im Rahmen der nazistischen Vernichtungsmaschinerie und im Rahmen der Realisierung der nazistischen Kriegsziele.

7. Im Unterschied zur Naturwissenschaft, die durch und durch verstandesmäßig ist, scheint die Religion der Aufklärung entgegenzuwirken: Hier scheint es der Fall zu sein, dass für die Bedienung des Verstandes „die Leitung eines anderen" wesentlich ist – eine Art Gegen-Aufklärung. Es scheint aber nur so, die Wahrheit ist eine andere.

Die Religion – im Unterschied zur Institutionen der Religion – **kann nicht und will nicht** diese Reife des Menschen Beinträchtigen. Im Gegenteil: Der Mensch muss zum Glauben kommen! **Keine Macht, nicht einmal Gott selbst, hat die Macht, den Menschen zum glauben und zum Wandeln auf dem Weg Gottes zu zwingen**. Das zeigen die Heiligen Schriften des Judentums und des Christentums eindeutig und unmissverständlich. Könnte Gott den Glauben an Ihn aufzwingen, so hätte die Religion damit sich selbst aufgehoben.

Einer der wesentlichen Züge einer wahren Religion besteht eben darin, dass sie dem Individuum die konkrete – nicht bloß prinzipielle – Möglichkeit gibt, ihre Inhalte eigenständig zu überprüfen und sich überzeugen zu lassen, dass diese Inhalte mit der Würde des Menschen, als im Ebenbild Gottes Geschaffene, aber auch mit dem Gebot der Bewahrung der Welt als Schöpfung Gottes tatsächlich im Einklang stehen.

Warum soll die Aufklärung etwas gegen eine Religion haben, die in ihrem Wesen die Grundforderung der Aufklärung erfüllt? Diese verlangt ja von dem Menschen *nicht*, alles, von A bis Z, aus dem Verstand abzuleiten, was absurd wäre.

Es geht um die* Leitung *des Verstandes, also um eine bestimmte Grundorientierung, deren Grundlage der Verstand darstellt, die die Wahrung der Würde des Menschen, aber auch ein Leben in Freiheit und Verantwortung ermöglicht und gewährt.

Wer das beinträchtigen kann, sind Menschen und Institutionen, die zwar einerseits für die Ausübung der Religion wichtig, ja unverzichtbar sind, andererseits aber genau das pervertieren, missbrauchen und verschleiern, was **echt, gut und wahr** ist. Die Bibel warnt ausdrücklich vor solchen Menschen und Institutionen – vergeblich! Das Hauptproblem besteht nicht bloß in den genannten Missdeutungen, sondern darin, dass diese versuchen, *schlecht bzw. böse als gut* und *falsch als wahr* zu vermitteln, oft ohne das selbst wahrzunehmen und zu verstehen.

Ja, die monotheistischen Religionen sind in ihrem Wesen theozentrisch, ***stellen aber den Menschen, seine Würde und sein Leben in ihr lebensmäßiges Zentrum***: Gott stiftet die Religion, in ihrem weltlichen, lebensmäßigen Zentrum steht der Mensch und seine Welt – der **Mensch ist der wichtigste Zeuge Gottes in der Welt** – und das bedeutet maximale Verantwortung!!

„Das sind die Dinge, die ihr tun sollt: Sagt untereinander die Wahrheit! / Richtet in euren Stadttoren der Wahrheit gemäß und mit Urteilen, die dem Frieden dienen!/ Plant in eurem Herzen nichts Böses gegen euren Nächsten / und liebt keine verlogenen Schwüre! / Denn all das ist, was ich hasse - Spruch des HERRN". [67] *„Liebt die Wahrheit und den Frieden!"*[68]

Und der Inbegriff aller Gesetze des Judentums und des Christentums: **„Du sollst deinen Nächste lieben wie dich selbst".**[69] *Alles andere begründet, erläutert und konkretisiert diese Forderung!*

Darin liegt der grundsätzliche Unterschied zwischen „reinem Verstand" und zwischen dem Bedienen des eigenen Verstandes ohne die Leitung eines anderen: *„Aus bloßem Verstand ist nie Verständiges, aus bloßer Vernunft nie Vernünftiges gekommen".*[70]

---

[67] Sechria, 8, 16-17

[68] Ebd. 8, 19

[69] 3. Buch Moses, 19,18; Römer 13, ...

[70] Friederich Hölderlin

Das heißt, die Verpflichtung zur Aufklärung gilt selbstverständlich *jedem Menschen*, dem religiösen Menschen aber *im Besonderen!*

Die Pervertierung des Aufklärungs-Aufrufs besteht *nicht* darin, dass man ihn als Aufruf gegen die Religion versteht; dazu tragen leider viele religiöse Menschen mit ihrer Art, ihr Leben zu führen bei! Diejenigen, die im innerkirchlichen Bereich bis zum heutigen Tag zu dem obenzitierten biblischen Gebot uneingeschränkt stehen, die Mystikerinnen und die Mystiker, wissen genau, was mit diesem Vorwurf gemeint ist:

„Als das religiöse Endverhalten, als das Definitivreligiöse sind die Mystik und das Mystische eigenständig und frei. Auch wenn die kritische Betrachtung beider in jedem Fall angebracht ist, ist der *religiöse Ernst*, den sie darstellen, für die Vertreter der institutionalisierten Religion verständlicher Weise allzu oft ein Dorn im Auge. Deren *dogmatische Haltung* und ihr *ideologisiertes Verständnis von religiösen Wahrheiten* machen sie *blind* und *unfähig* für die Wahrnehmung des Wesentlichen und des Wahren in der Religion. Wie die Geschichte zeigt, heißt ihre eigentümliche Wahrheit *Macht*. Wenige sind unter den Mystikern, die diese Art der Wahrheit nicht zu spüren bekamen bzw. bekommen".[71]

Die schwerwiegendste Pervertierung des Aufklärungs-Aufrufs besteht darin, dass er als Aufruf zum „persönlichen Solipsismus", zum Von-sich-selbst-

---

[71] System III, S. 91

besessen-Sein und so zum völlig falschverstandenen Individualismus begriffen wird.

Beide sind Ausdrücke eines radikalen Selbst-Bezugs einer Person, die in der Äußerung ihres Willens schon die Begründung der Legitimation dieses Willens, wie auch die Gültigkeit des darin zum Ausdruck kommenden Anspruchs als begründet sieht.

Es ist das Vorrang-Verständnis der eigenen Person, die sich mit ihren Ansprüchen Mensch und Welt auf eine Weise gegenüber stellt, die sie immer mehr von allem Allgemeingültigen isoliert und im schlimmsten Fall eine unüberbrückbare Kluft schafft. So erweckt der Selbst-Bezug einer Person in ihr den Eindruck, sie sei Unikat und als solche gar solitär.

8. Blicken wir zurück zum Ansatzpunkt, merken wir das eigentliche Problem, auf das wir in jeder möglichen Beziehung stoßen – und nicht nur in der zwischen Religion und Wissenschaft: **Der Mensch, in dessen Richtung** – *leider allzu oft ohne jegliche Wirkung* – **der Aufklärungs-Aufruf immer noch in voller frischer Kraft hallt!!**

Es ist der Mensch, der von sich so überzeugt und so selbst-bewusst ist, dass er nicht mehr in der Lage ist, sich selbst wahrnehmen! Auch für Gott bleibt bei ihm gar keinen Platz frei: Es ist der Mensch – ob er sich als weltlich oder als religiös versteht – der davon überzeugt ist, dass er den Aufklärungs-Aufruf in vollem maß erfüllt; in Wahrheit ist er aber blind – sich selbst und anderen gegenüber!

Der englische Ausdruck für Aufklärung heißt „**Enlightenment**"; „sich seines Verstandes ohne Leitung eines anderen zu bedienen" bedeutet, dass das Licht, das uns zur Selbst- und Welt-Erkenntnis befähigt, von uns selbst und nicht von fremden Quellen stammt.

Damit ist nicht die Information über die uns umgebende Welt oder die Gottesbotschaft gemeint, die wir von außen erhalten, sondern *der Umgang mit ihr*, also das, worin unsere *Orientierung* besteht. Die Naturwissenschaft ermöglicht uns die Naturerkenntnis; diese ist uns gewissermaßen von außen aufgezwungen. Der Aufruf der Aufklärung betrifft unseren *Umgang* mit dieser Information über die Natur.

Demgegenüber ist die Religion von Anfang an auf die Wirkung des eigenen Lichts angewiesen: Hier gibt es keine Tatsachen und keine Gesetze, die als solche dem Menschen „von oben" aufgezwungen sind: Er muss von selbst zur Erkenntnis kommen, dass der religiöse Glaube ihm die richtige Orientierung in seinem Leben in dieser Welt geben kann bzw. gibt.

Eines dürfen wir nicht vergessen: Religion bedeutet ein Leben, dass das ganze Lebensgeschehen eines Menschen bestimmt. Dieses persönliche Leben wird in seiner Ganzheit von der Religion bestimmt und soll so vollständig gelebt werden. *Das Licht des eigenen Verstandes lässt uns erkennen, was so ein Leben persönlich bedeutet und macht uns dementsprechend bewusst, dass wir uns souverän und autonom für oder gegen dieses religiöse Leben entscheiden müssen.* Daran, an die Gültigkeit der Forderung zu dieser Entscheidung, kann weder eine so genannte gute religiöse Erziehung und schon gar nicht religiöse Indoktrination etwas ändern – und es ist im höchsten Maß menschen-verachtend diese Forderung zu ignorieren!

Der Mensch, ob religiös oder weltlich, wird unweigerlich immer und immer wieder auf die Grundfragen des konkret geführten menschlichen Daseins stoßen. Diese werden ihn darauf aufmerksam machen, dass die *für ihn eigentümliche* Orientierung als freier Mensch in Leben und Welt ihm nicht vorgegeben ist: Er ist doch aufgefordert, sein Leben zu konzipieren – er ist doch nicht im Voraus dazu „programmiert"!

Diese Orientierung muss er eigenständig finden und um ihre Realisierung ringen. Die Alternative ist genau das, wovor Kant uns eindringlich warnt: Vor der Unmündigkeit und vor der in ihr zum Ausdruck kommende Entwürdigung des Menschen.

Der Aufruf zur Mündigkeit des Menschen und zum eigenständigen Bedienen des Verstandes ist **auf gar keinen Fall der Aufruf zum Aneignen von Wissen über das, was getan werden soll.**

Es ist, um es sokratisch auszudrücken, **der Aufruf, das, was hier als Wissen erkannt wird, selbst gewissermaßen zu gebären, aus sich, aus dem eigenen Selbst entstehen zu lassen.** Ja, dafür ist Geburtshilfe nötig, das

„Baby" ist aber das eigene! Und **das ist von jedem Menschen verlangt, gleich ob er religiös oder weltlich ist!**

In diesem Sinne ist der Wahlspruch der Aufklärung zu verstehen:

„Sapere aude! Habe Mut, dich deines eigenen Verstandes zu bedienen!" Habe Mut, deinen Verstand „ohne Leitung eines anderen zu bedienen" – dazu bist du durch dein Mensch-Sein verpflichtet: dir **selbst und anderen gegenüber!!**